本书系国家社科基金项目"甘青宁少数民族非物质文化遗产语料库建设研究"(19XMZ020)的阶段性研究成果

西北地区青少年
国家认同培育研究

邵晓霞 著

中国社会科学出版社

图书在版编目（CIP）数据

西北地区青少年国家认同培育研究/邵晓霞著．—北京：中国社会科学出版社，2022.9

ISBN 978-7-5227-0290-2

Ⅰ.①西⋯ Ⅱ.①邵⋯ Ⅲ.①青少年—爱国主义教育—研究—西北地区 Ⅳ.①D647

中国版本图书馆 CIP 数据核字（2022）第 092110 号

出 版 人	赵剑英
责任编辑	高　歌
责任校对	李　琳
责任印制	戴　宽

出　　版	中国社会科学出版社
社　　址	北京鼓楼西大街甲 158 号
邮　　编	100720
网　　址	http://www.csspw.cn
发 行 部	010-84083685
门 市 部	010-84029450
经　　销	新华书店及其他书店
印　　刷	北京明恒达印务有限公司
装　　订	廊坊市广阳区广增装订厂
版　　次	2022 年 9 月第 1 版
印　　次	2022 年 9 月第 1 次印刷
开　　本	710×1000　1/16
印　　张	20.25
插　　页	2
字　　数	314 千字
定　　价	108.00 元

凡购买中国社会科学出版社图书，如有质量问题请与本社营销中心联系调换
电话：010-84083683
版权所有　侵权必究

前　言

起源于近代西欧的全球化，使得世界范围内的政治、经济、文化、教育等领域的活动均超越了国家边界。这体现了跨区域、跨国家的相互关联、社会活动网络和权利范围的扩大，也剧速地改变着人们一直以来的生活观念、生活方式、工作和学习方式，包括思维模式等，也让作为世界政治活动主要行动者的民族国家，其内外生态、结构及功能均发生了巨大的改变。这种改变带来的最大挑战便是——统一的多民族国家的公民其国民身份认同的危机。全球化进程中，统一的多民族国家体现出的"国家一体、民族多元"的特点，决定了国家认同问题是民族国家的核心问题。在这一进程中，统一的多民族国家的政治支配形式受到削弱，国家不再是认同的最终落脚点；与此同时，全球化对民族国家根深蒂固的传统、文化、价值理念等产生了强烈的冲击，也影响到国民的身份和利益。我国西北地区地处西北边疆，自古以来便是多民族共居、多宗教汇聚、跨境民族共生之地，青少年作为我国未来事业的建设者与接班人，是未来社会发展的重要储备力量，其国家认同状况直接关乎我国未来的走向与发展。因此，在我国西北地区，学校是青少年社会化的主要场所，而学校民族团结进步教育作为他们接受教育的主要途径之一，需要置于新时代大的社会背景之中，对西北地区青少年的国家认同予以培育，也充分发挥其构筑各民族共有精神家园、铸牢中华民族共同体意识的基本途径和载体的作用。

本书要回答的问题是：我国西北地区青少年国家认同的现状如何？存在什么问题？成因是什么？在新时代，如何改进并完善经由我国西北地区民族团结进步教育培育青少年国家认同的策略体系和制度化体系，以便更好地培育全球背景下我国统一的多民族国家青少年的国家认同？

全书共分为六编14章。第一编为文献综述，第二编是理论视野，两编共5章内容。梳理了有关民族团结进步教育和国家认同的研究现状，以及该研究的理论基础：相关研究虽然有着各自不同的研究背景、文化背景、民族背景等，但其从多层次、多维度进行的相关研究，体现出一些有迹可循的、特定的规律，为本研究奠定了坚实的基础；分析了民族团结进步教育与国家认同培育的关系，并以罗尔斯的"重叠共识"理论和哈贝马斯的"交往理性"为理论基础，形成了我国西北地区经由民族团结进步教育培育青少年认同的理论分析框架。

第三编为田野调查，第四编为实证分析，总共5章内容，主要分析了西北地区民族团结进步教育培育青少年国家认同的现状、问题以及该地区社会经济、环境、文化等的影响。依据课题的整体研究思路，本研究设计了经由民族团结进步教育培育青少年国家认同的策略路径，即经由民族团结进步教育，提升青少年的民族团结、社会凝聚意识；传播国家政治文化，重塑青少年的政治认同并提升其公民意识、祖国意识；传承民族文化，提升青少年对少数民族非物质文化遗产重要性的意识，重塑青少年的文化认同并重构其爱国主义价值观，进而提升未来民族人的国家认同意识，最终达到构筑各民族共有精神家园、铸牢中华民族共同体意识的意旨。

第五编为特因探析，共有2章内容，主要探讨了多元文化共生现象及信息化时代新媒体传播对西北地区民族团结进步教育与国家认同的影响。分析了我国西北地区的环境特点，借鉴生物领域生物间相互依赖、相互依存的"共生"现象于社会文化领域，体现异质共存、相互尊重、相互交流、兼容并包、互相促进、协调发展的特点，为我国西北地区不同民族国家认同主体之间和谐与共、圆融团结以启示；而新媒体传播之于西北地区青少年国家认同的培育，则是指充分利用其即时性、交互性、超媒体性、个性化的特点，帮助出生于信息技术环境、伴随着信息技术成长，随时随地与手机等数字化设备无法分离的"数字土著""数字一代"能够在一定程度上克服其社会化过程中对其国家认同形成的阻滞，并利用形式多样、传播便捷、生动鲜活的新媒体，为未来民族人的交往交流交融提供虚拟空间，促进实现各民族在融媒体创设的场域中相互嵌入、彼此沁入，提升其国家认同。

第六编为体系建构，共有 2 章内容，建构了西北地区青少年国家认同培育的策略体系和制度化体系。对于西北地区民族团结进步教育培育青少年国家认同的策略体系而言，其价值指涉在于：以增进共同性为方向、以和谐共融为目标、以人文关怀为旨归、以文化引领为渠道、以公民身份为承载，具体的策略包括：加强以课堂教育为基础的民族团结进步教育，提升青少年对国家认同的意识；巩固以实践活动为平台的民族团结进步教育，形成青少年对国家认同的感悟；增强以文化为载体的民族团结进步教育，促进青少年对国家认同的认知；构筑以情感交流为桥梁的民族团结进步教育，实现青少年对祖国热爱的情感。对于西北地区民族团结进步教育培育青少年国家认同的制度化体系而言，主要有三个方面：其一，实施制度方面。其价值体现在：西北地区未来民族人国家认同培育的终极目标是求同存异、共融共生，促进青少年作为"全人"的发展；其路径为：学校课堂教育是中小学学生国家认同培育的主阵地，需要各级各类教育制度的引导与实施；青少年的国家认同是通过认同主体自主自觉地参与社会实践活动而获得，需要具有社会化的实施制度予以保障；青少年国家认同的形成要引导其在积极参与公民生活中体验归属感和爱国的情怀，需要具有生活化的实施制度予以保障。其二，保障制度方面。就经费保障体系而言，体现为：明确政府部门责权对等，加强西北地区教育经费投入保障；优化教育经费使用结构，建立民族地区立体化的教育经费投入渠道；推进民族地区教育供给侧改革，完善民族地区教育经费投入的保障机制；就政策保障体系而言，体现为：以和谐共融为目标的政策导向，建构学校课堂教育、社会实践活动齐头并进的一体化培育政策。就法治保障体系而言，体现为：建立专门的法制秩序，完善西北地区国家认同培育实施的法制体系；提高教育法律意识，健全西北地区国家认同培育实施的执法制度；加强教育司法建设，保障西北地区国家认同培育实施的顺利推进。其三，考核制度方面。既需要对通过学校课堂教育质量的考核，也须得注重对社会实践活动效果的考核，即检测是否将青少年国家认同的培育贯穿于学校民族团结课堂教学的每个环节，是否体现了以学生为本的教育理念，是否注重培育了西北地区青少年理性思维能力和批判性思维能力，是否采用了以问题为导向的启发式课堂教学活动，是否依托信息技术平台，引导青少年通过思考、参与讨论、共享分享中获得有关国家认同的知识与能力等。

目 录

第一编 文献综述

第一章 民族团结进步教育溯源及其发展 (3)
  第一节 引言 (3)
  第二节 有关民族团结进步教育的研究 (13)

第二章 国家认同溯源及其发展 (23)
  第一节 引言 (23)
  第二节 有关国家认同的研究 (27)

第二编 理论视野

第三章 关系探讨：民族团结进步教育、公民教育及国家认同 (49)
  第一节 引言 (49)
  第二节 民族团结进步教育与国家认同培育 (50)
  第三节 公民教育与国家认同培育 (58)

第四章 理论支撑：罗尔斯的"重叠共识"理论 (66)
  第一节 引言 (66)
  第二节 重叠共识视域下民族团结的实现 (68)

第三节　重叠共识视域下国家认同的实现 …………………（75）
　　第四节　小结 ……………………………………………………（81）

第五章　路径建构：哈贝马斯的"交往理性" ……………………（86）
　　第一节　引言 ……………………………………………………（86）
　　第二节　交往理性视域下民族团结实现的缘起 …………（87）
　　第三节　交往理性视域下民族团结实现的理据解析 ……（89）
　　第四节　交往理性视域下民族团结实现的路径建构 ……（93）
　　第五节　交往理性视域下国家认同的实现 ………………（99）

第三编　田野调查

第六章　西北地区民族团结进步教育培育国家认同的
　　　　现状调研 ……………………………………………（105）
　　第一节　引言 …………………………………………………（105）
　　第二节　调研设计 ……………………………………………（107）
　　第三节　现状分析 ……………………………………………（117）
　　第四节　小结 …………………………………………………（122）

第七章　西北地区青少年国家认同的现状调研 ……………（125）
　　第一节　引言 …………………………………………………（125）
　　第二节　西北地区青少年国家认同现状的结果分析 ……（127）
　　第三节　小结 …………………………………………………（135）

第四编　实证分析

第八章　宏观分析：西北地区社会对民族团结进步教育发展的
　　　　影响 ……………………………………………………（141）
　　第一节　引言 …………………………………………………（141）

第二节　经济现代化对民族团结进步教育发展的影响 ……（142）
第三节　环境对民族团结进步教育培育国家认同的影响 …（150）
第四节　小结 ………………………………………………（155）

第九章　中观分析：西北地区文化环境与民族团结进步教育的价值取向 ……………………………………………（157）
第一节　引言 ………………………………………………（157）
第二节　西北地区的文化及特点 …………………………（159）
第三节　西北地区民族团结进步教育与文化的关系 ……（165）
第四节　文化指向下西北地区民族团结进步教育的价值取向 …………………………………………（169）

第十章　微观分析：西北地区青少年国家认同的特点分析及建议 ………………………………………………………（176）
第一节　引言 ………………………………………………（176）
第二节　西北地区青少年国家认同在学段、生源地方面的差异及成因 ……………………………………（178）
第三节　西北地区青少年国家认同培育的推进措施 ……（188）

第五编　特因探析

第十一章　文化共生对民族团结进步教育、国家认同培育的影响 …………………………………………………………（199）
第一节　引言 ………………………………………………（199）
第二节　文化共生理念视域下主体文化认同的提升 ……（207）
第三节　文化共生理念视域下的国家认同培育 …………（212）
第四节　小结 ………………………………………………（217）

第十二章 新媒体传播对西北地区青少年国家认同的影响 ……（219）
  第一节 引言 ………………………………………………（219）
  第二节 西北地区传播媒介演变及其特点 ………………（220）
  第三节 新媒体传播对西北地区国家认同的影响 …………（225）
  第四节 新媒体时代西北地区国家认同培育的路径建构 …（233）

第六编 体系建构

第十三章 西北地区青少年国家认同培育的策略体系研究 ……（239）
  第一节 引言 ……………………………………………（239）
  第二节 国家认同培育策略的价值指涉 …………………（242）
  第三节 国家认同培育的策略体系 ………………………（248）
  第四节 小结 ………………………………………………（255）

第十四章 西北地区青少年国家认同培育的制度化体系研究 …（257）
  第一节 引言 ………………………………………………（257）
  第二节 制度化体系建构的意义 …………………………（257）
  第三节 国家认同培育的制度化体系 ……………………（259）
  第四节 小结 ………………………………………………（277）

参考文献 …………………………………………………………（282）

后 记 ……………………………………………………………（311）

第一编 文献综述

第一章　民族团结进步教育溯源及其发展

我国民族（团结）教育是国家基础教育的重要组成部分，它指的是"在统一的多民族国家内对人口居于少数的民族实施的教育"[1]。在本书中，将明晰我国民族团结进步教育的发展情况，且对其之于青少年认同培育及相关问题进行深入的探讨。本章内容将从团结、民族团结、民族团结教育等维度，对我国民族团结进步教育及其发展予以阐述。

第一节　引言

一　团结

团结，就其最基本的含义，是一种建立在置身于社会中的单个有机体基础上的社会事实。从起源来看，团结产生于社会的劳动分工。在人类社会的最初阶段，正是社会分工加快了人类社会整体向前的步伐，而正是因为不同的人能够从事不同类型的活动，才使这种分工明显地提高了工作效率。当然，为了确保任务的顺利完成，社会分工需要从事不同劳动活动的所有成员团结协作。在人类社会漫长的发展过程中，正是人们之间的这种团结合作，将一直以散漫无定、各自为政的劳动个体聚集于有序的劳动团体之中，为后来实现劳动过程中不同行为的相互协调、团结合作提供了前提基础，也是不同劳动群体能够最终为共同的目标而奋斗的先决条件。由此推知，在这一交往活动中，每个劳动者需要心向一处、齐心协力、团结合作才能完成共同的目标。可以说，在这种需要

---

[1] 《中国大百科全书·教育卷》，中国大百科全书出版社1985年版，第310页。

全体合作、凝聚团结的社会交往活动中，特定社会不同劳动个体共同的活动目标使得社会成员逐渐形成了统一的、共同的团结意识。因为在任何活动中，一旦团结产生作用，所有的成员的意志就会不约而同地归于一处。[1] 这既是特定社会凝聚性的根源，亦是民族团结实现的本真。我们深知，真正的凝聚、团结，源自内部的一致，而外在的核心并不能够带来凝聚力，故而在任何一个社会实体中，其团结、凝聚力的产生，必须具备的首要条件便是组成该社会实体的不同组成部分之间能够相融共生、和谐与共、彼此依赖，而非相互冲突、彼此纷扰。[2] 即是说，社会实体内部的协作和一致，其主要的内驱力就是通过社会团结所凝聚的通力合作，亦即团结。而民族团结，是一种特殊的社会团结，它具有自身独特的性质，也因此，唯有适应其自身的生理及心理机制，它才可能具备在特定社会环境中的某种生存能力。[3]

二 民族团结

若要论述民族团结的概念，首先不得不论及"民族"这一概念的基本由来与含义。民族，作为一种普遍的社会现象，其随着人类社会的发展而发展，是社会发展到一定阶段的产物，也因此它更是一个历史范畴。"民族"这一概念的最初提出使用，始于古希腊。后来，民族国家的渐次形成以及资本主义国家的民族学的不断发展，使得"民族"这个概念开始普遍、广泛地在西方国家使用，其定义和解释也逐渐更加明确。

民族是一个复杂的社会现象，从其历史的演变来看，古今中外来自不同国家、不同民族身份、不同文化背景的研究者们从自己所处的立场，以不同的视角对"民族"这一概念做出了不同的界定。这些界定随着时代的变迁而不同，但其中无不反映出在民族形成过程中民族主体

---

[1] [法]埃米尔·涂尔干：《社会分工论》，渠东译，生活·读书·新知三联书店2008年版，第68页。
[2] [法]埃米尔·涂尔干：《社会分工论》，渠东译，生活·读书·新知三联书店2008年版，第81页。
[3] [法]埃米尔·涂尔干：《社会分工论》，渠东译，生活·读书·新知三联书店2008年版，第26页。

间交往的"痕迹"。从西方学术界社会科学文献中，可以译为"民族"的词包括"nation""nationality""ethnicity"等。从词源学角度来看，源自拉丁文"natio"的"nation"一词，最初之意指"种""种族"，指向出身或者血缘纽带。① 13 世纪末，"nation"这一概念在欧洲广为使用，其演变倾向于强调空间或出生地，② 其含义主要指向与出生地、籍贯相关的学院团体。③ 16 世纪早期，据格林菲尔德的考证，"nation"逐渐指代国家的"people"（即人民），这意味着其含义发生了历史性的转变。④ 这一转变，标志着"nation"其现代含义的初始，即由称一个国家的人民为"nation"转变为以"nation"代指"国家"。至此，"nation"一词成为一个与国家、主权、人民密切相关的概念。到了 18 世纪，法国大革命所开启的一系列民族国家运动，使得"民族""民族国家""民族主义"等概念相互关联。于是，"民族"被认为是国家的人民，人民的集合体构成了国家，而国家则成为民族政治精神的体现。⑤ 有学者明确指出："历史领土、法律——政治共同体、社会成员法律政治上享有平等权利以及公共文化和意识形态，构成了标准的西方民族（nation）模式的因素。"⑥ 从词源学来看，来源于希腊文"ethnos"的"ethnic"一词，其原初意指"非犹太教的""非基督教的""异教的"。后来广为使用的"ethnic group"和"ethnicity"两个术语，则是由"ethnic"一词延伸而来。从相关研究来看，"ethnic group"主要指"在一个较大的社会里有一套自己独特的文化特质的群体，其中，独特的文化特征和社群意识是必不可少的"，⑦ 而与"nation"（民族）不同，"族群"（ethnic group）更多地指向特定的文化群体，其成员分享共同

---

① 徐杰舜：《族群与族群文化》，黑龙江人民出版社 2006 年版，第 155 页。
② [英] 埃里克·霍布斯鲍姆：《民族与民族主义》，李金梅译，上海人民出版社 2006 年版，第 19 页。
③ 高永久：《民族学概论》，南开大学出版社 2009 年版，第 89 页。
④ [英] 埃里克·霍布斯鲍姆：《民族与民族主义》，李金梅译，上海人民出版社 2006 年版，第 19 页。
⑤ 高永久：《民族学概论》，南开大学出版社 2009 年版，第 89 页。
⑥ Anthony D. Smith, *National Identity*, New York: Penguin Books USA Inc, 1991, p. 11.
⑦ [美] 马丁·N·麦格：《族群社会学：美国及全球视角下的种族和族群关系》，祖力亚提·司马义译，华夏出版社 2007 年版，第 9—11 页。

的文化标准、价值观、认同意识、行为方式及语言形式。① 换而言之，作为一个文化群体的族群，他们具有同祖同源的特征，享有文化、风俗、习惯、语言等文化特征方面的共同性，即是说，全体成员具有一定的群体认同意识。

汉语里"民族"这一术语出现于19世纪末20世纪初，从早期我国民族发展的情况来看，不论是学术界，还是政界，以马克思主体的民族理论为依据，均对这一领域有过比较深入的探讨与研究，为中国的民族发展事业做出了极其重要的贡献。比如中国共产党重要的领导人之一的李大钊同志，他率先提出了"民族问题"和"民族自决"，并对大民族主义、联邦制有过重要论述。② 马克思主义的诞生，使得"民族"这个概念具有了更加科学的说明和完善的界定。马克思曾在其著作《摩尔根〈古代社会〉一书摘要》中明确指出："'民族'这一词适应于许多印第安部落。因为他们的人数虽不多，却独特地拥有一定的方言和地域。"③ 后来，马克思主义者（如马克思、恩格斯、列宁、斯大林等）从"地域""语言""经济生活""共同感情"等不同方面，对"民族"这一概念，在批判与继承、修正与发展中得出更客观、科学的界定，其中包括了"共同语言""共同地域""共同经济生活""共同文化""共同心理特质"以及"共同体"等关键字眼。

与西方相比，国内研究者对"民族"概念及意义的理解，从引介西方的观点，到效仿苏联的简介，再到结合国内民族发展的特点，进而提炼出具有本土化特点的概念。根据相关的文献资料，国内具有现代意义的"民族"这一概念，可以追溯到19世纪30年代，德国传教士、汉学家郭实腊创办的《东西洋考每月统纪传》所载的《约书亚降迦南国》一文。文中有"昔以色列民族如行陆路渡约耳但河也"的话语，其中，"民族"指向民族的现代意义。④ 至此，"民族""中国民族""中华民族"等词语也渐为学者们所用，相关作品也逐渐见诸笔端。这

---

① Abraham Rosman, *The Tapestry of Culture: An Introduction to Culture Anthropology*, New York: Mcgraw-Hill, 2004, p.419.
② 韦英思：《李大钊民族思想战略》，《西北民族研究》1989年第2期。
③ 马克思：《摩尔根〈古代社会〉一书摘要》，人民出版社1965年版，第96页。
④ 郝时远：《中文"民族"一词源流考辨》，《民族研究》2004年第6期。

时期民族最重要的特质包括诸如居住地、血统、外形、语言、文字、宗教、风俗、生活等。比如当时被国内视为经典的观点，民族由"血统、生活、语言、宗教、风俗习惯"五种自然力构成。① 可以看出，这些观点均以民族构成要素为出发点。随着中华人民共和国的成立，苏联民族学理论对中国的民族学研究起到了不小的影响，其中包括曾被奉为经典与权威的定义，即"民族是人们在历史上形成的一个有共同语言、共同地域、共同经济生活以及表现在共同文化上的共同心理素质的稳定的共同体"，这是斯大林有关民族的概念。然而，由于时空对象的错位、现代民族国家发展变化，这一"经典"概念受到了挑战。国内有学者指出："'民族'是人类共同体依托于民族国家而形成的现代形式。一个民族就是一个民族国家的全体居民或全部享有该国国籍的人的总称。"② 至此，"民族"这一概念在中国，在具有现代意义的同时被赋予了中华民族本土化的特点。在我国，借鉴国内外有关"民族"的概念，并结合我国统一的多民族国家的民族实情，在学界与一代代党和国家领导人的不断探索与实践下，2005 年党中央民族工作会议上提出："民族是在一定的历史发展阶段形成的稳定的人民共同体。一般来说，民族在历史渊源、生产方式、语言风格、文化特色、风俗习惯以及心理认同等方面具有共同的特征。有的民族在形成和发展过程中，宗教起着重要作用。"③ 这一阐述中，包括了"共同的历史渊源""生产方式""语言风格""文化特色""风俗习惯""心理认同"等核心要素，标志着我国民族理论界关于民族的表述有了时代性的新发展，上了一个新的台阶。

"民族团结"这一概念，正是伴随着对"民族"概念的认识逐渐发展起来的。早在 19 世纪 40 年代就有马克思主义理论家用思考、分析世界的民族和民族问题，指出"要使各民族真正团结起来，他们就必须有共同的利益"④。在我国，有民族理论学界前辈通过对我国有史（自先秦算起）以来多民族发展演变历程的追溯，总结了中国民族团结的

---

① 孙中山：《三民主义》，岳麓书社 2000 年版，第 4—5 页。
② 郝时远：《重读斯大林民族（俄语）定义——读书笔记之一：斯大林民族定义及其理论来源》，《世界民族》2003 年第 4 期。
③ 《中央民族工作会议精神学习辅导读本》，民族出版社 2005 年版，第 29 页。
④ 《马克思恩格斯全集》（第 1 卷），人民教育出版社 1979 年版，第 501 页。

六大原因，即各民族共同缔造祖国凝聚力、各民族长期互动的整合力、中华文化沉淀和升华内聚力、草原文化与农业文化结合亲和力、边疆对中央向心力、中国国家行政管理双轨制稳定力。并厘清了其历史轨迹——以先秦时期民族互动为起点，经由秦汉时期各民族新互动中的大整合、魏晋南北朝时期在新平台上的迁徙、战争、怀柔、融合等为旋律的交叉互动，到唐文化高峰构建促使新民族格局中的第二个周期的大整合发生。①

中国共产党诞生后，自 1922 年《中国共产党第二次全国代表大会宣言》中提出民族联合（即后来的"民族团结"）始，民族团结就成为中国共产党用来结合解决中国的民族问题的主要策略与方针。中华人民共和国的成立为各民族的发展提供了一个前所未有的平台，"民族团结"也成为共产党一代又一代领导人在民族问题上的新关注点。同时，民族学、民族理论学界的相关研究也陆续见诸报端。有研究者对民族团结概念作了界定：民族团结就是我国各族人民基于共同的利益，在共同反抗民族压迫和剥削的斗争以及社会主义革命与建设中建立起来的平等互助的关系。② 也有研究者认为，民族团结就是指我国各民族人民在反对民族压迫与剥削、促进各民族共同繁荣的斗争中结成的平等互助的关系③。另外，这一时期与此较相近的界定还有：民族团结是指不同民族间及各民族内部，基于共同利益结成的平等互助、友好合作的关系。④总体来看，这一时期民族理论学界对"民族团结"的认识，大多将其

---

① 徐杰舜：《经典作家视野中民族团结概念》，《中国民族》2004 年第 4 期；徐杰舜：《各民族共同缔造祖国凝聚力作用论——中国民族团结原因分析之一》，《西南民族大学学报》（人文社科版）2004 年第 1 期；徐杰舜：《中国各民族长期互动整合力作用论——中国民族团结原因分析之二》，《西南民族大学学报》（人文社科版）2004 年第 2 期；徐杰舜：《中华文化沉淀和升华内聚力作用论——中国民族团结原因分析之三》，《西南民族大学学报》（人文社科版）2004 年第 3 期；徐杰舜：《草原文化与农业文化结合亲和力作用论——中国民族团结原因分析之四》，《西南民族大学学报》（人文社科版）2004 年第 4 期；徐杰舜：《中国边疆对中央向心力作用论——中国民族团结原因分析之五》，《西南民族大学学报》（人文社科版）2004 年第 5 期；徐杰舜：《中国国家行政管理双轨制稳定力作用论——中国民族团结原因分析之六》，《西南民族大学学报》（人文社科版）2004 年第 6 期。

② 梁钊韬：《中国民族学概论》，云南人民出版社 1985 年版，第 10—35 页。

③ 周光大：《民族问题基本知识》，广西民族出版社 1984 年版。

④ 徐玉圻：《马克思主义民族理论和党的民族政策》，上海人民出版社 1989 年版。

与民族平等相提并论，认为它们是"马克思主义解决民族问题的根本原则"，未能对"民族团结"这一概念从理论上进行科学的概括、提炼和升华。到了20世纪90年代，随着国际国内形势的变化，民族关系与民族问题出现了新的局面，各民族国家对"民族团结"问题有了更进一步的认识，并予以高度重视，在民族国家民族理论与政策方面均有了突破性的提升。在研究领域，学者金炳镐等对其作了深入的探讨与研究，在对中国共产党第三代领导集体民族理论研究的系列论文中，讨论了我国民族团结的加强是我国各族人民的共同愿望和根本利益及共同责任，因此要坚持开展民族团结进步宣传教育活动，建立妥善处理影响民族团结的有效机制；在纪念邓小平100周年诞辰的系列论文中，阐述了邓小平关于民族平等、民族团结、维护祖国统一等理论与政策，并指出民族团结是我国社会稳定和民族发展的前提，是我国民族工作的根本性任务。[1] 同时，从中华人民共和国成立以来的时间序列中，厘清了在党和国家的民族政策、民族文化政策的演进历程中保护和发展民族文化、推进民族平等、民族团结、民族发展繁荣与社会稳定等是中国民族政策最重要的内容，其中民族团结是主线。与此同时，民族理论学界对"民族团结"这一概念的认识也提炼、上升到了一个更高的层次与水平。有研究者指出，民族团结本就是不同民族之间在互动中认同的整合关系，是一个历史范畴，也是一个社会关系范畴，故而互动、整合及和谐是其本质属性的具体体现[2]。也有研究者认为，民族团结是指我国不同民族在经济、政治、社会交往等活动中形成的联合奋斗、和睦相处、

---

[1] 金炳镐、柳春旭：《中国共产党第三代领导集体关于民族平等的理论与政策——中国共产党第三代领导集体民族理论研究之三》，《黑龙江民族丛刊》2003年第1期；金炳镐：《邓小平关于民族平等和民族团结的理论与政策——纪念邓小平100周年诞辰系列论文之三》，《黑龙江民族丛刊》2004年第4期；金炳镐：《发展和完善社会主义民族关系与民族地区和谐社会的构建》，《黑龙江民族丛刊》2005年第4期；金炳镐：《民族团结是新中国60年民族政策的主线》，《西南民族大学学报》2009年第12期；青觉、闵浩、黄东辉：《中国共产党民族平等和民族团结政策的形成和发展——中国共产党民族纲领政策形成和发展研究之九》，《黑龙江民族丛刊》2002年第1期；青觉：《中国共产党第三代领导集体关于民族团结的理论和政策——中国共产党第三代领导集体民族理论研究之六》，《黑龙江民族丛刊》2003年第3期。

[2] 许宪隆：《民族文化发展与保护研究》，民族出版社2007年版，第352页。

携手共进、友好合作的关系。① 由此可见，结合我国的多民族实际情况，学者们将民族团结置于更大的社会视域中进行了分析、探究。

除此之外，有学者从文化视域对民族团结问题进行了深入的分析。事实上，"民族团结"作为各民族国家的民族事务中重要的关注点之一，其与特定民族国家的"文化"命脉相连。在我国，无论是民族形成中民族与文化"交流与融合""涤荡与生长""融凝与团结"的发展历程，还是民族理论学界前辈们对民族团结深厚渊源的追溯，都离不开对各民族借以生息的"民族文化"深入的探究。早在20世纪，费孝通从个人研究经历出发，指出21世纪各种不同文化背景的人怎样在这个经济和文化上越来越息息相关的世界和平相处，他指出，民族平等是件有关人类共同命运的大事，提出在全球化的当今世界建立"美美与共"的文化形态，为建设"和而不同"的美好社会做贡献。② 在费孝通提出的这些理论观点的基础上，陈连开进一步探讨了中华文化的特点，指出"中华文化的起源具有鲜明的多元特点，由此形成中华文化的兼容精神，进而形成中华文化'多元'与'一体'的辩证统一关系，即以汉文化为主体和主导的多民族各具特色文化的互相兼容，这也是中华文明从未被割断的根本原因"。③ "文化基因"，是民族理论学界前辈们对这一论点作的更进一步的科学诠释，它是"认同内化的基础，在这个基础上认同的力量是伟大的"，意味着中华民族从多元走向一体也是历史的必然。中华民族的文化底蕴，是中华民族从多元走向一体凝聚的奥秘④。而将民族文化取向置于现代化进程中予以考虑，是民族团结在全球化时代得以创新和发展的根本前提，有学者指出，"文化是民族的重要特征，现代化推进中发生嬗变的民族传统文化要以民族和谐为价值取向，去构建和谐民族文化"；而且，新时期"中华民族"概念的厘清，

---

① 金炳镐：《发展和完善社会主义民族关系与民族地区和谐社会的构建》，《黑龙江民族丛刊》2005年第4期。
② 费孝通：《重建社会学与人类学的回顾和体会》，《中国社会科学》2000年第1期。
③ 陈连开：《中华文化的基本特点及其在现代化进程中的弘扬》，《广西民族研究》2001年第2期。
④ 徐杰舜：《文化基因：五论中华民族从多元走向一体》，《湖北民族学院学报》（哲学社会科学版）2008年第3期。

对于增强中华民族的凝聚力有着重要意义。① 也有学者分析了社会主义时期不同民族表现在政治、经济、文化和社会生活等方面的共同因素与特点及各民族共同繁荣与发展的规律，② 探讨民族团结及其在当时社会发展过程中所起的作用。

从"文化基因"的视角论之，我国作为一个拥有56个民族的统一的多民族国家，社会的凝聚、民族的团结，在56个民族历经了中华民族漫长发展史，置身于西起帕米尔高原、东到太平洋西岸诸岛、北有广漠、东南是海、西南是山形成的四周有自然屏障、内部有结构完整的体系这一共生环境，于经济、政治、文化等不同领域长期的社会交往互动中，历经时间的模塑，形成了具有56个民族特性和多元一体的中华民族整体心理的民族，融凝而成了多元一体格局的中华民族文化。这是中华民族的"文化基因"，也是专属于来自56个民族的中华民族这一集体智慧和集体记忆，它促进了56个民族的异质共存、相融与共、相扶相携、相互促进、兼容并包、和谐共生的交往活动，成就了我国统一的多民族国家的社会凝聚、民族团结的社会愿景。在全球多元化的当下社会，不同民族主体在理性的交往中，厘清身份、明晰所属，才能承担起社会凝聚、民族团结的社会担当。作为一个统一的多民族国家，全体未来民族人的民族团结意识的培养与提升的主阵地是学校，即通过学校教育进行有目的、有计划的不间断的、相互衔接的民族团结教育，民族团结才能得以实现。

民族团结是我国党和政府处理民族关系的根本立场，是我国民族工作的根本宗旨，也是新中国自成立以来长期追求的目标。不同时代，我国历代党的领导人就民族团结问题都做过阐述，如毛泽东指出："国家的统一，人民的团结，国内各民族的团结，这是我们的事业必定要胜利的基本保证。"江泽民指出："历史的发展表明，国家统一，民族团结，则政通人和、百业兴旺；国家分裂、民族纷争，则丧权辱国、人民遭

---

① 金炳镐：《民族团结是新中国60年民族政策的主线》，《西南民族大学学报》2009年第12期。

② 青觉：《论社会主义时期各民族的共同因素》，《西南民族大学学报》2007年第3期。

殃。"① 胡锦涛指出:"坚持巩固和发展平等、团结、互助、和谐的社会主义民族关系促进各民族相互尊重、互相学习、互相合作、互相帮助、始终同呼吸、共命运、心连心。"② 自党的十八大以来,新一代党和国家领导人习近平强调提出了"民族团结是发展进步的基石""做好民族工作最关键的是搞好民族团结""维护民族团结和国家统一是各民族最高利益""民族团结是我国各族人民的生命线"③ 等核心观点。我国统一的多民族国家 56 个民族和谐与共、友好相处、相扶相携、并肩奋斗、携手发展,是维护我国民族国家民族关系的根本。因此,民族团结的实现,不仅要维护并促进各民族之间的团结、同时也要维护各民族内部的团结,民族之间必须齐心协力,反对民族分裂,不断促进国家的繁荣和民族的发展,才能维护祖国统一,维护国家利益。

三　民族团结进步教育

民族团结教育,是民族团结实现的主要途径之一,也是历来学界关注的热点话题。如上文所述,国内学者通过总结马克思经典作家对民族团结问题的看法,参照我国民族发展史及民族实情,总结认为:民族团结本就是不同民族之间在互动中认同的整合关系,是一个历史范畴,也是一个社会关系范畴,故而互动、整合及和谐是其本质属性的具体体现。④ 根据民族团结的概念,本研究认为民族团结进步教育应当是:以马克思主义民族观为参照,以中华民族"多元一体格局"理论为指导,以习近平新时代中国特色社会主义思想为宗旨,遵循中国共产党的民族理论与民族政策,经由教育传承国家政治文化及民族文化中核心价值观的过程,促进我国 56 个民族间以平等对话的方式进行沟通、了解、交流、合作,进而求同存异,即使秉持不同的价值观、不同的见地,但在祖国未来的发展、各民族共同进步的目标上达成共识,并在对政治、经

---

① 《江泽民文选》第 1 卷,人民出版社,2006 年,第 181 页。
② 胡锦涛:《中央民族工作会议暨国务院第四次全国民族团结进步表彰大会上的重要讲话》单行本,人民出版社 2005 年版。
③ 祁帆、徐柏才:《新时代民族团结教育的认知与创新——学习习近平总书记关于民族团结教育的重要论述》,《西南民族大学学报》(人文社会科学版) 2018 年第 5 期。
④ 许宪隆:《民族文化发展与保护研究》,民族出版社 2007 年版,第 352 页。

济、文化、教育、科技等各个领域"重叠共识"（即共同的仪式、共同的社会规则、一致接受的规范等）的寻求中达成和谐团结的局面，从而构建一种各民族间互惠互利、荣辱与共且对全体民族人所属国家认同的机制，并能够真正体现"56 个民族相存相依、互相离不开"特征的民族教育理念及教育方式。

第二节 有关民族团结进步教育的研究

追根溯源，从我国民族教育的演进史来看，民族团结进步教育在中华人民共和国成立后出现，到 20 世纪 80 年代末这些因素才开始在民族教育中居主导地位。也因此，有关民族团结进步教育的研究大多出现于这一时段。

根据目前所掌握的资料，对相关研究进行梳理、综述。

一直以来，民族团结教育是我国民族教育中的重要内容之一。本研究从知网、维普网，查询了自 1985 年 1 月 31 日至 2019 年 6 月 31 日期间，以"民族团结教育"为主题公开出版发行的文章约有 12507 篇。[①] 具体来看，刊于西北地区的各类报纸、年鉴上的文章大约为 4648 篇，占比 37.17%；各类期刊文章为 5828 篇，占比 46.6%。另外，还有硕博论文约 2031 篇，占 16.23%。这些数据显示了一个趋势，即 2008 年 1 月 1 日以后，有关"民族团结教育"的文章数量剧增，2010 年达到高潮，全年文章数量为 1232 篇，之后呈下降趋势，2015 年以来略有回升。这也说明了一个问题，民族团结教育引起了各界的高度重视。自 2008 年 11 月，作为新的历史时期民族团结教育具有现实意义指导性文件《学校民族团结教育指导纲要（试行）》颁布起，民族团结教育工作在我国有了质的飞跃，民族团结教育也成为我国学界探讨的热点话题。

从所查阅的文献资料来看，近 40% 的相关文章大都集中于西北地区的报纸（如《中国民族报》《新疆日报》《西藏日报》等）、年鉴（《宁夏年鉴》《哈密市年鉴》等）中，这些报纸、年鉴往往是民族事务的

---

① 注：本数据是在中央民族大学谭玉林博士在其博士学位论文《我国民族团结教育理论与实践研究》中所统计数据的基础上累计的。

"喉舌",起着号召、宣传作用,因而其学术性较为缺乏。根据本研究的需要,对所查阅的有代表性的期刊文献作一梳理。

一 有关民族团结教育意义的研究

有学者从思维创新的角度出发阐述了民族团结教育的重要意义。他们认为,要适应目前国际国内形势,民族团结教育就需有所创新,应该从思维对象、手段、模式、方向等方面着手来实现。[1] 而且,民族团结教育,于一个民族国家的重要意义在于加强民族团结教育,不仅是新时期民族教育的重要使命,更是民族教育长远的使命,应常抓不懈。[2] 有研究者认为,以爱国主义为核心树立并践行社会主义荣辱观,是民族团结教育的重要环节。[3] 庄玉霞也提出了相似的观点,她认为,应以爱国主义教育为核心内容,通过马克思主义的民族观、宗教观、文化观,以及祖国观来加强民族团结教育。[4] 也有研究者从民族团结教育的指导思想以及课程定位为切入点,阐述了加强民族团结教育的重要意义。[5] 另有研究者阐述了民族团结教育之于中华民族共同体建设的意义。[6]

二 有关民族团结教育的内容研究

成果主要有:叶缤的《爱国主义是民族团结教育的核心内容》[7]、刘勋昌的《我国西北地区民族团结教育内容探析》[8]等。前一篇文章认为民族团结教育的核心内容就是爱国主义,后一篇认为其主要内容应是民族知识、政策和中华民族精神教育。有关民族团结教育在学校教育实

---

[1] 蒙运芳:《论高校大学生民族团结教育思维创新》,《广西民族研究》2010年第4期。
[2] 伍淑花:《我国民族高等教育应加强民族团结教育的探讨》,《民族教育研究》2010年第5期。
[3] 叶缤:《爱国主义是民族团结教育的核心内容》,《新疆社会科学》2007年第4期。
[4] 庄玉霞:《增强民族院校大学生民族团结意识的途径》,《贵州民族研究》2011年第1期。
[5] 卢贵子:《中小学德育课程开展民族团结教育的意义》,《黑龙江民族丛刊》2007年第4期。
[6] 张诗鼹、王红曼:《论民族团结教育对建设中华民族共同体的意义》,《中国民族报》2019年1月22日第11版。
[7] 叶缤:《爱国主义是民族团结教育的核心内容》,《新疆社会科学》2007年第4期。
[8] 刘勋昌:《我国民族地区民族团结教育内容探析》,《前沿》2010年第6期。

施中的内容,有学者认为其在于:(1)深入课堂教学、课外活动乃至宿舍食堂;(2)集中教育与常态化教育相结合,反面教育与正面教育相结合;(3)重视教师的民族团结的教育。[1] 西林则从家庭教育、大众传媒、学校教育三者相结合的视角阐述了民族团结教育实现的主要路径。[2] 类似的看法还有:"课堂教学、校园活动,以及社会实践教育是民族团结教育的主要途径与内容"。[3] 也有研究者指出民族团结教育是我国学校教育的重要内容。[4] 还有研究者以"五个认同"为切入点,对我国新疆高校民族团结教育内容进行了探究。[5]

三 有关民族团结教育的理论研究

成果主要有:青觉的《中国共产党第三代领导集体关于民族团结的理论和政策》[6]、金炳镐的《邓小平关于民族平等和民族团结的理论与政策》[7]等,上述研究为民族团结教育探寻了理论与政策依据。也有研究者从顶层设计、逻辑理路和社会实践等三个方面讨论了民族团结教育理论创新的基本路径。[8] 另有研究者从认知逻辑、过程逻辑和实践逻辑三个维度探讨了民族团结教育的逻辑。[9] 有研究者认为,新时代民族团结进步事业是铸牢中华民族共同体意识的基础性事业,学校民族团结进步教育是民族团结进步事业的重要组成部分,学校民族团结进步教育课程对各民族学生牢固树立正确的祖国观、民族观、文化观、历史观有至关重要的作用,也是构筑民族共有精神家园、铸牢中华民族共同体意识

---

[1] 李尚凯:《对大学生深化民族团结教育》,《新疆师范大学学报》1990年第3期。
[2] 西林:《论政治社会化过程中的民族团结教育》,《新疆社会科学》2009年第2期。
[3] 任一峰、倪培霖:《关于少数民族地区高校开展民族团结教育的几点思考》,《内蒙古师范大学学报》1997年第2期。
[4] 吕洋、金浩:《民族团结教育是我国学校教育的重要内容》,《黑龙江民族丛刊》2014年第2期。
[5] 马晓军:《五个认同:新疆高校民族团结教育内容之维》,《高教学刊》2017年第4期。
[6] 青觉:《中国共产党第三代领导集体关于民族团结的理论和政策——中国共产党第三代领导集体民族理论研究之六》,《黑龙江民族丛刊》2003年第3期。
[7] 金炳镐:《邓小平关于民族平等和民族团结的理论与政策——纪念邓小平100周年诞辰系列论文之三》,《黑龙江民族丛刊》2004年第4期。
[8] 蒙良秋:《民族团结教育理论创新路径分析》,《民族论坛》2016年第5期。
[9] 韦兰明:《民族团结教育逻辑论纲》,《民族教育研究》2019年第3期。

的基本途径和载体。①

四　有关民族团结教育的实践路径研究

成果主要有：严庆的《民族交往：提升民族团结教育实效性的关键》②、胡兆义的《包容与开放：民族团结的内在逻辑及实现路径》③。已有研究探讨了民族团结实现的可能渠道。也有研究者通过对民族团结教育的价值及其文化性、综合性和常态性等属性的讨论，阐述了民族团结教育的课程整合、师资整合、资源整合以及方法整合等有效路径④。

五　其他方面

有学者以少数民族预科学生为教育对象，对民族团结教育从原则、内容、手段、途径等方面进行综合性的探讨。提出了"以人为本、因材施教、适度及坚持自我管理"的民族团结教育原则，并认为，理想信念教育是民族团结教育的核心，爱国主义教育是重点，法纪教育是手段，民族理论和政策教育是途径。⑤ 此外，严庆、青觉通过全面回顾我国中小学民族团结教育的历程，梳理了民族团结教育课程的历史背景，为民族团结教育课程的科学合理设置奠定了基础。⑥ 王鉴和安富海的研究，对我国当前民族教育研究的前沿和热点问题进行了综述，在此基础上详细地总结了民族团结教育研究的现状，对民族团结教育的意义、内

---

① 万明钢、王婕：《铸牢中华民族共同体意识与学校民族团结进步教育课程建设》，《西北师大学报》（社会科学版）2021年第3期。
② 严庆、刘雪杉：《民族交往：提升民族团结教育实效性的关键——以内地西藏班（校）为例》，《西藏民族学院学报》（哲学社会科学版）2011年第4期。
③ 胡兆义：《包容与开放：民族团结的内在逻辑及实现路径》，《广西民族研究》2013年第2期。
④ 欧阳常青：《论民族团结教育的价值、属性及其实践路径》，《民族教育研究》2019年第3期。
⑤ 土登、邓晓琳、张震：《少数民族预科学生民族团结教育的创新研究》，《西南民族大学学报》（人文社会科学版）2011年第11期。
⑥ 严庆、青觉：《我国中小学民族团结教育工作回顾及展望》，《民族教育研究》2007年第1期。

容、途径、策略等方面的研究进行了全面梳理。① 另外，尹可丽和尹绍清从全新的视角出发，对民族团结教育进行了更深入的探究，认为有必要从心理学的角度研究民族团结问题，他们认为，个人或群体的民族认同、需要、动机和人际互动等因素，都直接影响民族团结的效果。② 也有研究者对广西民族团结教育试点学校的民族团结教育场域下青少年民族文化认同进行了实证研究。③ 也因此，应该将教育对象的认知、情感、态度等纳入到民族团结心理研究的范围内；而研究的方法，则应以实证方法和质化研究方法相结合为主。

除上述学者的相关研究外，也有一些硕士、博士学位论文对民族团结进步教育进行了研究。王静芳以民族院校大学生为研究对象，对民族团结教育存在的问题及对策进行了探究④；范文森以广东地区部分高校为例，也探讨了当代大学生民族团结教育的问题和对策⑤。陈蕾的研究则从跨文化比较出发，对民汉合校中民族团结教育课程的开发进行了深入探索⑥。还有一些体现区域性特点的研究，如内蒙古科技大学的王改芹以宁夏银川、内蒙古包头为调研地，在对少数西北地区青少年民族团结教育情况调查的基础上，从必要性和关键因素等方面对民族团结教育的重要性进行了阐述。⑦ 黄艾的调查则基于北京、沈阳、内蒙古三地的19所中小学，调查了我国民族团结教育的现状，分析了存在的问题和

---

① 王鉴、安富海：《当前我国民族教育研究前沿与热点问题综述》，《学术探索》2011年第2期。
② 尹可丽、尹绍清：《民族团结心理的研究内容与方法建构》，《云南民族大学学报》2008年第3期。
③ 韦克平、谢俏静：《民族团结教育场域下青少年民族文化认同实证研究》，《民族教育研究》2019年第3期。
④ 王静芳：《民族院校大学生民族团结教育问题及对策研究》，硕士学位论文，中央民族大学，2011年，第1页。
⑤ 范文森：《当代大学生民族团结教育的现状和对策》，硕士学位论文，华南理工大学，2011年，第2页。
⑥ 陈蕾：《民汉小学民族团结教育课程开发跨文化比较研究》，硕士学位论文，内蒙古师范大学，2011年，第1页.
⑦ 王改芹：《少数民族地区青少年的民族团结教育研究》，硕士学位论文，内蒙古科技大学，2011年，第10页。

原因，并提出了相应的建议。① 甘瑶对属于武陵山片区的湘西土家族苗族自治州博物馆、湘西土家族苗族自治州永顺老司城遗址、恩施土家族苗族自治州博物馆，重庆市民族博物馆、恩施土家族苗族自治州唐崖土司城址世界文化遗址公园以及中国人民抗日战争胜利受降旧址等六个地区的民族团结进步教育基地运行状况进行了研究。②

另外，有部分硕士论文从独特的视角对民族团结教育问题进行了探讨，如中南民族大学的朱永兵对大学生民族团结教育的有效性进行了研究。③ 西藏大学的李丹对社会主义核心价值观视野下的西藏高校民族团结教育进行了实践研究。④ 新疆师范大学的杨娜以新疆地区为例，以思想品德课为出发点对民族团结教育进行了研究。⑤ 严政华则以新疆的洛浦县为例，总结了洛浦县民族团结的现状，并分析了一直以来影响该地区民族团结的主要因素⑥。也有研究者对基础教育阶段民族团结教育的情况作了探究，比如西南大学的马燕萍以甘南州合作市 X 小学为个案，研究如何优化西北地区小学民族团结教育。⑦ 中南民族大学的周婷以信阳市的三所小学为例，对该地区民族团结教育现状进行了调查分析，并剖析了存在的问题⑧；广西民族大学的郑志森以南宁市 Y 中学为例，对该校高中生民族团结教育方法进行了探讨。⑨ 另有研究者以高校为例，对民族团结教育问题进行了探讨，比如中央民族大学的王村以北方民族

---

① 黄艾：《我国中小学民族团结教育现状及问题研究——基于北京、沈阳、内蒙古三地部分中小学的调分析》，硕士学位论文，中央民族大学，2010 年。
② 甘瑶：《武陵山片区全国民族团结进步教育基地运行状况研究》，硕士学位论文，中南民族大学，2018 年。
③ 朱永兵：《大学生民族团结教育有效性研究》，硕士学位论文，中南民族大学，2013 年。
④ 李丹：《社会主义核心价值观视野下的西藏高校民族团结教育实践研究》，硕士学位论文，西藏大学，2015 年。
⑤ 杨娜：《新疆思想品德课中民族团结教育研究》，硕士学位论文，新疆师范大学，2017 年。
⑥ 严政华：《新时期新疆南疆地区民族团结问题研究——以洛浦县为例》，硕士学位论文，西南大学，2017 年。
⑦ 马燕萍：《民族地区小学民族团结教育优化研究——以甘南州合作市 X 小学为个案》，硕士学位论文，西南大学，2014 年。
⑧ 周婷：《小学民族团结教育现状调查及存在问题分析——以信阳市三所小学为例》，硕士学位论文，中南民族大学，2018 年。
⑨ 郑志森：《高中生民族团结教育方法研究——以南宁市 Y 中学为例》，硕士学位论文，广西民族大学，2018 年。

大学为例,研究了民族院校民族团结教育的针对性和有效性①;中央民族大学的邵娜以北京地区的北京大学、中央民族大学、北京信息职业技术学院、首都师范大学为例,探究了民族团结教育在高校的现状、分析了存在的问题并提出相应的对策。②

相较而言,有关民族团结教育的博士论文相对较少,代表性成果如:张澈认为作为中国民族政治传播基础的学校教育传播行为,主要是通过课堂教育和校园文化建设来实现民族团结教育的。③ 谭玉林从理论和实践两方面对我国民族团结教育进行了系统论述阐述,他认为应将国民的民族团结意识视为统一的多民族国家意识形态的重要内容,使其从统一的多民族国家意识形态建设的高度,指出培养民族团结意识的基本途径是开展民族团结教育;从实践角度,分析了我国民族团结教育的主要形式、内容及其特点,并将我国民族团结教育工作的历程划分为四个阶段,并同时通过个案研究,总结了新中国民族团结教育所取得的成绩以及新时期我国民族团结教育面临的新挑战;最后指出,要从根本上实现民族团结教育,必须经由"三个并重"和"一个转变",即政治层面与生活层面并重、理论政策教育与塑行功能并重、政策优越性宣传与情感交融并重以及由"两元"到"多元"的转变。④ 另外,复旦大学赵靖茹的《我国藏族的民族教育政策研究——基于"内地西藏班"的实例分析》一文基于"西藏内地班",从宏观、中观、微观三个层面,从西藏经济社会及教育发展变化、内地若干西藏民族中学的办学、从上海共康中学的历史与特色研究,深入到共康中学学生个体的成长效果等方面进行了探究。⑤ 华东师范大学的李孝川在其博士论文《云南边境地区民族教育的发展困境与出路——非传统安全的视角》中,从非传统安全的

---

① 王村:《民族院校民族团结教育的针对性和有效性研究——以北方民族大学为例》,硕士学位论文,中央民族大学,2016年。
② 邵娜:《北京高校民族团结教育现状与问题研究》,硕士学位论文,中央民族大学,2018年。
③ 张澈:《民族政治传播研究》,博士学位论文,中央民族大学,2011年,第3页。
④ 谭玉林:《我国民族团结教育理论与实践研究》,博士学位论文,中央民族大学,2011年。
⑤ 赵靖茹:《我国藏族的民族教育政策研究——基于"内地西藏班"的实例分析》,博士学位论文,复旦大学,2012年。

视角分析了我国藏族的民族教育政策与云南边境地区民族教育发展困境与出路。① 中央民族大学的刘子云则从历史、政策、实践和理论反思的层面,对我国民族团结教育实践模式进行了全面的、系统的分析,并尝试将民族团结教育的"主体、理念、方式、过程、效果"五要素纳入民族团结教育"实践模式"的范畴。② 山东大学的刘刚则主要针对新疆部分区域中存在的极少数群体与民族分裂而施以暴力恐怖活动的现象,以新疆地区中小学师生、高校大学生、社区农牧区各民族群众三个群体为调研对象,探究了新疆地区民族团结教育的现状,分析了问题,并提出相应的对策。③

通过以上对国内外有关民族团结教育的文献梳理,我们可以看出,研究者从多维度、多层次进行的研究,积累了较为丰硕的成果,为本研究奠定了基础。但现有成果中专门研究通过民族团结进步教育培育青少年国家认同的较少,尤其是理论研究、理论与实证相结合的研究以及对策研究尤为薄弱,还有待进一步深化。本研究基于社会发展对青少年国家认同的客观要求,在借鉴已有成果的基础上,通过实证调查,从民族团结进步教育与国家认同培育的关系、培育策略以及培育的制度化体系等方面展开全新探索。当前国际上有大量关于民族团结、民族融合等问题的相关理论和文献,阐述民族团结教育的重要性和战略意义。对于什么是学理意义上的民族团结、什么是民族团结教育还缺乏具体和明晰的界定和研究,人们大多还停留在将"民族"和"民族团结教育"作为一个名词,作为一项教育任务来认知的状况,这一点,很大程度上制约了人们对"民族团结"和"民族团结进步教育"的进一步认识,需要进一步的突破和创新。

六 民族团结进步教育的发展

任何一个民族与国家,都需重视民族团结问题,而且其民族团结教

---

① 李孝川:《云南边境地区民族教育的发展困境与出路——非传统安全的视角》,博士学位论文,华东师范大学,2014年。
② 刘子云:《民族团结教育实践模式研究》,博士学位论文,中央民族大学,2015年。
③ 刘刚:《新疆民族团结教育历史进程、基本经验与实践策略研究》,博士学位论文,山东大学,2018年。

育问题，是构成国际视野下的民族团结进步教育的一部分。在我国，民族团结教育的传播与发展与国际上的民族团结进步教育发展是一脉相承的。作为民族教育发展的价值取向，民族团结教育绝不可能脱离民族特色，我国是一个拥有56个民族的统一的多民族国家，与世界其他民族相比较而言，我国各民族在民族构成、形成环境、民族观念等方面都异于西方社会主要通过移民而形成的少数民族。因而，我国的民族团结教育，乃是具有中国特色的民族教育，故民族团结教育的发展，主要依托的是中华民族优秀传统文化所具有的独特的、丰厚的文化土壤，有着其自身的传播与发展轨迹。

民族团结进步教育在中国的传播与发展，从根源上来看，主要是以自在和自为两种形态存在的。自20世纪50年代我国开始重视民族团结教育起，其发展经由了以准备、摸索为主的自在发展阶段，到20世纪80年代后，通过不断的努力、探索及完善，我国民族团结教育的发展迈上了一个新台阶，进入了自为阶段。至此，作为世界民族教育的重要组成部分，顺应世界民族教育发展的总体趋势，我国的民族团结教育，逐渐发展为世界民族教育模式中较有影响力的、不可缺少的、有效的民族教育模式之一。

从我国的民族进步教育发展历程来看，随着1988年全国首届民族团结进步表彰大会的召开，"民族团结"与"民族团结进步"逐步被联系起来，"民族团结进步"一词也逐渐得以更为广泛地使用。"进步"一词，充分体现了新的历史条件下的新要求，即是说，它是由我国民族团结的客观形势和民族工作提出的新要求所决定的：其一，在我国统一的多民族国家只有实现了各民族的大团结，才能为我们国家的发展与建设创建在一个和谐的环境，这是国家长治久安的基本保证；其二，我国统一的多民族国家的56个民族和谐与共、携手共进、共同发展、共同进步，是将我们的祖国建设成为富强、民主、文明的社会主义现代化强国的前提条件。[1] 而就民族团结进步事业创建的发展历程来看，主要经历了三个阶段。第一个阶段：20世纪50年代至70年代，是萌芽与发

---

[1] 严庆：《对民族团结进步中"进步"的认知与现实价值审视》，《中南民族大学学报》（人文社会科学版）2016年第5期。

端阶段;第二个阶段:1978年至2009年期间,是探索与发展阶段;第三个阶段:2009年以后,是明确创建与全面推进阶段。[①] 也有研究者从民族团结进步教育发展的视角对我国民族团结教育的发展阶段做了相类似的分析,认为我国民族团结教育发展历经了三个主要阶段,即民族团结进步教育的自在阶段——萌芽阶段(1949—1977年)、民族团结进步教育的自为阶段——探索阶段(1978—1999年)、民族团结进步教育的自为阶段——发展阶段(2000至今)[②]。

[①] 隋青、李钟协、孙沐沂、李世强、陈丹洪:《我国民族团结进步创建的实践》,《民族研究》2018年第6期。

[②] 邵晓霞:《论文化身份认同类型学理论及其对民族团结教育课程的启示》,《贵州民族研究》2011年第1期。

第二章　国家认同溯源及其发展

第一节　引言

一　认同

认同，是一种主体意识，它建立在认同主体自我理解与相互理解的基础上，这一过程的实现，首先需要有自我意识，因为自我意识是认同主体具有理解能力的基础。有哲学家认为，认同是人的一种观念记忆，也因此把"一个人"界定为：一个思想者的理智存在，他具有理性和反思能力，能够在不同的时间和地点把自己视为自己本身，即同一个思想者的存在。[①]

究其词源，"认同"（identity）一词，来源于拉丁文的"item"，有"同一"或"相同"之意。经考究，该词于16世纪最初出现在英语中，主要用途在于代数与逻辑学方面。而"认同"（identity）的含义与哲学中的认识主体问题产生关联，一直到洛克时代才开始，为当今的广泛使用奠定了基础。随着20世纪50年代社会的急剧变迁，人们不得不面临身份认同问题。也正是在这一情境下，"identity"一词，作为一个与认识主体密切相关的概念，才真正为社会科学领域所广泛使用。[②] 因为"认同，即指个体与个体，或者是群体模仿认为在社会交往过程中在心理上、感情上等方面趋同的过程"。[③] 也有人将其定义为：认同即指认

[①] [美] J. 佩里、韩震：《人格认同和人格概念》，《世界哲学》2004年第6期。
[②] Philip Gleason, "Identifying Identity: A Semantic History", *The Journal of American History*, Vol. 69, No. 4 (March 1983), pp. 910–931.
[③] 陈国验：《简明文化人类学词典》，浙江人民出版社1990年版。

为跟自己有共同之处而感动亲切,如民族认同感。① 在不同语境的使用过程中,"认同"一词的内涵与外延逐渐产生了变化,衍生出更多的含义,有学者将其概括为:社会成员对自己某种群体归属的认知和感情依附。此含义意指人们归属于自己的国家、民族和文化,以及家族、社区、阶级等的认知和感情依附。确切地说,其意指人们熟知的"国家认同""民族认同""文化认同",以及"家族认同""社区认同""阶级认同"等。② 如果上升到社会学和政治学的领域来看,研究者们则将"认同"作为解释群体的特性、感情与行为等社会政治现象的"动力"或者"原因"。然而,这一解释不一而足。从心理学研究角度来讲,"认同"(identity)的词义有别于"自我"表面的、偶然的、易变的内容和表征,而是人类的一种基本特性,属于某种深刻的、基础的、持久的或根本的事物。同时,在民族研究领域,从其衍生的现象来看,人们倾向于将"认同"的含义理解为群体的归属认知和感情依附。有专家就曾指出,与"认同"的概念相一致,民族认同也是指特定民族共同体内部的所有个体或者群体都感觉或意识到他们属于同一个民族,且民族认同意识是民族心理特质的核心内容。③ 在政治学领域里,国家认同的概念则上升成为一种重要的国民意识,其本真的意识是特定民族确认自己所属的国家,即自身作为一国之民的身份,这也意味着特定民族人必将自己所属的民族归属于自己存在其中的特定国家,从而也才能具有保护民族利益、维护国家主权的主体意识。换而言之,国家认同即指特定国家的全体公民对自己存在其中的国家的历史文化传统、道德价值观、理想信念、国家主权等的认可,即国民认同。④ 从本质上来讲,不论是民族研究领域还是政治学领域,认同所涉及的"族群"和"国家"都是社会群体,其认同归根结底都是个人的集体认同。

而对于"国家"的形成而言,自人类社会形成之始,生活其中的人们因其血缘关系或者地缘关系在长期交往互动中逐渐形成共同的文

---

① 《现代汉语词典》,商务印书馆2003年版,第1067页。
② 王希恩:《民族认同与民族意识》,《民族研究》1995年第6期。
③ 周星:《民族学新论》,陕西人民出版社1992年版。
④ 贺金瑞、燕继荣:《论从民族认同到国家认同》,《中央民族大学学报》(哲学社会科学版)2008年第3期。

化，经由时间的模塑，最终形成民族。形成民族后的人类社会，随着人口的增加，物质生活用品增加使得扩大生活领域的要求不断加大、交往活动秩序需要维护，也因此需要通过组织暴力的手段以维持特定区域特定人们群体社会交往的秩序，于是"国家"应时而产生，而组成特定国家的人们，是因为一致的利益而聚集在一起的集合体，是有序的，不是随意的。有研究者指出："国家是一种持续运转的强制性政治组织，其行政机构成功地垄断了合法使用暴力的权力，并以此维持秩序。"① 也有研究基于最初基本的国家观，结合民族国家的组织形式、功能等，指出"民族国家存在于由其他民族国家所组成的联合体之中，它是统治的一系列制度模式，它对业已划定边界（国界）的领土实施行政垄断，它的统治靠法律以及对内外部暴力工具的直接控制而得以维护的"②。事实上，民族国家构成了现代的基本政治组织单位，民族国家的建立通常被认为是现代国家的建立。

二 国家认同

结合上文对"认同"内容的概括阐述，我们从学界对"国家认同"具有代表性的概念界定中求本溯源。"国家认同"这一概念，首次被引入政治学，和当时（即行为科学革命时期）社会的国家与国家之间、国家内部的发展有关，"国家认同"的提出便是用来处理政治发展、整合以及处理国际关系等议题的。

有研究者认为，国家认同是指特定国家的公民对自己存在其中的国家的历史文化、理想信念、国家主权等的认可，即国民认同。③ 也有研究者认为，国家认同等集体认同形式不仅是认同主体其个体心理层面的主观感受和体验，而且同时也是一种包含纽带、团结等要素的关系范

---

① 徐勇：《"回归国家"与现代国家的建构》，《东南学术》，2006年第4期。
② 郭忠华：《吉登斯对于民族国家的新思考》，《开放时代》2007年第6期。
③ 滕星、张俊豪：《试论民族学校的民族认同与国家认同》，《中南民族学院学报》（哲学社会科学版）1997年第4期；贺金瑞，燕继荣：《论从民族认同到国家认同》，《中央民族大学学报》（哲学社会科学版），2008年第3期。

畴。① 另有研究者从统一的多民族国家之国家认同建设的角度，指出国家认同是民族国家政治文化的核心内容，是民族国家的心理基础，也是国家认同和稳定的重要条件。② 也有研究者从个人和族群两个维度对国家认同进行了分析，认为个体的国家认同意味着公民必须接受特定国家既定的法律法规。③ 也有研究者认为，国家认同即为特定国家的人们对自己所置身的国家的认可、服从，在这一过程中，国家是特定群体的国家，人们属于特定国家的人，亦即反映了人与国家的基本关系。④ 有研究者指出，国家认同是公民确认自己属于某个国家共同体的心理活动，包括三个过程：首先公民认定自己存在其中的政治共同体；其次公民通过将国家的制度文化等因素和自身的信念、价值进行比较，形成国家认同意识；最后由国家认同意识转变为其国家认同行为。据此，将国家认同界定为制度认同、利益认同、文化认同以及非国家共同体认同（即公民对民族、社会组织、国家组织以及超国家组织等的认同）。⑤ 有研究者认为，与民族认同的文化性、民族性相比，民族国家的国家认同更具有政治性、制度性的特点，它是指一国之国民对自己存在其中的祖国的历史文化传统、国家或者领土主权、政治制度、核心价值观等的国民认同。⑥ 也有研究者认为，对于民族国家及个人而言，国家认同是指认同主体从心理层面确认自己归属于特定的政治共同体，认识到自身具有特定国家成员的身份资格；而与此同时，对国家来说，意味着特定国家自身所具有的独特属性且需要保持该独特属性的权利被其他国家所承认。⑦

---

① 高永久、朱军：《论统一的多民族国家中的民族认同与国家认同》，《民族研究》2010年第2期。
② 周平：《论中国的国家认同建设》，《学术探索》2009年第6期。
③ 钱雪梅：《从认同的基本特性看族群认同与国家认同的关系》，《民族研究》2006年第6期。
④ 林尚立：《现代国家认同建构的政治逻辑》，《中国社会科学》2013年第8期。
⑤ 王卓君、何华玲：《全球化时代的国家认同：危机与重构》，《中国社会科学》2013年第9期。
⑥ 金家新：《全球化时代民族国家的认同危机及其消解——基于政治合法性的视角》，《新疆大学学报》（哲学·人文社会科学版）2018年第5期。
⑦ 郭艳：《全球化时代的后发展国家：国家认同遭遇"去中心化"》，《世界经济与政治》2004年第9期。

从上述具有代表性的研究可以看出，国内学界对国家认同含义的阐述，概括来讲，均涉及民族国家的文化因素、政治因素等方面。新时期全球化的全面推进，使世界不同民族国家的格局发生了剧变，从根本上打破了不同国家疆域的限制，来自于世界不同地区的国家往来互动日益频繁，在催生了不同民族文化间的冲突与碰撞的同时，也增进了不同民族和文化之间的交流与融合。诚然，这也使不同民族国家的国家认同问题日益凸显，从而引起了各界人士对国家认同教育的重视。由此可知，全球化时期民族国家的国家认同，不仅仅指向特定国家全体认同主体对自己存在其中的国家的国族的服从与认可以及对自己存在其中国家的历史文化、理想信念、社会价值观、社会制度、政治制度、政治道路、国家共同理想、国家主权等的认同；与此同时，它也一定指向国家认同主体通过分析、比较、鉴别，在明确与他国特征界限的基础上，超越自我，将自我视为本国公民而形成的对于本国的归属感，秉持有关本国与世界关系的理性态度[①]，自觉地将自我个体视为所属国家的公民，并形成对自己所属国家的归属感。

第二节 有关国家认同的研究

一 国外有关国家认同的研究

国外有关国家认同的研究，与国际形势的变化有着极其紧密的联系。从相关研究来看，20世纪90年代苏联解体和东欧剧变使得国家认同问题的重要性日益彰显，对该问题的研究也在学界引起了极大的关注。代表性的成果有：Yinger J. Milton（1986）的 *Intersecting Strands in Theorization of Race and Ethnic Relations*；Charles Taylor（1989）的 *Sources of the Self: The Making of the Modern Identity*；Behera Subhakanta（1995）的 *Nation-State. Problems and Perspectives*；Anthony Giddens（1998）的 *Modernity and Self-Identity*；Samuel P. Huntington（2004）的 *Who Are We?*

[①] 饶舒琪：《全球化背景下的国家认同教育：合法性与应有内涵》，《教育学报》2018年第6期。

The Challenges to America's National Identity; Manuel Castells (2006) 的 *the Power of Identity*; Peter J. Katzenstein (2009) 的 *the Culture of National Security: the Norms and Identity in World Politics* 等。除此以外，还有部分实证研究，比如 Sean Carey (2002) 的 *Undivided Loyalties: Is National Identity an Obstacle to European Integration?*; Karina Korostelina (2004) 的 *The Impact of National Identity On Conflict Behavior: Comparative Analysis of Two Ethnic Minorities in Crimea* 等。这些代表性研究的关注点主要集中在以下几个方面。

（一）有关国家认同的概念的研究

曾经有研究者这样界定国家认同：国家认同即某个国家（或者民族）个体的一种主观的、内在化的、属于某个特定国家（或者民族）的感受。[1] 从相关研究来看，从文化维度和政治维度，学术界将"国家认同"相应地分为"文化性的国家认同"和"政治性的国家认同"，前者指向特定国家的公民对自己所属国家的历史文化传统、思想观念、宗教信仰等的接受、认可以及热爱的程度；而后者则指在特定的国家，其公民对自己所属国家的政治制度、政治道路、政治理念等的接受、认可与喜欢的程度。有研究者根据 ISSP（International Social Survey Program, 意指国际社会调查项目），以 23 个国家为对象进行了社会调查，运用因子分析的方法来区别国家认同的两个维度，即先赋性（objectivist/ascriptive）维度与自愿选择性（voluntarist/civic）维度。前者体现国家认同的文化性，而后者则指向国家认同的政治性。这恰恰是对国家认同可分为文化维度和政治维度的观点的实证支持。[2] 美国学者亨廷顿则将美国的国家认同分为了四个属性，即：民族属性、人种属性、文化属性和政治属性。亨廷顿的主要观点是，在美国，随着国家的演变，属于先赋性的国家认同属性，如民族属性、人种属性等渐次消解，其文化属性也日渐模糊，唯有能够代表美国自由民主制度与信念、体现美国公民选择

---

[1] Leonie Huddy and Nadia Khatib, "American Patriotism, National Identity, and Political Involvement", *American Journal of Political Science*, Vol. 51, No. 1, 2007, pp. 63–77.

[2] Frank Jones and Philip Smith, "Diversity and Commonality in National Identities: An Exploratory Analysis of Cross-national Patterns", *Journal of Sociology*, Vol. 37, No. 1, 2001, pp. 45–63.

意愿的政治认同,则愈来愈清晰。国外的相关研究说明,国家认同概念与民族主义和爱国主义这两个概念密切相关。有学者指出,尽管民族主义和爱国主义都源于特定国家的个体对自己所属国家的认同,但两者的内涵完全不同。有学者设计出了不同纬度的问题,将其作为测量指标以实证测量国家认同、民族主义以及爱国主义的不同程度。[1] 研究结果显示,在美国,民族主义与爱国主义反映了人们不同的心理学特征,前者反映的是个体对自己所属国家的优越感及其对他国的支配感,后者则反映的是个体对自己所属国家的归属感、热爱及自豪感。[2] 同时,也有研究者指出,民族主义与爱国主体在个体维度上呈正相关态势。[3]

(二)有关国家认同的地区分布研究

对于国家认同的地区分布这一问题,跨国性学术组织进行了多项研究,具体包括:世界价值观调查(World Values Survey,简称 WVS)、欧洲晴雨表调查(Eurobarometer),以及国际社会调查项目(International Social Survey Program,简称 ISSP)等。始于 1980 年的世界观调查项目(WVS)的调查内容涵盖了有关国家认同的不同问题。该项目不定期进行调查,基本每隔几年调查一次;Eurobarometer(欧洲晴雨表)调查项目中的调查内容也包括了有关国家认同的内容,但其主要以欧洲国家为调查对象。在以上调查中,相比较而言,国家社会调查项目(ISSP)规模大,其调查结果的影响也较大。该调查项目启动于 1985 年,截至目前,会员国已多达 41 个,调查范围涉及世界上数十个国家,且每年进行调查的主题不同。可以确定的是,1995 年至 2003 年期间,该项目调查的主题

---

[1] Rick Kosterman and Seymour Feshbach, "Toward a Measure of Patriotic and Nationalistic Attitudes", *Political Psychology*, Vol. 10, No. 2, 1989, pp. 257 – 274.; Thomas Blank, "Determinants of National Identity in East and West Germany: An Empirical Comparison of Theories on the Significance of Authoritarianism, Anomie, and General Self-Esteem", *Political Psychology*, Vol 24, 2003, pp. 259–288.

[2] Rick Kosterman and Seymour Feshbach, "Toward a Measure of Patriotic and Nationalistic Attitudes", *Political Psychology*, Vol. 10, No. 2, 1989, pp. 257 – 274.; Leonie Huddy and Nadia Khatib, "American Patriotism, National Identity, and Political Involvement", *American Journal of Political Science*, Vol. 51, No. 1, 2007, pp. 63–77.

[3] Rick Kosterman and Seymour Feshbach, "Toward a Measure of Patriotic and Nationalistic Attitudes", *Political Psychology*, Vol. 10, No. 2, 1989, pp. 257–274.

是国家认同。国家社会调查项目（ISSP）调查国家认同感的测量指标是民众的国家自豪感。有研究者以该调查项目于 2003 年至 2004 年期间所取得的调查结果为依据，对不同国家和地区的国家认同分布情况进行了排列。① 从整体结果来看，民众的国家认同感较低的国家（地区）主要包括保加利亚、原东德地区、拉脱维亚、斯洛伐克、波兰、原西德地区以及中国的台湾地区等；而相比较而言，国家认同度较高的国家则包括美国、委内瑞拉、澳大利亚、奥地利、南非、加拿大、智利、新西兰等。与此同时，与前期（1995 年至 1996 年间）的调查结果相比较，民众的国家自豪感呈下降趋势的国家包括奥地利、日本、爱尔兰、挪威、瑞典等；同期来看，民众的国家自豪感呈现增长趋势的国家包括美国、澳大利亚、匈牙利、菲律宾、西班牙、捷克和斯洛伐克等。②

（三）有关国家认同与民族认同关系的研究

当今世界，处在全球多元文化背景下，统一的多民族国家所面临的核心问题便是国家认同问题。而且，民族认同问题与国家认同问题如影随形，相互交织、相互影响。两者之间错综复杂的关系深刻地影响着统一的多民族国家的稳定。事实上，对于任何一个统一的多民族国家而言，民族认同与国家认同的关系问题都是其必须面临的一个较为复杂的问题。这是因为两者的关系是动态的、变化的和不断发展的。故而，国家认同与民族认同，这二者究竟是各自独立、互有重合，还是合二为一？这个问题不论是在学理层面还是在实践层面，均成为学界研究者们所关注的热点话题之一。对于民族结构（尤其移民人口众多）复杂的美国而言，民族成员的族群认同与国家认同之间的平衡问题，也相应地成为美国学界尤其是多元文化理论专家们关注和研究的热点话题。具体而言，学者们所关注的是作为移民成员，他们能否在新的国度里，既能够继续保持对自己所属族群的认同与忠诚的同时，亦能认同自己新移民的国家归属。对于这一问题，国外相关研究主要从三个不同的视角予以

---

① Tom W. Smith and Seokho Kim, "National Pride in Comparative Perspective: 1995/96 and 2003/04". *International Journal of Public Opinion Research*, Vol. 18, 2006, pp. 127-136.

② Tom W. Smith and Seokho Kim, "National Pride in Comparative Perspective: 1995/96 and 2003/04". *International Journal of Public Opinion Research*, Vol. 18, 2006, pp. 127-136.

解释，即："熔炉"理论、支配族群理论。① 第一种是"熔炉"理论，最早于18世纪80年代由克雷夫科尔（St. John de Crevecoeur）提出。其主要观点是，美国这一民族，是由世界不同民族的人通过通婚的渠道而形成的新型民族，同时美国社会的文化，也是由来自世界不同民族的人们将其原有的文化融合而形成的一种新型文化。② "熔炉"理论同时还指出，一个人来自怎样的原初种族背景，与其对新属国家的认同与忠诚度关系并不大。事实上，任何一个民族的个体，其国家认同与其民族认同完全可以兼容并包。根据这一理论，美国是全世界公认的最理想的"熔炉"国家，原苏联、巴西在一定程度上也被归到"熔炉"国家的范畴。第二种是多文化或族群多元主义理论。由于文化多元主义思想形成于不同的社会，故而也相应地呈现出不同的样态。根据这一观点，西方民族国家由相互竞争又在一定程度上相互通融的文化族群和民族族群构成，与此同时，每个族群又都自然而然地坚决捍卫自己的经济利益与政治利益，每个族群成员个体都形成了对其文化和民族族群的忠诚，尤其是在族群受到来自社会强势族群压迫的情况下，这一现象则更加彰显。这一理论认为，族群和民族社区对于个体的社会化过程固然重要，但是在其早期社会化的过程中，个体同样也不可避免地受到共同的民族国家文化的影响，即便这一过程中他们从未离开过他们的民族社区③。该理论的主要内容包括以下几方面：第一方面，不同族群的亚群体不会与移入国融为统一的族群，而是保持其原有的特性；第二方面，移入新的国家后，不同的族群性亚群体的社会地位平等，没有主导、支配地位之分；第三方面，不同族群性亚群体的个体同时保持对新移入的国家与自己所属族群的认同与忠诚。④ 从这一理论可以推断出，分属不同族群的

---

① Jim Sidnius et al., "The Interface Between Ethnic and National Attachment: Ethnic Pluralism or Ethnic Dominance?" *Public Opinion Quarterly*, 1997, 16, pp. 103-104.

② [美] 塞缪尔·亨廷顿：《我们是谁？——美国国家特性面临的挑战》，程克雄译，新华出版社2005年版，第34页。

③ James A. Banks：《文化多样性与教育：基本原理、课程与教学》，荀渊译，华东师范大学出版社2010年版，第104—114页。

④ Jim Sidnius et al, "The Interface Between Ethnic and National Attachment: Ethnic Pluralism or Ethnic Dominance?" *Public Opinion Quarterly*, 1997, No. 16, pp. 103-104.

个体对新移民的国家与自己所属族群的认同度与忠诚度存在一种正相关的关系，与此同时，不同族群的个体对新属国家的归属感是相同的。第三种是支配族群理论。该理论的核心观点是：多族群国家的形成，是基于对其他族群的征服，故而便会形成两大阵营，即支配族群和被支配族群。毫无疑问，在社会运行过程中，支配族群在多族群国家拥有支配权、所有权及优先权。也因此，从不同族群所拥有的社会地位来看，具有支配权的族群的国家归属感比那些处于从属地位或者被支配地位的族群，其国家归属感整体上要更强一些。

（四）有关超国家共同体认同与国家认同

全球化为世界不同民族国家的各个方面都带来了深刻的变化与影响，其中对统一的多民族国家的国家认同的影响问题，是世界学界关注的热点话题之一。全球化作为20世纪八九十年代世界发展过程中最明显、最重要的特征，它对统一的多民族国家带来的影响，尤其是对统一的多民族国家之国家认同的影响，成为相关研究领域的热点话题。有研究者运用实证的研究方法，厘清了国家认同包括的不同纬度，并分析了国家认同的不同纬度与全球化的关系。[①] 这一研究结果指出，国家认同包括三个方面，即公民权利标准（指个体所属国家、国籍、所操持的语言、出生地等等因素之于公民个体的重要性）、政治自豪感（即指特定国家的特定个体对所属国家的各类制度，包括政治制度、经济制度、社会制度等的自豪感、认同度等）；同时，还包括狂热民族主义（包括反对、阻止外国人在自己的国家买土地，优先选择、播放国产影视剧等）。而国家认同的这三个方面当中，公民权利标准维度受到了全球化带来的负面影响，那便是，特定的民族国家全球化程度越高，其公民对自己所属的国家、国籍、语言以及出生地等国家认同因素愈加不重视，他们愈加认为那些对于个体不重要。另外，从研究结果来看，相比较之下，全球化对于特定国家公民的政治自豪感和狂热民族主义两个维度的

---

① Tim Reeskens, Globalization and National Identity: A Multilevel Analysis on the 2003 ISSP Data, Paper Prepared for Presentation at the Dutch/ Belgian Politicologenetmaal Workshop. *The Hague, The Netherlands*, 2006, No. 7, pp. 18-19.

影响极小。① 这在一定程度上表明，全球化背景下，民族国家之国家认同的某些维度受全球化的影响较大，且是负面影响，而有些维度几乎不受影响。由此推及，全球化之与统一的多民族国家的国家认同需理性对待、客观认识。也有学者通过实证研究的方法，比如 Minoru Karasaw 以日本人为研究对象、Kosterman 和 Feshbach 以美国人为研究对象，证明了国际主义与爱国主义之间不存在明显的相关性，国际主义与民族主义之间仅存在较弱的负相关关系。

而超国家共同体，即超越国家界限的政治共同体（cosmopolitan），作为现代社会一个旨在实现"世界大同"的努力方向，是人类一直所追逐的。比如地区性超国家共同体的欧盟。也因此超国家共同体认同与国家认同的关系，成为世界范围内学界共同关注的话题之一，也是人们争论的焦点之一。国家认同和超国家共同体认同之间的关系在学界的理论争鸣已持续近二十年。② 欧洲晴雨表调查，作为学界用来研究国家认同与欧洲认同的重要数据库，有研究者运用它分析了欧洲认同与国家认同之间的关系。研究结果表明，两者之间呈负相关关系，即国家认同度越高，欧洲认同度越低。换而言之，国家认同影响了欧洲认同程度。也有研究者利用该数据库对欧洲各国公民的欧洲认同和国家认同感作了分析研究。③ 从他们的研究结果来看，整个20世纪90年代，欧盟国家（希腊除外）的民众对自己所属的欧盟认同均处于大幅度上升的态势，上升幅度在10%—31%。但研究结果也显示，民众对欧盟认同感上升的同时，其国家认同感却没有显著下降的趋势。而且，另外一个很明显的趋势是，受教育程度越高、年龄越小，其"表示对国家认同"的人数占比越小，而

---

① Tim Reeskens, Globalization and National Identity: A Multilevel Analysis on the 2003 ISSP Data, Paper Prepared for Presentation at the Dutch/ Belgian Politicologenetmaal Workshop. *The Hague, The Netherlands*, 2006, No. 7, pp. 18-19.

② Anthony D. Smith, "National Identity and the Idea of European Unity". *International Affairs*, No. 68, 1992, pp. 55-76.

③ Sean Carey, "Undivided Loyalties: Is National Identity an Obstacle to European Integration?", *European Union Politics*, 2002, No. 3, pp. 387-413.; Jack Citrin and John Sides, "More than Nationals: How Identity Choice Matters in the New Europe", in Richard, K. Herrmann, Thomas Risse and Marilynn Brewer (eds.). *Transnational Identities: Becoming European in the EU*, Lanham Md: Rowman and Littlefield, 2004, pp. 169-170.

"同时对国家和欧洲都认同"的人数占比越大。① 从已有的相关研究结果来看,尽管欧洲民众的国家认同感很强,但是欧盟所带来的欧洲化,对欧洲各国民众产生了极大的影响,人们对超越国家界限的政治共同体(cosmopolitan)的归属感也日渐增长。根据1981年至2006年的世界价值观调查数据,有研究者对超越国家界限的政治共同体(cosmopolitan)认同情况做了探究,研究结果表明,25年以来世界范围内,不同国家的民众对超越国家界限的政治共同体(cosmopolitan)的认同情况变化相当大。多米尼加、巴西、哥伦比亚、卢森堡等国家民众的超国家认同非常高,而挪威、丹麦、阿尔巴尼亚、爱尔兰、韩国和坦桑尼亚等国民众的超国家认同非常低。② 2016年6月英国脱欧公投的成功,从一定程度上也给这一研究结果增加了不同的分析视域及值得深思的有力证据。

上述国外有关国家认同的研究成果,为本研究就国家认同问题的探讨提供了宝贵的研究视角和理论借鉴。然而,我们深知,西方社会因移民形成的民族与国家和拥有56个民族的我国统一的多民族国家的民族与国家,在民族构成、形成环境、民族观念、教育环境、社会制度等方面都相去甚远。再者,西方的国家认同研究大多从政治学、国际关系学的角度出发,且常与民族主义交织在一起。作为社会主义国家,我国西北地区中小学生国家认同的影响因素、培育内容体系、培育路径与实施策略与国外不同,需要进行新的研究。

二 国内有关国家认同的研究

通过文献梳理可以看出,国内关于国家认同的相关研究,主要集中在以下几个方面:

(一)有关国家认同内涵的研究

有研究者认为,国家认同(national identity),是一种重要的国民意

---

① Jack Citrin and John Sides, "More than Nationals: How Identity Choice Matters in the New Europe", in Richard, K. Herrmann, Thomas Risse and Marilynn Brewer (eds.). *Transnational Identities: Becoming European in the EU*, Lanham Md: Rowman and Littlefield, 2004, pp.169-170.
② Pippa Norris, "Confidence in the United Nations: Cosmopolitan and Nationalistic Attitudes", Paper Presented at the World Values Conference Society, Politics, and Values: 1981-2006, 3-4 November 2006, in Istanbul.

识，是维系一个国家存在和发展的重要纽带，世界上各个国家，其政治制度、经济发展和文化传统等可能千差万别，但在每一个国家里，其公民无一例外地都对自己的国家怀有强烈的认同，这是一个国家的公民对自己国家的历史文化、社会价值观、社会制度、社会道路、理想信念、政治制度等的认同，也就是国民认同。[1] 有研究者持有相似的观点，完全赞同这一观点。他们同样也认为，国家认同是一种重要的国民意识，是维系特定的国家存在和发展的重要纽带，它实质上是一个特定民族确认自己的国族身份，将自己所属的民族自觉归属于特定国家，从而形成捍卫国家主权和民族利益的主体意识。[2] 由此看来，学者们将对国家认同概念的理解上升到一个新的高度，渐次更为全面、更为客观。也有研究者认为，由于民族国家既是"政治—法律"的共同体，同时也是"历史—文化"共同体，故而可以说，特定民族国家的存续、维持和发展需要依赖和依靠该国公民对自己存在其中国家基本制度的认同，而一国之民对自己所属国家发展道路的认可，则有赖于特定国家的全体民众形成共属一体的文化心理想象，并需要建构起超越于不同民族自己所属民族的共同的民族观念。[3] 在此基础上，有学者进一步从不同视角出发对国家认同进行了深入的探究，比如张汝伦早在2001年就从国际关系的角度出发指出了全球化使得资本主义通过运用世界政治经济文化体系，以其无情的逻辑消灭异己因素，最终达到建立同样的制度、习惯、法律和行为方式的目的。[4] 即是说，只要全球民族（global nation）还不统一，就必然会在全世界引起认同危机和认同追求。有研究者从政治学的视角提出了"匹配论"，认为在特定的民族国家，需要区分"政治—法律"层面的公民身份和"文化—心理"层面的公民身份，同时也要在界定全体公民其国家认同到底属于"赞同性"国家认同还是"归属

---

[1] 滕星、张俊豪：《试论民族学校的民族认同与国家认同》，《中南民族学院学院》（哲学社会科学版）1997年第4期；贺金瑞、燕继荣：《论从民族认同到国家认同》，《中央民族大学学报》（哲学社会科学版）2008年第3期。

[2] 贾志斌：《如何加强少数民族大学生的国家认同教育》，《西北民族大学学报》（哲学社会科学版）2011年第1期。

[3] 吴玉军：《论国家认同的基本内涵》，《中国特色社会主义研究》2015年第1期。

[4] 张汝伦：《经济全球化和文化认同》，《哲学研究》2001年第2期。

性"国家认同的双元结构,从而进一步确立两种类型的公民身份和国家认同双元结构之间的逻辑匹配关系及结构对称关系。① 也有研究者从民族文化的视角,指出国家认同问题的核心就是民族问题,而作为统一的多民族国家,其解决民族问题的核心任务,便是将自己管辖之内来自不同民族的公民对自己所属民族的忠诚与认同,转变为对他们所属国家的忠诚与认同,即就是说,在尊重多元民族认同的基础上,渐次达到国家认同建构的目标,而国家认同建设应该从政治认同建设和文化认同建设出发。② 另有研究者也同样从文化认同的视域,指出文化乃是国家和民族的血脉、灵魂和品格。③ 而文化作为民族成员共同信奉的思想观念,以贯之,代际相传,文化认同则作为特定的民族国家最深厚的国家认同基础,是民族凝聚力和国家向心力的动力之源。故而,只有以文化认同为契合点来固基国家认同,才能强化国家认同的心理依据和思想基础,有利于统一的多民族国家增强和拓展国家认同的空间。结合前人既有的研究视角,也有研究者从多维视野分析了容美土司④的国家认同内涵。研究者从地域认同、文化认同、政治认同、身份认同四个方面分别分析了容美土司在国家疆域整体性方面的维护、以儒学为核心的中原文化的积极引入、"大一统"的"正统王朝"的形成,至此,认同观念可谓是已经重新书写了家族记忆与英雄历史等内涵。⑤ 此外,还有研究者对与国家认同相关的几个概念比如"民族认同""国家认同""公民身份认同""国民认同"等进行了辨析,指出在理论上与实践上厘清这几个概念,对于国家认同的理念、研究及决策起着很重要的作用。⑥

(二)关于国家认同与民族认同关系的研究

有学者基于历史哲学的分析视角,指出人类是一种历史性的存在,

---

① 肖滨:《两种公民身份与国家认同的双元结构》,《武汉大学学报》(哲学社会科学版) 2010 年第 1 期。
② 沈桂萍:《民族问题的核心是国家认同问题》,《中央社会主义学院学报》2010 年第 2 期。
③ 刘社欣、王仕民:《文化认同视域下的国家认同》,《学术研究》2015 年第 2 期。
④ 容美土司是元明时期湖广土家族土司。
⑤ 葛政委:《多维视野下的容美土司国家认同内涵研究》,《中南民族大学学报》(人文社会科学版)2017 年第 5 期。
⑥ 方立江:《国家认同相关几个概念涵义及其关系的辨析》,《青海师范大学学报》(哲学社会科学版)2016 年第 5 期。

认为必须从历史发展的角度去看人的认同问题,在文化认同与民族(族群)认同以及国家认同等之间的关系上,在全球化背景下就强化民族国家之国家认同的问题而言,从动态的、发展的角度考量,国家认同必须超越不同民族(族群)认同。换而言之,不能让特定民族国家族群认同的地位凌驾于国家认同的地位之上,对于民族国家的建设与发展来说,在任何时候,国家的文化认同都必须大于族群的文化认同,就是说必须通过构建中华民族共同的文化基础和文化象征符号,让民族认同内容与国家认同的内容尽可能多地重叠,最终形成统一的中华民族共同体。[①] 有研究者指出,在统一的多民族国家中,民族认同与国家认同之间存在着冲突,但该冲突属于共性的问题。站在政权的立场来看,统一的多民族国家势必需要国家认同的支持和拥护,而各个民族的自我认同,也需要国家政权的保护。[②] 根据此逻辑,我们可以推知,在特定民族国家的国家政权构建过程中,也绝不能忽视不同民族的自我认同。因此,在统一的多民族国家构建国家认同,必须首先吸收各个民族认同的认同因子,然后根据国家内外环境的需要进行整合,才能达到民族认同与国家认同的互融与提升。也有研究者认为,认同,正如产生于社会经验,那么就会具有极大的行为驱动力,族群认同和国家认同,作为个体多重性认同中的主要的两种,二者共同存在于个体意识当中,民族认同与国家认同之间并非仅是对抗与矛盾的关系,事实上恰恰相反,特定民族国家的日常管理行为恰好为存在其中的公民及其所属民族(族群)认同起着积极的加强和保护作用。[③] 有研究者辩证地指出两者呈现出此消彼长的关系。[④] 也有学者认为,民族认同与国家认同的关系问题是族际政治研究中的焦点话题,要科学、辩证地认识二者之间的关系,就必

[①] 韩震:《论国家认同、民族认同及文化认同:一种基于历史哲学的分析与思考》,《北京师范大学学报》(社会科学版) 2010 年第 1 期。
[②] 徐黎丽:《论多民族国家中民族认同与国家认同的冲突——以中国为例》,《西北师大学报》(社会科学版) 2011 年第 1 期。
[③] 钱雪梅:《从认同的基本特性看族群认同与国家认同的关系》,《民族研究》2006 年第 6 期。
[④] 马戎:《理解民族关系的新思路——少数族群问题的"去政治化"》,《北京大学学报》(哲学社会科学版) 2004 年第 6 期。

须具备一种和谐视角,即是说,从根本上来讲,民族认同与国家认同之间存在的功能上的相互依赖关系与价值上的共识,在民族国家建设的社会实践中是和谐共存二等,两者之间有着统一的路径,那便是,在民族国家构建能够有效整合不同民族的异质性与民族国家统一性的一国之民的身份,从而进一步完善公民权制度。① 有学者从边疆治理的视角出发,针对民族认同与国家认同的关系、错位及其民族认同与国家认同的整合三个方面,对民族认同与国家认同,尤其是认同整合研究进行了全面的分析。② 而对于统一的多民族国家边疆的稳定和国家统一的意义方面,有研究者从相似的视角分析了民族认同和国家认同作为在特定历史与政治环境中,因内外部环境的变化而分化、重构而成的一对存在关系,边疆地区的少数民族对自己所属国家的认同是随着国家的形成与边界的变化而逐渐形成的,并且自新中国成立以后,少数民族的国家认同也逐渐增强,未来需要继续发展边境地区的经济与国家的综合国力,更重要的是加强西北地区的文化建设,并进一步增强国家主体文化在各民族国家认同构建中的分量、夯实各民族国家认同的文化基础。③ 有研究者分析了民族认同、族际认同、国家认同三者之间的关系,指出国家认同是统一的多民族国家内部的三种重要的认同形态。④ 三种认同与民族问题所涉及的民族自身的发展、民族与民族之间、民族与国家之间具有非常密切的关联,故从横向上看,民族认同与族际认同形成了一种竞争与共生的二等关系;从纵向上看,民族认同与国家认同存在着共生关系。另外,有学者对此进行了概括性描述,并指出,作为民族国家时代的普遍性问题,由于其在国家政治生活中的极端重要性,国家认同问题凸显出来。⑤ 而中国由于民族构成十分复杂,国家认同与民族认同之间

---

① 高永久、朱军:《论多民族国家中的民族认同与国家认同》,《民族研究》2010年第2期。

② 李崇林:《边疆治理视野中的民族认同与国家认同研究探析》,《新疆社会科学》2010年第4期。

③ 郑晓云:《当代边疆地区的民族认同与国家认同:从云南谈起》,《中南民族大学学报》(人文社会科学版) 2011年第4期。

④ 毕跃光:《民族认同、族际认同与国家认同的共生关系研究》,博士学位论文,中央民族大学,2011年。

⑤ 周平:《论中国的国家认同建设》,《学术探索》2009年第6期。

的关系就更显得复杂而微妙,在世界范围内也受到了来自多方面的挑战。故而,中国必须加强国家认同建设,提升国家认同的水平。另外,有研究者则对国家认同问题与民族问题的关系进行了深入的辨析,指出国家认同是国民关于国家政治合法性的思考,而民族认同则是民族国家内部存在的以"民族"为载体的各类关系的呈现,两者之间在产生对象与表现形式、内涵与外延、内部结构与生成机制、影响与解决路径等方面均存在着较大的差异。① 还有研究者以新时期边疆问题为切入点,通过对边疆治理转型背景下民族国家认同出现的新局面的探析,深入分析了此背景下国家认同与民族认同的关系。② 还有学者同样以新时代边疆治理为视域,探讨了需要通过重视民族认同的族群性与文化新特点以及国际认同的政治性与制度性的特点,从而达到民族认同和国家认同融合的价值共识。③ 另有研究者以民族认同与国家认同的现状为切入点,探讨了民族认同与国家认同的关系。④ 此外,有研究者指出全球化与民族主义的再度兴起,导致统一的多民族国家少数民族的民族认同得以强化,在一定程度上弱化了其国家认同,使得民族认同与国家认同的关系异常紧张,故需要通过一体化路径,构建"国家民族"来实现"民族认同"与"国家认同"的关系的和谐。⑤

(三) 关于国家认同影响因素的研究

关于国家认同的影响因素的研究,主要体现为两种情况:一是从理论维度进行的分析;二是结合对国家认同现状的分析而展开的研究。如有研究者认为,公民政治文化与国家认同有着天然的契合,政治文化的

---

① 刘永刚:《"国家认同问题"与"民族问题"辨析》,《中央民族大学学报》(哲学社会科学版) 2017 年第 5 期。
② 杜璨:《边疆治理转型背景下国家认同与民族认同的关系探析》,《现代商贸工业》2019 年第 11 期。
③ 李永娜、左鹏:《新时代边疆治理现代化视域下国家认同与民族认同的融合》,《云南社会科学》2018 年第 3 期。
④ 薛一飞、李春成:《民族认同与国家认同之辩——二者关系类型及其困境化解之对策选择》,《广西民族研究》2018 年第 1 期。
⑤ 陈茂荣:《"民族国家"与"国家民族"——"民族认同"与"国家认同"的紧张关系何以消解》,《青海民族研究》2011 年第 4 期。

转型有利于增进国家认同,而纯粹的"民族政治文化"则不利于国家认同。① 当下是一个现代化、全球化、风险化的时代,这使得新疆的传统政治文化面临新的挑战与危机,也使统一的多民族国家的国家认同成为一个紧迫的问题。也有研究者指出,由于全球化浪潮的全面推进,迅速地改变了传统的生活方式和观念,也引发了特定民族国家内部民众对自己所属国家认同在一定程度上的消解抑或强化的剧变。② 从民族国家建设与发展的规则而言,国家认同,是特定民族国家合法性以及该国家构建的首要前提,也因此全球化引发的特定民族国家之公民的国家认同危机给民族国家的建设带来了极其严峻的挑战。当然,我们不得不承认,决定民族国家绝对命运的关键并非是否有全球化,或者全球化对其有多大影响,而在于民族国家自身的综合实力。也因此,如何加强并完善国家的构建,提升并强化民主治理的绩效,这才是民族国家破解国家认同危机的因应之道。也有研究者以全球化对民族国家的疆域和主权的挑战为基点,对国家认同和边疆治理的意义进行了解析。③ 另有研究者则指出,只有合理的制度,才是合理的国家认同的最佳指标。④

此外,有研究者结合国家认同的现状,对其影响因素进行了分析。如有研究者通过对六盘水师范学院大学生的实证调查,剖析了当代苗族大学生的国家认同的现状情况,进而分析了其国家认同的影响因素。⑤ 相似的实证类研究,如有研究者以厦门大学港澳台大学生为调查对象,分析了在大陆学习的港澳台大学生国家认同的现状,研究结果表明,其国家认同整体状况良好,但不可避免地存在部分学生的认识不足、国家

---

① 李瑞君、代晓光:《从民族认同到公民认同:新疆政治文化转型刍议》,《新疆社会科学》2012年第1期。
② 王卓君、何华玲:《全球化时代的国家认同:危机与重构》,《中国社会科学》2013年第9期。
③ 刘永刚:《全球化时代的国家认同问题与边疆治理析论》,《云南行政学院学报》2016年第1期。
④ 肖滨:《两种公民身份与国家认同的双元结构》,《武汉大学学报》(哲学社会科学版)2010年第1期。
⑤ 范兆飞、张俊英:《当代苗族大学生对国家认同的现状以及影响因素分析——基于对六盘水师范学院的调查》,《六盘水师范学院学报》2018年第4期。

认同意识薄弱等问题，进而深入分析了其国家认同的影响因素。[①] 也有研究者基于中国社会状况调查数据，分析了我国民众整体的国家认同感，指出不同社会群体与代际群体的国家认同感有差异，进而分析了影响其国家认同的经济、社会结构、文化等影响因素。[②] 还有研究者基于2011至2014年度10个地区的问卷跟踪调查，分析了公民国家认同感发展现状，并分析了公民国家认同感的影响因素，包括其受教育程度、职业、社会阶层等。[③] 有研究者以Z民族院校的少数民族大学生为调研对象，分析了他们的国家认同现状，并指出大学生国家认同的影响因素包括少数民族大学生的个性特征与家庭环境、个人困境与国家危机，及其学习生活环境与文化氛围等。[④] 有研究者通过历经数年的问卷调查，对新疆国家认同现状进行了分析，进一步阐述了影响该地区国家认同的四个因素，包括文化、宗教、民族、经济社会状况等，并对现代化发展中的特殊群体、基层干部等进行了调查，最后提出了相应的对策。[⑤] 此外，也有研究者基于亚洲大学生价值观调查数据，运用定量分析的方法，调查发现亚洲青年国家认同与其他层级共同体认同之间存在着正相关关系，并分析了他们国家认同的影响因素，包括不同政体、传统观念、传统文化等。[⑥] 也有研究者通过社会调查数据和统计数据，从宏观和微观两个层面对国家认同及其变迁进行了跨国的比较实证分析研究，并分析指出宗教、文化、心理等因素比民主制度绩效、政治信任等政治因素对国家认同的影响更大，但这种影响也常常会受到宏观的结构性因

[①] 何丽苹、徐惠聪：《新形势下内地高校港澳台大学生国家认同的现状、影响因素及对策——基于厦门大学的调查分析》，《高教论坛》2018年第7期。

[②] 李春玲、刘森林：《国家认同的影响因素及其代际特征差异——基于2013年中国社会状况调查数据》，《中国社会科学》2018年第4期。

[③] 章秀英、戴春林：《公民国家认同感发展现状及影响因素——基于10省市问卷跟踪调查（2011—2014）》，《马克思主义与现实》2017年第4期。

[④] 赵锐、胡炳仙：《少数民族大学生国家认同现状及影响因素——基于Z民族院校的调查》，《中南民族大学学报》（人文社会科学版）2014年第4期。

[⑤] 徐平、张阳阳：《影响新疆对国家认同的因素探析》，《新疆师范大学学报》（哲学社会科学版）2014年第2期。

[⑥] 金炜玲：《亚洲青年国家认同的影响因素分析——基于2013年亚洲大学生价值观调查数据》，《中国青年研究》2018年第3期。

素与情境的制约。①

（四）关于国家认同的培养策略的研究

国家认同的培养策略的相关研究主要集中在以下几个方面，具体为：第一，突出公民权，以规制各族群与国家的关系，达到国家认同培育的目的。第二，理论创新、政策调整，借助法律法规的保障等措施培育国家认同。第三，经由普通教育和公民教育等方式，促进国家认同培育。也有研究者指出，对于民族国家而言，其公民的国家认同作为维系国家统一、民族团结的重要纽带，为全球化引发的世界政治多极化、价值多元化、全球一体化等所削弱、解构。②然而，从学界和社会实践层面来看，加强法制文化的引领是缓解这一危机的有效方式之一，就是说，通过进一步加强和建设蕴含丰富的法治文化，在一定程度上可以成为凝聚社会的共识，并通过法治规范和文化涵养，从而激发社会创造活力，形成引领社会思潮、社会意识方向的精神旗帜。与此同时，法治文化的建设可以从文化认同、政治认同层面型构公民的国家认同。如是，加强法治理念的社会培育，将法治教育纳入国民教育体系中，培育法治文化的土壤，以法治文化建设提升公民的国家认同，是一条可行的路径。有研究者通过分析文化认同与国家认同的关系，指出需要以中国的文化自信为精神源泉与现实基础，经由弘扬传统文化、加强主流文化，对大学生的国家认同进行培养。③也有研究者以西北地区工业化为切入点，分析了该地区工业化特点对少数民族国家认同的消极影响，并指出通过将国家主导的工业化融入西北地区经济社会发展，从而促进西北地区的全面现代化为少数民族的国家认同建构奠定坚实的经济基础与文化基础。④另有研究者则通过实证调查研究，从文化认同、民族认同、政治认同、身份认同四个维度，分析了在大陆的台湾青年的国家认同情

---

① 马得勇、陆屹洲：《国家认同及其变迁：宏观与微观的跨国比较分析》，《世界政治研究》2018年第2期。
② 郑继汤：《以法治文化建设提升公民国家认同》，《贵州大学学报》（社会科学版）2017年第5期。
③ 杨威涛：《文化自信与大学生国家认同的培育路径》，《闽江学院学报》2019年第1期。
④ 李世勇：《工业化对少数民族国家认同的影响及建构策略》，《甘肃社会科学》2014年第3期。

况，并指出需要通过采取加深两岸文化融通、厚植民族情感、引导政治认知、震慑分裂分子、推动政策落实、增进切身福祉、提升国家实力、掌握话语主动权等策略提升在陆台生的国家认同感。[①]

（五）关于国家认同现状的研究

通过相关文献梳理发现，有关国家认同现状的研究，以大学生为研究对象的相对偏多一些。代表性成果有：杨海萍的《新疆大学生国家认同教育的现状调查与路径选择》，该研究通过对国内单一民族认同和地域认同的升华、维护国家安全统一的坚实基础的国家认同，以新疆地区的大学生为例对其国家认同进行调查研究。结果发现，新疆大学生具有良好的国家意识，对自己的国家具有较好的归属感和自豪感。[②] 然而新疆是一个多民族聚居、多宗教并存的地区，境内外敌对势力一直将其作为利用民族宗教企图对中国实施分裂与渗透的突破口。这些现象也曾导致新疆大学生的国家认同面临新的挑战。鉴于此，新疆高校亟须采取强有力的措施，大力推进大学生的国家认同教育，建立健全大学生国家认同教育体系，充分发挥主阵地作用，树立国家认同的理念，培育大学生的公民意识，强化国家认同教育，营造有利于强化国家认同的社会大环境，以确保边疆地区和谐统一和安定团结。杜兰晓、房维维的《大学生国家认同的实证研究——基于全国31个省区市普通高校的调查分析》一文通过对全国31个省区市的71所高校本科大学生国家认同（包括祖国认同、道路认同、理论认同和制度认同）状况进行实证调查，研究结果表明，大学生国家认同的总体情况较好，诸多因素如性别、政治面貌、学生干部经历、专业性质、民族背景等对其国家认同产生较大影响。[③] 研究结果也表明，大学生中也存在国家认同的问题，比如对中国特色社会主义理解不深、对马克思主义信仰不够坚定、对走中国特色社会主义道路信心不够足、对中国共产党的执政能力信任度不够

[①] 郑敬斌、任虹宇：《在陆台生国家认同现状及提升路径探析》，《中国青年社会科学》2019年第3期。

[②] 杨海萍：《新疆大学生国家认同教育的现状调查与路径选择》，《新疆师范大学学报》（哲学社会科学版）2010年第4期。

[③] 杜兰晓、房维维：《大学生国家认同的实证研究：基于全国31个省区市普通高校的调查分析》，《中国高教研究》2013年第11期。

强等。这就说明，走通过实力立国的道路，加强执政党的执政能力建设，就必须增强文化自信，必须着力提升作为国家栋梁和希望的当代大学生的个体素质及其国家认同意识，因为他们的国家认同态度和水平，关乎未来中国的政治进程和前途命运。卢守亭的《大学生国家认同：现状、结构与族群差异——基于9省（市、自治区）12所高校的调查》[①]一文，对9个省、12所高校的大学生其国家认同现状进行了实证调查，结果显示，汉族、少数民族大学生对国家认同标准普遍很重视，具有强烈的国家自豪感。通过均值检验和回归分析，发现12所高校大学生所在年级等社会性教育因素对其国家认同的影响超过性别等先赋性客观因素。另外，研究结果也表明，随着受教育时间的增加，其国家自豪感反而呈显著下降趋势。所以需要经由积极推进高校教育教学改革，提升思想政治理论课教学水平，加强政治建设、文化建设，夯实作为公民对国家政治权力和统治权威的认可、接纳与忠诚，是一个国家存在和发展基础的国家认同。总之，该研究通过对新疆等地大学生国家认同现状的调查和分析，提出了针对性建议与对策，并在对全国多省份大学生国家认同现状调查的基础上，阐述了经由思想政治理论课教学、政治建设、文化建设等培育国家认同的路径。

除以上研究之外，也有研究者通过对全国14所高校1425名大学生的实证调研和大学生微博的内容分析，发现大学生微博政治参与可以促进大学生明确自己的政治态度与观点，而且参与实践时间越长，越加关注国家形象且其国家认同程度越高。[②]

（六）小结

通过对已有相关研究的梳理，我们可以看出，就国家认同问题，研究者从多视角、多层次进行了研究，积累了较为丰硕的成果，为本书奠定了坚实的研究基础。但现有成果中，专门研究针对正值世界观、价值观、人生观形成关键期且可塑性极强的青少年国家认同培育的较少，尤

[①] 卢守亭:《大学生国家认同：现状、结构与族群差异——基于9省（市、自治区）12所高校的调查》，《中国青年研究》2014年第11期。

[②] 王菁:《呈现与建构：大学生微博政治参与和国家认同——基于全国部分高校和大学生微博的分析》，《中国青年研究》2019年第7期。

其是理论研究、理论与实证相结合的研究以及对策研究更为薄弱,研究还有待进一步深化。本书以社会发展对青少年国家认同的客观要求为研究基点,在借鉴现有研究成果的基础上,进行进一步的实证调查,从青少年国家认同的理论基础、经由西北地区中小学民族团结进步教育对该地区青少年国家认同培育的价值取向、通过民族团结进步教育培育国家认同的策略体系以及国家认同培育的制度化体系等方面展开全新的探索和研究。

第二编　理论视野

第三章　关系探讨：民族团结进步教育、公民教育及国家认同

第一节　引言

起源于近代西欧的全球化，使世界范围内的政治、经济、文化、教育等方面的活动均超越了国家边界。也因此地球上任何一个国家、地区的事件，在很短的时间内便众所周知。由此也可以推知，任何一个国家或者地区的活动、事件以及决定都会影响到貌似相距甚远的个体、社会共同体。这一现象体现了跨区域、跨国家的相互关联、社会活动网络和权利范围的扩大，以及远距离的行动均会产生一定影响的可能性。这一变化带来的直接影响便是一直以来个人用来表达或者描述各种现象的不同方式，不再是针对其原本置身其中的那个区域或者国家领域，在全球化时期这些方式越来越有可能倾向于针对全球或者整个世界。[①]

事实上，随着资本主义生产方式与商品体系在全球范围内的扩张，世界以不容置疑的姿态进入全球化时代，全球化已成为当下时代最具特色的特征之一，它以深刻的方式重塑着全球范围内人们的生活。曾经作为全球范围内人类政治生活核心共同体的民族国家，其地位被削弱，民族国家体系被打破、重组。因而，民族国家的国家认同问题已然成为全球化时期每个统一的多民族国家共同面对的难题。与此同时，全球化带来的另一个重要的影响是，它也成为"世界上不同地方的地方文化认同

[①] ［澳］马尔科姆·沃特斯：《现代社会学理论》，杨善华译，华夏出版社2000年版，第338页。

的复兴的理由"①。换而言之,全球化无疑引发了世界范围内民族国家的国家认同危机,当然无形中也促进、加强了不同民族国家下意识地维护本国历史文化传统、道德价值观念、社会核心价值、政治认同、国家意识等方面的职能与作用。从这个意义来说,当下时代全球范围内统一的多民族国家的国家认同体现为削弱与强化、消解与重构共存的特征与状态。② 一直以来,国家认同问题对于统一的多民族国家而言,是一个国家的命脉,它是关乎统一的多民族国家重大的现实问题,是指向统一的多民族国家内部每个民族群体和国家的关系问题,这一问题深刻地影响着统一的多民族国家的统一和稳定③。同时,国家认同作为一个国家软实力的重要内容,也是统一的多民族国家的心理基础,其状况也直接影响着统一的多民族国家在国际社会中的国家形象以及作为国际行为主体在国际政治格局中的地位④与威信,当然也会影响在国际事务处理中民族国家所能发挥作用的程度。而对于我国民族国家未来民族人而言,他们作为中国民族国家未来事业的建设者与接班人,是未来社会发展的重要储备力量。⑤ 因此,青少年的国家认同状况可谓是整个社会、整个国家认同培育的起点,也是民族国家社会健康持续稳定发展的基础。故而,需要通过青少年接受教育的主阵地——学校教育,采取综合措施,让其发挥应有的作用培育中小学生的国家认同。本书重点关注学校教育中有关国家认同的两方面的内容,其一为民族团结进步教育内容;其二为公民教育,讨论这两种教育与青少年国家认同培育的关系与取向等。

第二节 民族团结进步教育与国家认同培育

认同出于自我,是一种自觉而持久的感情,包含了情感、观念、信

---

① [英] 安东尼·吉登斯:《失控的世界》,周红云译,江西人民出版社 2001 年版,第 9 页。
② 王卓君、何华玲:《全球化时代的国家认同:危机与重构》,《中国社会科学》2013 年第 9 期。
③ 周平:《多民族国家的国家认同问题分析》,《政治学研究》2013 年第 1 期。
④ 周平:《论中国的国家认同》,《学术探索》2009 年第 6 期。
⑤ 张家军:《小学生公民素养的调查研究》,《华东师范大学学报》(教育科学版) 2017 年第 6 期。

仰与理想，也因此可以说，国家认同是一个复杂的心理结构系统，它包括诸多相互关联的成分，最明显的成分为认知、情感、行为三方面。我们知道，作为心理结构的组成部分来说，认知系统、情感系统、行为系统是最为重要的三个系统。认知，一般指向人们对外界事物或者现象的个人看法、观点及观念。情感，是指个体对外界客观事物或者现象是否满足了个人的主观需求而产生的态度体验。行为，则是由个人认知系统和情感系统共同产生作用所决定的个体活动。认知、情感、行为三者之间相互关联，互为前提，相互作用。因此，构成国家认同的认知成分，是指认同主体对自己存在其中的国家的相关知识的看法、观点及观念；国家认同的情感成分，指国家认同主体对自己所属国家的情感、情绪（喜爱、依附等）及评价等方面的内容；[①] 国家认同的行为成分，则指国家认同主体在对自己存在其中的国家的认知、情感的基础上做出的对祖国的维护、保护行为，比如危急时刻为祖国挺身而出，甚至献出自己的生命。也因此，对于我国统一的多民族国家未来民族人国家认同的培育，从其国家认同的认知、情感的形成，到其国家认同行为活动的产生，一定是一个渐进的、复杂的、漫长的过程，需要通过有目的、有意义的培育，让未来民族人通过掌握自己所属国家的相关知识，形成基本的认识、看法及观念，并经过理解、比较、鉴别，内化为其知识系统的一部分，形成其自主自觉的意识，形成对自己祖国的正向的、积极的情感态度；与此同时，在参与国家公共生活实践活动中，渐次体验到归属感和爱国的情怀，[②] 并有意识地转化为有效的行为活动。

我国民族团结进步教育，作为中国特色社会主义事业建设的重要组成部分之一，理当成为传承中华文化、弘扬社会主义核心价值观、培育国家意识等的主要路径。也就是说，就是经由民族团结进步教育，有目的、有计划地组织、设计学校课堂教育，为青少年传授有关我国民族国家的历史文化传统、社会道德价值、社会主义核心价值、国家政治文化、国家理想信念等知识，引导其形成对祖国的认识、看法与观念，并在与一些国际、国内的事例的比较、鉴别中，明晰自己与国家的关系，

---

① 佐斌：《论儿童国家认同感的形成》，《教育研究与实验》2000 年第 2 期。
② 韩震：《教育如何促进国家认同？》，《人民教育》2015 年第 20 期。

进而产生对祖国的热爱和依恋感情；同时，组织未来民族人以体现中国之公民的身份参与到国家公共生活实践中，体验到自己作为祖国建设者一分子的归属感，逐渐延伸出爱国行为活动，从而逐渐形成其积极的、正向的国家认同感。具体而言，一方面，通过民族团结进步教育，传播国家政治文化，可以让学生了解中国共产党的政治制度，国家法制等内容，从而促进其政治认同；另一方面，通过民族团结进步教育，可以传承中华文化、社会主义先进文化等，重塑青少年的文化认同，培育其积极的、健康的、正向的文化认同，让其能够客观、公正地看待自己所属民族文化与自己存在其中的国家文化。因为从历史发展的角度、国家发展的视角而言，一国之民其所属的族群认同不能超越于或者凌驾于他们存在其中的国家认同之上，其所属国家的文化认同必须大于其民族（族群）的文化认同。① 总体而言，我国统一的多民族国家的民族团结进步教育与国家认同培育之间存在着紧密的联系。下文将对两者之间的关系予以讨论。

一 民族团结进步教育理念包含国家认同培育的当然之责

"团结是人们结成社会共同体和政治共同体的纽带，也是现代社会一个重要的概念与话语。"② 从早期社会的组成方式来看，团结是作为一种建立在单个有机体基础上的社会事实，它产生于社会的劳动分工。从当时的社会状况来看，由于生产技术较为落后，生产效率低下，正是社会分工加快了人类社会整体向前的步伐。因为社会分工，使得具有不同特点、不同能力的人从事不同类型的劳动，这明显加快了劳动生产的成效。而这种分工合作，恰是需要从事不同劳动活动的所有成员团结协作，将以往各自为政、分散不定、散漫无序的劳动者个体或者群体凝聚到一个特定的群体中，为了完成共同的劳动目标，他们的劳动必须相互配合、相互协调、齐心协力、通力合作方可完成。从人类社会发展的轨迹来看，早期社会人们之间指向共同劳动目标完成的社会交往活动，通

---

① 韩震：《论国家认同、民族认同及文化认同——一种基于历史哲学的分析与思考》，《北京师范大学学报》（社会科学版）2010年第1期。
② 严庆：《中国民族团结的意涵演化及特色》，《民族研究》2019年第1期。

第三章　关系探讨：民族团结进步教育、公民教育及国家认同　❋　53

过分工、协调、合作的劳动行为使得从事不同劳动的社会成员们渐次形成了统一的、共同的协作、团结意识，在任何团体或者组织中，一旦团结起作用，全体人员的意志、意愿、心之所向便会不约而同地同归一处①。这既是特定社会凝聚性的根源，亦是民族团结实现的本真，因为不管在哪个团体、机构或者社会实体中，成员们真正的凝聚、团结，源自内部的一致，那些外在的核心并不能够带来实质的团结、凝聚力。②总之，社会实体内部的协作和一致，其主要的内驱力就是通过社会团结所凝聚的通力合作，亦即团结。

民族团结作为团结的一种存在形式，毋庸置疑也具有将"所有的成员的意志不约而同地同归一处"的特点。纵观我国的民族团结发展的历程，自中国共产党的诞生，"民族联合"（即后来的"民族团结"）始，就成为中国共产党用来结合解决中国的民族问题的主要策略与方针，也成了后来我国一代又一代党的领导人在民族问题上的重视与关注。同时，它也成为学界关注的热点话题。总体趋势来看，从各类不同视角、不同立场对其的界定可以窥见一斑，我国民族团结从性质上来讲，重点关注的是，于我国拥有 56 个民族的统一的多民族国家而言，需要以 56 个民族承认、民族平等为基础的团结，究其真，即是 56 个民族无产阶级与广大劳动人民的团结，我国的民族团结是马克思主义处理民族问题的总原则与政策策略，也因此具有人民内部团结的引领与建构意义。③

"民族团结进步"这一概念，相比较而言，出现时间晚于"民族团结"的概念。根据数据查阅情况可知，这一概念在我国最早（具体时间为 1984 年月 25 日）出现在刊登于《人民日报》的《民族区域自治法必将促进民族团结进步和繁荣新兵役法符合国情利于国家武装力量现

---

① ［法］埃米尔·涂尔干：《社会分工论》，渠东译，生活·读书·新知三联书店 2008 年版，第 68 页。
② ［法］埃米尔·涂尔干：《社会分工论》，渠东译，生活·读书·新知三联书店 2008 年版，第 81 页。
③ 严庆：《中国民族团结的意涵演化及特色》，《民族研究》2019 年第 1 期。

代化建设》一文。① 又有文称"民族团结进步"的概念出现在《在民族团结进步的指导思想下前进——庆祝建校三十五周年》一文中,该文以我国民族学院的建设与发展史为线索,阐述了民族团结进步思想从中所起的作用。② 然而,有时间更早的文章《回忆周总理关于民族学的一次谈话》一文中就提及"我们要建立以马列主义、毛泽东思想为指导,为我国各民族团结进步,为世界被压迫民族的解放斗争服务的民族学"③。因此说,"民族团结进步"这一概念出现时间更早。民族团结进步是新时期我国社会主义国家民族关系的体现,即是说,作为一个拥有56个民族的统一的多民族国家,既要"团结"又要"进步",两者是相辅相成、密切关联的,换而言之,民族团结是民族进步的保证,民族进步是民族团结的基础。④ 两者相辅相成的关系体现在:思想观念上、各民族在经济社会的发展上、民族关系的和谐等方面。也就是说,只有56个民族在各个领域团结起来,齐心协力,共同发展、共同进步,才能促进各个民族的共同进步与发展,也才能促进我国统一的多民族国家的繁荣昌盛,也才能实现新时代中华民族伟大复兴的中国梦。

中国的民族团结具有政治团结、社会团结、公民团结的多重维度,这既是由中国民族概念兼具政治、文化、社会的复合意涵所决定的,也是由中国特色的政治社会发展进程所决定的。⑤ 也因此,新时代的民族团结进步教育,作为民族团结实现的主要途径之一,其需要依托信息技术,以马克思主义民族观为参照,以中华民族"多元一体格局"理论为指导,遵循中国共产党的民族理论与民族政策,经由学校教育传承国家政治文化及民族文化核心价值观的过程,促进我国56个民族以平等

---

① 严庆:《对民族团结进步中"进步"的认知与现实价值审视》,《中南民族大学学报》(人文社会科学版)2016年第5期。
② 贾青波:《在民族团结进步的指导思想下前进——庆祝建校三十五周年》,《中南民族学院学报》(社会科学版)1987年第1期。
③ 杨堃:《回忆周总理关于民族学的一次谈话》,转引自严庆:《对民族团结进步中"进步"的认知与现实价值审视》,《中南民族大学学报》(人文社会科学版)2016年第5期。
④ 严庆:《对民族团结进步中"进步"的认知与现实价值审视》,《中南民族大学学报》(人文社会科学版)2016年第5期。
⑤ 严庆:《中国民族团结的意涵演化及特色》,《民族研究》2019年第1期。"重叠共识"这一理论与相关内容,具体见第五章的详细阐述。

对话的方式进行沟通、了解、交流、合作，进而求同存异，即持有各个民族不同的民族见地，但在祖国未来的发展目标上达成共识，并在对政治、经济、文化、教育、科技等各个领域里"重叠共识"（即共同的仪式、共同的社会制度规则、普遍接受的规范等）的寻求中形成和谐团结的局面，从而构建一种各民族间互惠互利、荣辱与共且对全体民族人所属国家认同的机制，并能够真正体现56个民族互相离不开的民族教育理念与教育方式。可见，民族团结进步教育理念包含了国家认同培育的当然之责。因为国家认同培育，恰是培育我国统一的多民族国家的未来民族人对中华人民共和国的"历史文化传统、道德价值观理想信念国家主权等的认同"，[①] 让来自56个民族的青少年通过接受学校民族团结教育、参加民族团结实践活动，在交流、沟通、分享、合作中逐步形成对祖国的热爱、对共同的社会制度规则与普遍接受的规范、共同的国家理想信念的遵守与认可。

二 民族团结进步教育理念确定国家认同培育的目标指向

从上文可知，我国新时代的民族团结进步教育理念，体现了我国统一的多民族国家的56个民族之间尽管持有不同的观点，但可以通过平等对话的方式进行沟通、了解、交流、合作，进而求同存异的特点。换而言之，尽管我国全体民族人各自持有不同的民族见地及相关的价值观念，但在祖国未来的发展目标上达成共识，并在对政治、经济、文化、教育、科技等各个领域里寻求作为中华民族炎黄子孙的共同意识与价值观、共同的社会制度规则、普遍接受的社会规范，以达成和谐与共、社会凝聚、民族共同进步的局面。

从整体来看，56个不同民族虽然有着不同的民族身份、不同的文化背景，操持着不同的语言，持有不同的价值观等，然而在民族团结进步教育为其搭建的这一交流、分享的平台上，他们能够在承认各自不同观点的同时，在态度上达成共识，以合理、客观的态度对待不同的民族同胞。与此同时，各民族因民族身份不同、文化差异，导致往往持有不

[①] 滕星、张俊豪：《试论民族学校的民族认同与国家认同》，《中南民族学院学报》（哲学社会科学版）1997年第4期。

同的价值观，然而经由民族团结进步教育这一平台，他们能够就遵守、认可作为中华民族人共同的社会制度规则、社会规范达成共识。尽管各民族秉持相异的价值观，然而作为中华人民共和国的共同公民，他们能够在促进各民族共同进步发展、为祖国未来的发展目标实现方面，达成"努力寻求通过和平共处、平等交往而形成或加深彼此理解，追求"视域融合"①的共识。这正是国家认同培育的目标之所在。

三 民族团结进步教育理念明确国家认同培育的角色定位

上文有关民族团结教育理念的阐述中，明确地反映出了民族团结进步教育过程中的主体是我国统一的多民族国家的青少年，其观点、其价值观、其态度，以及其在政治、经济、文化、教育、科技等各个领域寻求作为中华民族炎黄子孙的共同意识、共同的社会制度规则、普遍接受的社会规范，并在中华民族"多元一体格局"这一大的社会场域中，同时凭借新媒体为各民族交往交流交融提供的虚拟空间，不同民族人在其间"相互嵌入、彼此沁入"②，寻求不同民族之间团结合作、相扶相携、互通有无，以促进各民族的共同进步之策，也为实现中华民族伟大复兴的中国梦共商大计、出谋划策。

可见，民族团结进步教育最终指向是"人"——这一国家主体角色，即指向国家认同的主体。也就是说，国家认同的培育，究其真，便是经由民族团结进步教育，凭借对国家认同主体的生命关怀，以人为本，突出对其作为"人"的生存状态、其主体、地位、需求、生活条件以及生活保障、安全保障等的关注，与此同时，更要注重其作为"人"的自尊、人格、价值、命运的维护、追求和关切，注重其作为完整的人的发展。通过民族团结进步教育，将国家认同主体有关热爱祖国，遵守、认同共同的仪式、共同的社会制度规则、普遍接受的规范等内容植根于丰富的民族文化土壤，融入国家认同主体的生活叙事当中，让其通过学习、体验、感悟、辨析、鉴别中，逐渐形成健康的、正向的、积极的国家认同。由此可见，民族团结进步教育理念明确了国家认

---

① 童世骏：《关于"重叠共识"的"重叠共识"》，《中国社会科学》2008 年第 6 期。
② 严庆、谭野：《在融媒体时代深化民族团结进步教育》，《贵州民族研究》2019 年第 3 期。

同培育的角色定位,即它是有关国家认同主体——"人"的培育。

四 国家认同培育实现民族团结进步教育理念的和谐旨归

国家认同的形成,出于自我,是一种与国家认同主体内在体验相连的、自觉且持久的感情。对于任何一个国家的公民,只有先确认了自己作为一国之民的国民身份,明白并确认了自己与存在其中的国家的密切关系以及自己所属国家之于个体的利害关系,才可能将自己归属于特定的国家,并逐渐形成特定的国家意识,也才可能为捍卫国家主权与民族利益、为民族利益、国家利益挺身而出,并对自己存在其中的国家的未来与发展自觉担负起一国之公民应该担负的使命与职责。由此可见,国家认同的培育,须得是一个有序的、渐进的、复杂的过程,即通过教育传递国家主流价值观与文化范式塑造,让国家认同主体获悉共有的价值观、公民权利、公民义务的责任意识与行为规范的基础上,主要依靠国家认同主体的自主自觉意识,并在参与国家公共生活的实践中体验到归属感与国家意识。如上文所述,对于我国的国家认同的培育而言,那便是通过教育让我国各民族具有不同民族身份、不同文化背景,操持着不同语言,秉持不同的价值观的全体公民,在依托信息技术搭建的教育平台与交流空间,通过互相交流、分享、共享做到在承认各自不同观点的同时,能够以合理、客观的态度对待不同的民族同胞,也能够在遵守、认可共同的仪式、共同的社会制度规则、共同的社会规范以及各民族共同进步发展、祖国未来的发展等方面达成共识。

综上可以推知,我国的国家认同培育的过程,是教育的社会化功能体现的过程。教育的社会化功能是指教育能够让不同的社会成员获得相同的价值准则、态度与信念,并使他们按照特定的社会规范行事,这是一个必不可少的社会秩序稳定的条件。[①] 因为教育作为社会整体的组成部分,在促进社会均衡与发展过程中起着极其重要的作用。在这一过程中,教育体现了"育人""化人"的本质与追求。这也正是民族团结教育理念之和谐旨归的最终实现,即通过民族团结进步教育,促进我国各

---

① 纪河:《学校教育社会学》,河海大学出版社2003年版,第8—22页。

民族共同进步，以建成一个全体公民共同认可的国家，也为不同民族人国家认同的提升创造条件。

第三节 公民教育与国家认同培育

全球化时期，国家的政治支配形式受到削弱，国家不再是认同的最终落脚点，而且统一的多民族国家根深蒂固的传统、文化等也受到了强烈的冲击，也深刻地影响国民的身份认同。中国作为一个统一的多民族国家，国家认同建构具有异常突出的地位，它不仅关系到一个国家的统一、稳定的基础，更关乎一个国家合法性的来源。而公民教育作为一种普遍性的教育，即指作为一国之民的社会规范、文化习惯、生活方式以及价值观养成的教育，在一定意义上，特定国家的公民教育，首先应该是对公民的国家认同培育的教育，其本质就是国家认同教育。[①] 而作为一种生活方式的教育，其如何推进国家认同的建构，在国家认同建构中发挥怎样的作用，以及经由怎样的路径推进国家认同建构等问题，都有待商榷。

一 寻源：公民教育培育国家认同的缘由

（一）公民教育理念反映了国家认同培育的核心价值

公民教育，是一种生活方式的教育，是普遍性的教育。[②] 即是说，它是一种面向全体公民的教育，指向现实生活中的每个个体的教育，即公民意识的培养。在我国社会民主化进程与政治文明建设中，公民教育的主要目标是培养并提升公民意识，让每个公民认识到作为特定国家的主人，自己在所置身的社会、经济、政治、法律生活中拥有怎样的地位，对自己所属民族国家及特定社群的文化身份认同，对自己在所置身的公共关系中所应承担的责任、权利及义务的了解与认识。具体而言，公民教育理念需要体现以下三方面：其一，公民教育使一国之民明确自

[①] 韩震：《全球化时代的公民教育与国家认同及文化认同》，《社会科学战线》2010年第5期。

[②] 万明钢：《论公民教育》，《教育研究》2003年第9期。

己在国家政治、法律等方面所处的地位；其二，公民教育促进并提升公民对自己所属国家与社群的认同；其三，公民教育使得公民知晓自己在国家社会生活中所应享受的权利、所应承担的责任、所应尽的义务。而从国家认同视角来看，国家认同恰恰指的是国家社会生活领域中公民所应具备的对特定国家历史文化传统、社会道德价值观念、社会核心价值理念、国家政治制度等方面的认识、观念、态度、理解、认同和遵从的能力，概括而言，包括公民的国家意识、政治认同、文化自信（文化认同）三个维度的内容。从中可以看出，公民教育的理念反映了国家认同培育的核心价值，即通过公民教育——这一指向每一个具体的、普通的、现实生活中的公民个体的教育，培育并提升其国家认同意识。

（二）公民教育理念反映了国家认同培育的主要目标

公民教育，其目标就是通过教育，让公民清晰地认识到自己作为一个特定国家、特定社会的公民所置身的公共社会关系，以及置身其中自己能够享有怎样的权利、应当履行怎样的义务。与此同时，作为一国之民，必须认识到自己所置身的社会关系是一个公民行使权利与义务的客观依据。[①] 由此可知，对于特定国家的全体公民而言，行使权力、履行义务是对他们的统一要求，无一例外，不存在特殊公民。同时，由于公民的权利与义务是统一的要求，即是说，作为特定国家的任何公民个体或者群体，不仅要行使公民权利，还要履行公民应尽的义务，权利与义务缺一不可。而且，权利与义务的统一要求不仅在政治的层面、法律的层面，也指向道德的层面。因为一个社会共同体生活的规范体系是由公民的权利和义务构成，正是这种规范体系关乎每个公民的权利与义务，既要满足全体社会公民所构成的人际关系的需求，也要满足特定社会公共组织的需要，与此同时它也是全体社会公民成员公正性地位得以保障的前提。[②] 这就要求特定国家的公民一方面对自己所属国家与特定社群予以认可、对自己在所在国家政治、法律等社会生活中的地位有明确的认识，另一方面对自己所置身的公共关系中所应承担的责任、权利及义务有一定了解与认识。这一切都明确了国家认同培育的目标指向，即国

---

① 朱小蔓、冯秀军：《中国公民教育观发展脉络探析》，《教育研究》2006年第12期。
② 李萍、钟明华：《公民教育——传统德育的历史性转型》，《教育研究》2002年第9期。

家认同培育的目标在于提升公民在国家社会生活领域中所应具备的对国家政治制度、核心价值理念、民族文化传统等方面的理解、认同和遵从的能力,从而发展其对自己存在其中的国家的政治、法律、道德等社会共同体生活领域的规范的理解、认可及遵从能力。

(三) 公民教育理念反映了国家认同培育的个人价值

从公民内涵的核心来看,公民之所以能够行使一定的权利与义务,因为公民既是一个社会人,亦是一个政治人,即是说,其是以特定社会、特定国家的正式社会成员身份而存在的,其社会活动、与他人交往的原则依赖于其与所处社会的契约而定。故而,公民教育目标体系建立的基础与核心便是公民的本质特征。换言之,以公民的独立人格为前提是公民教育必须满足的基本条件之一。由此可以推及,公民教育是主体性教育,它通过激发教育主体的自主性、能动性和创造性,达至提升他们公民素养的教育意旨。公民内涵本质内在地决定了公民教育须当以独立的个体为教育对象,换而言之,公民教育是以人格的独立性为前提的,培养并提升公民的素养是其理当的使命,也是公民社会对公民教育提出的基本要求。根据柏特丽夏·怀特的观点,公民教育涉及的主要方面包括:促进学生自我尊重、勇敢诚实等素质;注重不同价值对学生的影响;关注不同质的学生群体的需求;加强并提升学生对社会政治的理解、发展民主素质所需要的知识、视野、态度、技能等。[1] 由此可知,公民教育理念明晰了国家认同培育的国家认同主体其个人的价值,那就是,以具有独立人格的个体或群体的公民其主体性为目标的公民教育,激发其积极性、主动性,开启、提升公民在国家社会生活领域中所应具备的对国家政治制度、核心价值理念、民族文化传统等方面的理解、认同和遵从的能力。

(四) 国家认同培育实现公民教育理念的社会价值

国家认同培育旨在凭借教育,使特定的公民在自己所属国家社会生活领域中所应具备的对国家政治制度、核心价值理念、民族文化传统等方面的理解、认同和遵从的意识与能力。这实现了公民教育理念的社会价值。因为公民教育的目标就是凭借教育,让每个公民知晓自己置身于怎样的社

---

[1] [英] 帕特丽夏·怀特:《公民品德与公共教育》,朱红文译,教育科学出版社1998年版,第6—8页。

会关系之中，给自己适切的定位，以更好地行使作为一个公民的权利以及应尽的义务，也从而更好地满足社会的需求。故其内容应该包含：了解国家政治制度及民主运作程序，参与社会公共事务，认同国家核心价值理念，有公德心，宽容、诚信、谦让，尊重差异，具有理性的权利、义务、责任观，理解、承认、欣赏并弘扬中华民族优秀传统文化和社会主义先进文化，等等。由此可知，国家认同的培育，恰是实现了公民教育指向特定国家公民的政治、法律道德教育以保证并实现公民的基本权利与义务，通过公民社会组织与公民成员之间的道德契约，达至"诚实守信，不损人利己"的教育效果，从而实现社会和谐的教育理念。

二 审视：公民教育培育国家认同的价值取向

（一）公民教育有助于增强人们对于国家认同培育复杂性的理解

对国家认同培育重要性有充分的认识，是培育国家认同的重要前提。而对国家认同培育困境的理解，是新时期推进国家认同培育的关键。教育，因其固有的知识传播与意识唤醒功能，[1] 可以帮助、促进人们认识与理解国家认同培育的重要性。较之而言，公民教育因其具有关乎"一个公民明晰自身所处的公共关系以及相关的权利与义务"的目标指向，故通过教育宣传，有目的、有计划地进行引导，使得人们逐渐认知到国家认同培育的重要性与紧迫性，并引起其足够的重视。我们深知，全球多元文化背景下的当今世界，统一的多民族国家的国家认同培育面临着诸多的挑战与风险。也因此，充分利用公民教育其"对公民所处公共关系与所应形式的权利与义务"的理念及其固有的告诫与唤醒功能，可以帮助人们认识到国家认同培育的阻力、困难及风险，更可以让人们明晰国家认同培育之与民族国家的意义。

（二）公民教育有利于引导人们树立正确的国家认同感

从现代民族国家建设与发展现实中的重视程度来看，民族国家的国家认同问题尚未被提升到国家核心价值的层面，而且在国家认同建设问题上也尚未形成统摄性的国家战略[2]并予以重视。事实上，不论是从国

---

[1] 刘贵华、岳伟：《论教育在生态文明建设中的基础作用》，《教育研究》2013年第12期。
[2] 周平：《论中国的国家认同建设》，《学术探索》2009年第6期。

家战略视角来看，还是从公民个体层面而言，国家认同建设均需要首先解决人们思想观念方面的问题。作为面向全体公民的教育，通过促进观念转变，可以帮助公民选择、树立正确的国家意识、民族观念等方面具有绝对的优势。国家认同建设不止是一次宣传活动，也不是一项简单的学习任务，而是一场关乎人的思想观念、价值取向、行为方式的深刻变革。所以国家认同建设的顺利进行与深入推进需要全体公民具有正向的、积极的公民意识、国家意识。特定国家其国家认同地位的强化，其国民的公民意识的培养须得置于首位。通过教育，引导公民意识到在自己所属国家社会生活中所有公民在经济、政治、法律、文化等领域一律平等，且享有同等的权利、承担同等的义务，这是特定国家公民意识的基本内容，也是形成公民其国家认同感的前提。作为面向普通大众的公民教育，一方面有责任通过知识的交流与传递向全体公民进行说明与展现，另一方面通过思想的启迪与重建对其进行反思与澄明。如此，方可引导人们树立起符合时代需要的国家认同感。

（三）公民教育益于提升人们参与国家认同培育的自觉性

公民教育是主体性教育，是基于公民的本质特征建立起目标体系，可以激发作为独立个体的公民其自主性、创造性及其能动性，在知识的交流与传递中、在思想的启迪与重构中提升其公民意识，进而培育其国家认同感。因为公民教育旨在通过教育，使公民作为一个国家的主体，亦作为国家认同的主体，对自己存在其中的国家与社会中的身份与地位有清楚的了解，从而能够更好地行使自己作为公民能够行使的权利、应尽的义务。同时，国家认同的主体是公民。故而，通过公民教育，凸显了公民作为独立个体的特性，增强了主体性，从而激发其作为特定国家主人翁意识，让其在全球多元文化背景下多元的价值取向中，通过客观分析、公正审视、理性判断，从而能够理解自身所属国家的民主政治、法律规定、道德规范等诸多方面的客观内容，能够秉持客观的态度，对待"他""我"立场，能够主动维护自己所在国家的利益。这一过程，都是基于公民意识自觉发挥的，即是说，通过公民教育增强了公民的主体意识，从而提升其参与国家认同培育的自觉性。

第三章 关系探讨：民族团结进步教育、公民教育及国家认同 ❋ 63

（四）公民教育便于营造培育国家认同的文化氛围

国家认同问题，是全球化背景下每个民族国家面临的主要问题，是其民族问题关注的主要方向，然而它并不会自行发生，需要每个民族人为之携手并进、共同努力。一方面，国家认同需要依靠政府部门的行政命令进行外部干预，需要自上而下的规划与引导、需要制度的规范与约束；另一方面，还需要来自构成民族国家主体内部的自觉，每个人都能够认识到全球化时期国家认同之于自己所属民族国家的重要性，将维护国家利益成为每个民族人的自觉行为，国家认同建设才能走向纵深。故而需要加强、营造国家认同建设的文化氛围，来感染、熏陶、引领人们，让其发自内心地认识自己所属国家的制度、法律、文化，进而自发维护国家的利益。就是说，通过公民教育的文化传播功能，可以为国家认同的培育与提升营造、构建一个良好的、和谐的文化氛围。第一，通过宣传国家认同知识，形成相应的社会舆论，借以启迪、影响全体民族人的思想、行为；第二，凭借总结、推广国家认同方面的典型事例与经验，用以激发每个人的爱国热情与动力；第三，开展各类竞赛与社会实践活动，让青少年树立起爱国情怀与信念。如此，经由宣传、引导、实践，公民教育通过营造、构建一个良好的、开放的、和谐的文化氛围，使置身其中的每个人的国家认同意识得以提升，使其国家认同行为得以形成。

三 建构：公民教育培育国家认同的路径

（一）培育和践行社会主义核心价值观

价值观教育，是价值认同的重要途径，也是引领社会思潮、凝聚社会共识的路径，更是青少年社会化过程的重要方法和手段。通过公民教育，将国家层面的价值目标（即富强、民主、文明、和谐）、社会层面的价值取向（即自由、平等、公正、法治）以及公民个人层面的价值准则（即爱国、敬业、诚信、友善）三个方面有计划、分层次融入校园文化、社会实践、课堂教学等多位一体的培育平台，在对中华优秀传统文化的传承与创新中，对青少年的社会化过程进行引领，在未来合格公民的培育中引领社会思潮，为民族国家未来的社会共识凝聚打下基础，亦是国家认同建设的核心之所在。因为价值观念，是社会文化传统的一部分，它与特定社会价值体系的核心价值观念及民族精神有密切的联系。① 而价值观教育的基本目标是培养合格的社会公民。故而，经由公民教育，在全体公民其社会主义核心价值观的培育和践行中，加深青少年在全球化的当下对自己所属民族国家认知、理解、判断和抉择力，也从而加强、促进了国家认同建设。

（二）加强与其他手段间的协同配合

公民教育对国家认同建设的作用独具优势、不可或缺，是推进国家认同建设的重要力量，但它不能解决所有的国家认同建设问题，也不是国家认同建设的唯一途径。故而，在充分认识公民教育在国家认同建设中的优势的同时，须得察觉其有限性。正如21世纪教委会主任雅克·德洛尔所言，人类社会面对未来的诸多挑战，教育无疑是使人类朝着和平、自由和社会正义迈进的一张必不可少的王牌，因为它在人和社会的持续发展中起着极其重要的作用。然而，我们必须承认，教育并不是能打开实现所有理想（人类的和平、自由和社会正义以及社会的持续发展等）之门的"万能钥匙"，也不是"芝麻开门"之类的秘诀。② 国家认同建设是一项长期的、复杂而艰巨的国家战略任务，也是一项综合的社会系统工程。唯有加强经济、政治、文化、法制、科技、教育等诸手段的协同合作，方可将关乎民族国家安危的国家认同建设提升至一个理想的高度。同时，由于公民教育固有的社会制约性，与其他社会手段的协同并进，才可以彰显对未来民族人国家认同充分的培育作用。

（三）吸收中国传统文化中"天下大同"的处世智慧

国家认同的本质是团结、和谐，国家认同建设的核心任务是解决人与人、人与自身、人与社会的团结、和谐问题。中国多元一体的民族存在与发展的漫长历史，融合了博大精深的传统文化，蕴含着丰富的"各美其美，美人之美，美美与共，天下大同"③ 的处世智慧，这些智

---

① 兰久富：《全球化过程中的价值多样化》，北京师范大学出版社2010年版，第170—178页。
② 联合国教科文组织：《教育——财富蕴藏其中》，教育科学出版社1996年版，第1页。
③ 费孝通：《文化与文化自觉》，群言出版社2010年版，第456页。

慧构成了全球多元文化背景下特定民族国家国家认同建设的思想基础。因此说，吸收、借鉴中国传统文化中的处世智慧对统一的多民族国家建设和国家认同培育具有不可或缺的现实意义。通过公民教育，引导、教化全体民族人在全球多元化的当下世界形成"各美其美、美人之美"的鉴赏力，在认识、理解、认同本民族文化的同时，也要发自内心去理解、欣赏异民族文化，且能够不以本民族文化的标准去妄断他民族文化，能够以客观、公正的文化鉴赏力去辨析"优劣""精华与糟粕"。公民教育通过培育全体民族人其既能"理解"又可"选择"的能力，从而提升其国家认同的客观的、积极的态度与意识。与此同时，经由公民教育，启迪、培育全体民族人"美美与共、天下大同"的人文格局。当下世界，是一个多民族、多宗教、多文化并存的综合实体，置身于这样一个环境中的青年人，须得具备"和而不同"方可"天下大同"国家眼界、国际视野。

总而言之，国家认同是民族国家发展的必经阶段，也是需要民族国家的人们共同应对的难题。只有在社会主义核心价值观的践行中、在中国梦的感召与指引下，我国国家认同建设的方向方可明晰。而对于我国青少年而言，作为我国统一的多民族国家未来事业的建设者与接班人，是未来社会发展的重要储备力量，[①] 他们的国家认同状况是整个民族国家认同培育的起点，且需要通过学校经由民族团结进步教育的引导，方可实现。

---

① 张家军：《小学生公民素养的调查研究》，《华东师范大学学报》（教育科学版）2017年第6期。

第四章　理论支撑：罗尔斯的"重叠共识"理论

第一节　引言

　　随着全球化进程的不断推进，不同文化之间的交流日益频繁，产生的直接后果是：一方面增进了不同文化主体间的相互交流、相互了解；另一方面相异文化之间的隔阂与差异也日益凸显。文化间的隔阂与差异，往往指向潜藏于特定民族社会心理与特定民族精神层面的核心价值上的冲突。换而言之，当今世界，人们的价值观各异，文化相互冲突，但社会总是向前发展的，故多元社会需要整合、社会需要凝聚。社会发展的这一诉求，关乎多元社会整合、凝聚的纽带——教育。教育意味着从工具理性到交往理性的转型。而从整个社会范围来看，民族团结的实现，需要从每个人置身的生活世界，找寻答案。因为全球化时期、现代社会分工解构了以往基于社会成员在信仰和共识上的同质性和相似性的团结，而代之以特定国家社会成员之间的差异性、异质性、互补性。故而，新时期的民族团结、国家认同需要理论重构。只有在特定社会之成员置身的理想的生活世界，他们才能够证明社会的真实性（即客观）、正确性（即规范）、真诚性（即主观）。因为生活在这样一个世界，每个人都该有自由表达自己的真诚的权利，这也是社会整合的基础，即每个公民需要平等的、合理的话语权，且认同自己所属的社会制度，是特定社会向前发展的前提条件。这也是特定民族国家民族团结、国家认同实现的基础。原因是，特定社会政治制度往往建立在一套有序价值体系之上，其之所以能够正常、良性运行，除了制度本身的健全之外，其社会成员——每个公民均需持有正向的、积极的民族团结意识、国家认同

第四章　理论支撑：罗尔斯的"重叠共识"理论

意识，且须当拥有一套相应的行为准则。而这类准则恰是建立在一国之民尊重自己所属国家制度的基础上的。这一切要求在差异与同一并存的现代社会，进行有效的整合，让持有不同价值观的人，能够认可和遵守自己所存在的国家的社会制度与规范。罗尔斯的"重叠共识"（an overlapping consensus）理论给我们的启示是：文化背景、民族身份、社会地位、角色定位不同的人们能够承认其在价值方面发生的不同与分歧，但在社会规范规则方面却可以达成共识，即是说，持有不同价值观的人们共同认可、遵守同样的社会规则规范。[①]"重叠共识"这一概念，由美国政治哲学家、伦理学家约翰·罗尔斯提出，可以作为全球多元形势下民族团结与国家认同实现的理论支撑。

根据罗尔斯的观点，任何一个社会制度（社会基本结构）若为所有或者大多数公民所接受，那它一定是与该社会的道德、哲学、宗教等领域的世界观相容的，也因此才可为所有或者至少大多数公民能够自愿接受的，而非强迫性的道德效忠。罗尔斯将这种正义观称为政治性的正义观。[②] 而在这样一种正义观上所达成的道德共识，便是罗尔斯所说的重叠共识。在社会运行过程中，它所要实现的是在特定社会中与多样的哲学、道德、宗教、文化等世界观相容（即合理多元并存的事实，fact of reasonable pluralism）的基础上，形成一个所有公民都可以在道德上共同认可、遵守的社会制度秩序。罗尔斯在此处所指的"合理"，指向社会主体间交往关系中所体现出来的态度、立场与素质，即特定社会的成员主观上愿意参与公平的合作，也愿意在合作过程中认可、遵守他人作为平等参与者也同样认可、遵守的社会公共规则规范。[③] 从体系构成来看，重叠共识包括三重目标：其一，一个正义的公共标准（public criterion of justice），即指一个用来评价在既定条件下同时适用于特定社会中构成不同的基本社会结构方案的标准；其二，一个有关该标准的共同认可的道德证成（moral justification），即指一个内容充实的、能够包

[①] 童世骏：《关于"重叠共识"的"重叠共识"》，《中国社会科学》2008年第6期。
[②] [美] 涛慕思·博格：《罗尔斯：生平与正义理论》，顾肃等译，中国人民大学出版社2010年版，第36页。
[③] 童世骏：《关于"重叠共识"的"重叠共识"》，《中国社会科学》2008年第6期。

容特定社会多样的道德、哲学、宗教、文化等等世界观,且能够在社会纷争或者社会案件中能够帮助引导对公共标准的公开解释与应用;其三,一个基本结构(basic structure),即指一个根据公共标准和相应的应用方针所证成的社会秩序。总结而言,重叠共识这一政治正义观上所达成的道德共识体系,是由三个互相关联的三重目标组成的,即一个基本结构,一个公共正义标准,一个共同道德证成。这三者的关系体现为:在特定的社会里,一个随着客观条件(如不同的时代、社会等)的变化而变化的基本社会结构,由公共正义标准所指导而得以有序行进,而这一公共正义标准则由共同道德证成所支持的。根据罗尔斯的重叠共识理论,在特定社会,公共正义标准与对它的道德证成合在一起称作正义观念(conception of justice),而把公共正义标准和它所证成的基本结构则被称为社会秩序(social order)[①]。

我们深知,任何一个社会系统必然用特定的方式来确定其社会组织结构,即上文所论述的社会基本结构或者社会制度,而且特定的时期只能以一种特定的方式来制定特定的社会制度。由于本研究要讨论的国家认同、民族团结及民族团结教育都属于当下特定社会的,而在当下社会,有其特有的社会制度结构、社会制度秩序,同时存在一个有共同道德证成所支持的现时的"公共正义标准",该标准指导并维护着当下社会制度的正常运行。故而,在此"框架体系"里,可以讨论该问题。也就是说,罗尔斯所提出的重叠共识,可以用来作为讨论我国统一的多民族国家的民族团结、国家认同的理论基础。

第二节 重叠共识视域下民族团结的实现

一 重叠共识理论与民族团结

全球多元文化背景下,尽管人们的价值观各异,但是社会需要整合、民族需要团结,才有利于社会整体向前发展、有利于国家的进步。

[①] [美]涛慕思·博格:《罗尔斯:生平与正义理论》,顾肃等译,中国人民大学出版社2010年版,第35—40页。

新形势下，增进民族间的共同性，促进国家同质化的发展，是中国族际整合的大方向。①纵观人类历史的发展过程，不论从"民族"概念的演变过程，还是"民族国家"的建设历程来看，都有所属同一民族或者来自不同民族的民族个体或群体对自己所属的且可能代表他们共同意志产物的国家主权的认同与维护，以及对该国家制度、政策方针的认可与遵从的过程。事实上，这些过程是一个民族、一个民族国家得以形成和建构的必需条件。因为正是属于同一民族或者不同民族的人们的汇聚，逐渐形成了特定的、不同的民族，在不断的演变与发展中，最终形成了特定的民族国家。从民族国家建设的逻辑来看，任何一个民族国家成立之时，由同一民族或者不同民族的人们汇聚而成的群体，便已经"相互结合成立社会"，已然形成了联合体契约，也就是说，他们在长期的社会交往活动中通过承认并遵守特定社会、特定国家的共同的仪式、共同的社会规范、一致接受的规则等，将属于不同民族的民族成员置于同一水平线上、同一利益链上，使得他们具有相似的性质与功能。②根据罗尔斯的观点，这即是合理多元并存的事实，它指现代社会中所存在的一种多元性，具体而言，指存在于现代世界的各个领域（如道德、美学、哲学、宗教）的价值观念，它们互不相容，但却合乎情理，并存于世、多元并存，③共同成为特定社会、特定民族国家不可或缺的组成部分。也因此，在这样一个社会里，社会制度秩序是为所有或者大多数公民能够且愿意接受的，他们对自己所存在其中的国家其社会制度秩序是认可的。也因此，从罗尔斯所提出的这一核心观点可以推出，他期待中的社会是一个自由的社会，其中广泛持有的各种世界观包括哲学、宗教、道德等的合理多元并存的事实，在形成该社会基本结构的政治正义观上是相互重叠的。④这成为特定社会民族团结实现的依据。

---

① 管彦波：《当代中国民族问题的基本走向》，《西南民族大学学报》2016 年第 9 期。
② 李佃来：《公共领域与生活世界——哈贝马斯市民社会理论研究》，人民出版社 2006 年版，第 263 页。
③ ［美］涛慕思·博格：《罗尔斯：生平与正义理论》，顾肃等译，中国人民大学出版社 2010 年版，第 36 页。
④ ［美］涛慕思·博格：《罗尔斯：生平与正义理论》，顾肃等译，中国人民大学出版社 2010 年版，第 35—40 页。

就团结而言，从其最初的形成过程来看，源自加快了人类社会向前发展的社会分工，它是一种建立在置身于特定社会中的单个有机体基础上的社会事实。在最初的社会活动中，从事不同劳动的劳动者个体通过劳动活动中的交往，凭借分工、合作、协作，从而完成共同的劳动目标任务。由此可以推知，劳动者们为了达成其共同的劳动任务和统一的活动目标而进行的这种分工、合作、协作的社会交往活动，使得置身其中参与活动的全体活动成员日渐形成了一致的、共同的团结意识。特定群体团结意识的产生，意味着他们的意志会不约而同指向同处，而民族团结则作为特殊的社会团结形式，它有自己特有的性质和特点，在任何活动中起作用时，便能够使全体活动主体的意志、意愿、心之所向不约而同地朝向一处，为其共同目标的实现而团结协作不遗余力。与此同时，我们必须意识到，民族团结作为一种特殊社会团结形式，若要能够在特定的、复杂的社会环境中具备某种生存能力，唯有适应自身的生理与心理机制。如前文所述，不管在哪个团体、机构或者社会实体中，成员们真正的凝聚、团结，源自内部的一致，那些外在的核心并不能够带来实质的团结、凝聚力。[①] 特定社会、国家其凝聚力、团结的产生，首当其冲的条件便是该社会、国家实体的组成部分之间能够彼此依赖、团结协作、和谐与共，而非相互冲突、彼此掣肘。由此可以推知，社会的凝聚、民族的团结、国家的稳定，需要具有特定社会类型、心理机制的社会实体内部的协作、团结、一致，通力合作是主要内驱力，是特定社会凝聚性的根源，亦是民族团结实现的本源。可以说，这正是全球化背景下罗尔斯的政治正义观为我国的民族团结所提供的启示。

从罗尔斯的观点可以看出，他认为理想的社会是一个能够将各种不同的、多样的哲学、宗教、道德等的世界观兼容并包的社会，是一个合理多元并存的世界，在证成该社会基本结构的政治正义观上是相互重叠的。而这里"相互重叠"的部分，便是特定社会的所有公民在交往互动的过程中，即使持有不同的价值观，但能够就存在其中的国家之共同的仪式、共同的社会规范、一致接受的规则与秩序、共同的国家理想信

[①] [法]埃米尔·涂尔干：《社会分工论》，渠东译，生活·读书·新知三联书店2008年版，第81页。

念等方面达成共识、共同承认、认可并予以遵守与践行。这对于民族国家的社会凝聚、民族团结、国家安全稳定起着至关重要的作用。有论者曾明确指出,在人类社会公共交往活动的行进中,不同活动主体对于一种公共意见的形成来说,那种共同交往活动进行中、交往时间内的规则意识具有极其重要的意义。[①] 我们深知,在社会公共交往活动中,对于不同的活动主体而言,只有存在活动主体双方共同承认、认可并遵守的共同的仪式、共同的规范标准、共同的社会规则,在交往活动的展开过程中他们才能够在承认、遵守共同的规约中相互理解、彼此谦让、团结互助、相扶相携、求同存异,从而让交往活动得以顺利进行,达到预期的活动目标,也从而形成公共交往活动的道德意识与公共意识。此处共同的仪式、共同的规范标准、共同的社会规则、一致接受的规范与秩序等,均指向特定社会的制度秩序。事实上,根据罗尔斯的观点,一个社会系统必定以这样或那样的方式来确定其社会组织结构,然而在任何既定的时期只能以一种方式来设计一个社会制度秩序。因此可以说,若要使置身于一个多元文化背景下的特定国家能够有民族团结、社会凝聚的局面,那么特定国家的所有社会成员都需要承认当前的制度设计是正义的,即一国之公民对所存在其中国家社会制度的认可。这种认可在绝对意义上是有利于特定社会与国家的安定、团结的。

即使从伦理学、美学和宗教等角度来讲,一种有限的多元现象是可能的,甚至是可取的。在全球化背景下,置身于不同民族国家的特定民族人,在特定社会实践中,尽管他们在某些理想、观念上会产生冲突、不和谐,但只要社会成员们在道德上一致认同自己所存在其中的社会的基本结构,特定社会的成员便能够和谐、团结地生活在一起。[②] 也就是说,不论在何种社会、对于任何个体或者集体,所有人都从道德上希望生活在一个和平而和谐的社会里。故而,从全球范围来看,构成中华民族这一社会实体的全体民族人,在承认并遵从中国社会的体制制度、法

---

① 韩红:《论交往行为合理化的实现途径——哈贝马斯的交往行动理论的核心问题》,《学术研究》2002 年第 2 期。

② [美] 涛慕思·博格:《罗尔斯:生平与正义理论》,顾肃等译,中国人民大学出版社 2010 年版,第 36—43 页。

律法规、社会行为规范的前提下，他们长期相处、互相帮助、彼此依赖、相互理解、相互信任、和谐共生，成为我国统一的多民族国家社会凝聚、民族团结的前提基础，也是我国实现国家安定团结、繁荣昌盛的中坚力量。

二 重叠共识视域下我国民族团结的实现

根据罗尔斯的观点，现代世界所存在的诸多互不相容却合理的道德、美学、宗教与哲学等领域的价值观念之多元并存事实[1]，使得置身这样一个社会里的所有或者大多数公民能够接受当前设计的社会制度秩序，即是说，他们对自己所置身的社会制度秩序是认可的。由此推知，全球多元化的当下世界，生活在不同文化背景、社会环境下不同民族国家的民族人，尽管秉持不同的信念、不同的价值观，但如若其能够认可、遵从、维护自己所置身的社会的基本结构，他们便能够和谐与共、安定团结地共处一片天地。

在全球多元文化背景下，不同民族以不同的姿态、不同的速度逐渐走向现代化，让置身其中的不同民族人感受最深刻、影响最大的现象之一便是：具有不同文化背景、持有不同价值观的人们有可能在具有同一个道德基础的公共规则之下共同生活，甚至无须分享同一个共同的道德观、宗教观或善之观念。如前文所述，这便是重叠共识给我们的启示：文化背景、民族身份、社会地位、角色定位不同的人们能够承认其在价值方面发生的不同与分歧，但在社会规范规则方面却可以达成共识，即持有不同价值观的人们共同认可、遵守同样的社会规则规范。[2] 这一内容指向全球背景下不同民族国家相处之道的并存这一事实。所谓"合理多元并存的事实"（fact of reasonable pluralism），即指现代社会中所存在的一种多元性，具体而言，指存在于现代世界的各个领域（如道德、美学、哲学、宗教）的价值观念，它们互不相容，但却合乎情理，并存于世、多元并存；这种多元性如果有必要消除，只能通过道德上不可

---

[1] ［美］涛慕思·博格：《罗尔斯：生平与正义理论》，顾肃等译，中国人民大学出版社2010年版，第36页。
[2] 童世骏：《关于"重叠共识"的"重叠共识"》，《中国社会科学》2008年第6期。

接受的压制才能得以进行。① 对全球多元文化背景下民族国家的民族团结而言，"合理多元并存的事实"既是一种挑战，也是一种客观的环境与条件。一方面，全球化日益推进的当下世界，价值多元、文化多样，每个民族国家的成员之身份认同受到了极大的影响。另一方面，全球范围内，每个民族国家都面临着多元化环境中的国民认同、民族认同，以及民族团结、社会凝聚等方面的难题与挑战。故而，全球化背景下合理多元并存情境下，统一的多民族国家的民族团结问题需要在正视这种不同国家、不同民族、不同地区多元并存客观事实的基础上解决。就我国而言，各民族需要在正视自己作为一个国家之公民主体身份的前提条件下，遵守共同的仪式、共同的社会规则、一致接受的规范并认可我国当下社会制度秩序、践行社会主义核心价值观、遵从社会主义国家文化范式、遵守法律法规，方可实现社会凝聚、民族团结的社会愿景。

从我国作为一个统一的多民族国家的民族发展史来看，中华民族在长期复杂的"多元"与"一体"的更迭交替中相互交流与交融，各个民族之间形成了一些共同的文化特质，即各民族间的重叠共识：共同的仪式、共同的社会规则、一致接受的规范等。正是这些长期的积淀、模塑而成的民族特点、共同文化特质连接着我国这个多民族主权国家的56个民族，让不同民族人产生了"多元一体"的文化共同感与"休戚与共"的文化心理；而反过来，正是各民族所拥有的这种"多元一体"的文化共同感和"休戚与共"的文化心理，成为促进、加强不同民族之间文化往来互动的纽带，也成为各民族间友好相处、共同发展的精神动力，成为统一的多民族国家稳定、发展和繁荣的基础。② 这也是我国各民族团结的基础。因为客观来讲，我国的各民族是相对独立的，他们有着各自不同的民族习俗、宗教信仰、文化传统、民族语言等。然而，与此同时，他们又同属于中华民族，有着同根同祖同源的文化基因，在人类发展的历史长河里，受其模塑。因为不管哪个民族个体或者集体，置身于任何一种文化模式中，其唯有客观、公正地认识、看待自己所属

---

① ［美］涛慕思·博格：《罗尔斯：生平与正义理论》，顾肃等译，中国人民大学出版社2010年版，第35—40页。
② 石中英：《论国家文化安全》，《北京师范大学学报》2004年第3期。

民族文化，同时，在理解、接纳并欣赏异文化的基础上，方可对自身做出客观的判断与适切的定位，才能够在不同文化环境中通过自主适应，在当下多元文化交织的社会环境中建构起一种不同文化主体共同承认、认可并遵守的基本社会秩序和一套不同文化主体得以和谐与共、相融共生的共处守则。①

从我国目前的发展情况来看，我国各民族共同认可的"基本秩序和共处守则"正是当下能够体现中华民族共同文化价值的内容。新时代能够体现中华民族共同文化价值的文化内容，既包括中华民族优秀传统文化，也包括社会主义先进文化、国家政治文化。换而言之，以主体民族文化——汉民族文化为基础，以各少数民族文化为依托，与此同时，在借鉴、吸收各种先进的外来文化而成的现代中华民族文化，形成了我国各民族共享的文化平台。凭借此平台，弥合不同民族文化之间的鸿沟，因为不同民族文化主体在自己所处的多元文化环境中，需要通过在认识、掌握、了解自己所属民族文化的基础上，才能够客观认识、公正对待异民族文化，并在了解、理解、接纳、欣赏他文化过程中，能够与来自不同民族、文化背景的民族主体、文化主体进行交流、沟通、合作、分享、共享，也才可能持有更广阔的视野、更客观的民族观，在更大的异文化环境中与异文化主体达成规则规范方面的共识、人文价值上的共识，从而促进不同文化间的和谐与共，② 进而实现民族间的团结。而这一平台，便是罗尔斯所提出的重叠共识之"合理多元并存的事实"（fact of reasonable pluralism）所包含的主要内容。

从教育的角度来看，借助现代网络信息技术，我国的民族教育（在本研究中即指民族团结教育）在传承民族文化的过程中，在对国家政治文化与社会主义核心价值观、社会主义先进文化的传播中，为我国统一的多民族国家各民族搭建了一个互相了解、沟通、交流的平台，借此平台，各民族的不同民族人通过平等的对话，在经济领域、政治领域、文化领域、教育领域、医疗领域、卫生领域、宗教领域、哲学领域、科技领域等寻找属于56个民族共同利益达成的最佳契合点、寻觅实现中

---

① 费孝通：《论人类学与文化自觉》，华夏出版社2004年版，第188页。
② 费孝通：《重建社会学与人类学的回顾和体会》，《中国社会科学》2000年第1期。

华民族伟大复兴的中国梦的最有效方略，从而使各民族在互动交流合作中达成和谐团结，构建形成一种各民族间互惠互利、荣辱与共的机制。其中，不同民族主体（文化主体）认可当下自己所属国家（即中华人民共和国）的社会制度，遵从、遵守当下社会的公共标准、社会规范，求同存异，携手共进，共谋发展。如此，民族团结进步教育在促进我国未来民族人重叠共识（即共同的仪式、共同的社会规则、一致接受的规范标准等）的找寻中，也达成了国家安定、民族团结的目标。

从我国民族教育政策的角度来看，亦由以往强调"差异性"向"共性"转换，也就是说，由以往强调不同民族的"不同"，尤其是少数民族的不同，转而谋求共同发展、共同进步——即寻找不同民族间的"重叠共识"，共同寻求促进不同民族共同进步、提升祖国未来发展所需要的策略、办法等，从而达到各民族团结一致、增强国家凝聚力的目的。[1] 这一目标的实现，国家政策、制度的导向是极其重要的。因为在一个社会的正常运行中，需要自下而上的遵从、遵守，也需要自上而下的设计、引领和引导。也就是说，党和国家需要根据不同时代、不同社会我国公民的不同需求，设计、改进符合当下走进新时代的我国社会制度秩序并制定符合当下共同道德和理性的公共标准、国家社会制度，从而更符合新时代我国各民族全体成员发展的共同需求，使对其自愿自觉地遵守、遵从及认可。这是新时代未来民族人民族团结实现的必经之路。

第三节　重叠共识视域下国家认同的实现

一　重叠共识理论与国家认同

根据罗尔斯的观点，任何一个社会制度（社会基本结构）若要为特定社会的所有公民所自愿接受，那它一定是与该社会合理存在的道德、哲学、宗教等各个领域的世界观相容的，而从该社会此类世界观中

---

[1] 邵晓霞：《从民族团结教育课程看我国民族团结进步教育》，《云南民族大学学报》2011年第4期。

推导出来的社会正义观,才可为所有或者至少大多数公民能够自愿接受、认可的,而不是强迫性的道德效忠、强迫性的服从与认可。这便是罗尔斯所称道的政治性的正义观。根据罗尔斯的观点,在特定社会,只有当大多数参与方确实相信、支持现有的社会制度秩序对自己更有利时,彼时彼刻特定的社会制度模式才能保证特定社会与国家井然有序的共存。① 对比来看,本研究中要讨论的话题"国家认同",便是"人们对自己存在其中的国家的认可与服从,其反映的是人与国家的基本关系"。② 可见,"重叠共识"理论中的核心内容,即在社会运行过程中,特定社会的所有公民都会遵从、认可在该社会的合理多元并存的事实的基础上形成的社会制度秩序。这与国家认同的核心内容是一致的。

根据罗尔斯的观点,道德共识所包括的结构复杂的三重目标之一便是"正义的公共标准"。所谓"正义的公共标准",指的是在既定的环境条件下,一个用以评价同时适用于特定社会中几种不同的社会基本结构方案的标准。③ 全球化背景下这一标准之于现代统一的多民族国家的国家认同而言,有特别的意义。从世界范围内民族的产生和统一的多民族国家的建构轨迹来看,不论是"民族"的形成,还是"民族国家"的建构,无一例外都需要来自特定的同一民族或者不同民族的民族主体,他们承认、认可、维护代表他们共同意志产物的国家主权,并遵从特定国家的国家制度方可实现。事实上,从民族形成之始,也正是这一群体的汇聚,才得以在其交往互动活动中,队伍不断地壮大,渐次形成了特定民族,进而在对交往活动的秩序管理中,进而形成特定的民族国家。如上文所述,一个既存事实便是,在民族国家建构的过程中,来自同一民族或不同民族但他们共同认可、维护代表其共同意志产物的国家主权的人们汇聚而成的群体,便已然"相互结合成立社会",即是说,这一群体已经形成了联合体契约。如前文所述,他们在长期的社会交往活动中通过承认并遵守特定社会、特定国家的共同的仪式、共同的社会

---

① [美]涛慕思·博格:《罗尔斯:生平与正义理论》,顾肃等译,中国人民大学出版社2010年版,第35—40页。
② 林尚立:《现代国家认同建构的政治逻辑》,《中国社会科学》2013年第8期。
③ [美]涛慕思·博格:《罗尔斯:生平与正义理论》,顾肃等译,中国人民大学出版社2010年版,第35—40页。

第四章　理论支撑：罗尔斯的"重叠共识"理论　❀　77

规范、一致接受的规则等，将属于不同的民族成员置于同一水平线上、同一利益链上，也因而使得他们具有相似的文化特质与文化心理。① 换而言之，置身于特定社会环境中的不同民族人、不同文化主体，对共同的仪式、共同的社会规则、一致接受的社会规范与秩序的承认、认可并遵守，对于特定国家的一国之民而言，意味着其认可、服从自己的国家社会制度秩序，这对其国家认同的形成有着至关重要的作用。此处的"共同的仪式、共同的价值观、一致接受的规范与秩序"，我们可以与罗尔斯所指的"正义的公共标准——一个用以评价在特定社会环境中同时适用于某个特定社会的几种不同的社会结构方案的标准"相联系，该标准是由特定社会共同道德证成所支持的，它用来规范、指导社会制度秩序的正常运行。这与特定国家成员的国家认同的形成是一致的。因为特定社会的全体成员所承认、认可并遵从的共同的意识、共同的社会规则、一致接受的规范、共同的社会核心价值观、共同的社会制度，须得是在特定社会的既定条件下，可以评价同时适用于该社会的各个方面、各个角度、各个领域的社会规范标准。换而言之，此标准须得是正义的、公共的，适用于大众的，即适用于特定社会、特定民族国家的全体社会成员。犹如哈贝马斯所指出的，在人类社会公共交往活动的行进中，不同活动主体对于一种公共意见的形成来说，那种共同交往活动进行中、交往时间内的规则意识具有极其重要的意义。②

事实上，如前文所言，在社会公共交往活动中，对于不同的社会活动主体而言，只有活动主体双方通过共同承认、认可并遵守共同的仪式、共同的规范标准、共同的社会规则、共同的法律法规，他们在交往活动的展开过程中才能够在承认、遵守共同的规约中达到求同存异、相互理解、彼此谦让、团结互助、相扶相携的和谐状态，从而让交往活动得以顺利进行，达到预期的活动目标，也从而形成公共交往活动的道德

---

　　① 李佃来：《公共领域与生活世界——哈贝马斯市民社会理论研究》，人民出版社 2006 年版，第 263 页。[法] 埃米尔·涂尔干：《社会分工论》，渠东译，生活·读书·新知三联书店 2013 年版，第 67—85 页。
　　② 韩红：《论交往行为合理化的实现途径——哈贝马斯的交往行动理论的核心问题》，《学术研究》2002 年第 2 期。[德] 哈贝马斯：《在事实与规范之间——关于法律和民主法治国的商谈理论》，童世骏译，生活·读书·新知三联书店，2003 年版，第 447 页。

意识与公共意识：达到特定国家之公民对自己所属国家共同的意识、共同的社会规则、共同的社会核心价值观、共同的社会制度的认可、遵从，即一国之民的国家认同。

二　重叠共识视域下我国统一的多民族国家之国家认同的实现

根据罗尔斯所提出的"正义的公共标准"来看，它指的是一个用来评价在既定条件下同时适用于特定社会的几种不同的社会基本结构方案之标准，[1] 是用来衡量特定国家社会制度秩序的标准。该标准是一个旨在现实社会的政治生活中扮演着重要角色的公共标准，人们在社会交往活动中通过理解、贯彻和遵循这一标准，并在其指导下，社会成员通过遵从自己所属社会的制度秩序，来证成这一标准。[2] 这正是一国之民国家认同的实质之所在。从一个统一的多民族国家的发展史来看，从民族的产生到民族国家的建立之时，都需要来自同一民族或者不同民族的人们汇聚而成的群体，在对代表其共同意志产物的国家主权的认可、认同的基础上，通过遵从该国的国家制度方可实现。由此可以推知，统一的多民族国家一国之民的国家认同的实现，正是需要每个民族人对自己所属国家的社会制度秩序的遵守、遵从以及认可，而该社会制度是由"正义的公共标准"指导下有序地发展向前的，且该公共标准则是由特定国家共同道德证成所支持的。对于中国而言，拥有56个民族的统一的多民族国家之公民国家认同的形成，既需要全体民族人在认可我国统一的多民族国家的特定社会核心价值观、特定世界观的同时，还需要遵从该民族国家公共领域中交往活动中的道德意识，并遵从代表其共同意志产物的国家主权、国家制度，就是实现了人们对自身存在其中的中华人民共和国的认可与服从。

中国是一个由56个民族组成的统一的多民族国家，每个民族人均为全球化背景下民族国家建设的参与者、构建者，源自他们有属于中华

---

[1] ［美］涛慕思·博格：《罗尔斯：生平与正义理论》，顾肃等译，中国人民大学出版社2010年版，第35—40页。

[2] ［美］涛慕思·博格：《罗尔斯：生平与正义理论》，顾肃等译，中国人民大学出版社2010年版，第40页。

民族的共同的心理类型。即是说，中华民族这一实体是由自始至终生息于中华大地上的56个民族的全体民族人构成的，他们长期相处、相扶相携、彼此依赖、和谐共生，在各个领域的交往互动活动中达成"多元一体"的文化共同感和"休戚与共"的文化心理[1]以及价值观上的共识，成为我国统一的多民族国家社会凝聚、民族团结、国家统一稳定与发展、繁荣的前提基础。当然，在我国，由于客观的历史原因，各民族在经济、文化、教育等等方面并非均等的，在不同程度上存在着一定的差异。故而，在我国社会制度框架内，维护国家稳定、国家统一，需要不同民族人就当下国家的社会制度进行协商、共同维护、共同认可。犹如罗尔斯的政治正义观所提及的：在特定社会，各个群体的利益、价值，尤其是相对实力，均有可能改变。这些改变要求各方对制度安排持续地进行磋商，以保持令人难满意的平衡条件，即为"政治正义观"所倡导的基本理念之一。罗尔斯认为，政治正义观是建立于多样化的宗教、哲学、道德等世界观的基础上，是"一个所有参与方都能在道德上认同的制度秩序"。[2] 这意味着，要达成"政治正义观"，需全体成员共同认可、遵从自己存在其中的国家与制度，即需我国各民族的持有不同的宗教观、哲学观、道德观、文化观等的全体民族人能够求同存异，对自己所置身的社会的制度秩序能够一致认同并维护，使之成为各民族的全体成员所置身的国家得以运行的保障。换而言之，在全球多元文化背景下，全体民族人所持有的这种"政治正义观"，恰是其国家认同得以形成的前提与基本条件。

从罗尔斯所提出的"政治正义观"来看，它理想地展望了一种社会制度秩序：置身于特定社会的每个群体都认可、承认、遵从当下的社会制度是公正的，并愿意支持这样的社会制度安排，就算是改变自己的利益或者相对的权利，也在所不惜。换而言之，这种制度建立在所有参与者实质性道德共识之上，属于一种经久不衰的结构，且获得了各个参

---

[1] 石中英：《论国家文化安全》，《北京师范大学学报》2004年第3期。
[2] ［美］涛慕思·博格：《罗尔斯：生平与正义理论》，顾肃等译，中国人民大学出版社2010年版，第38页。

与方在道德上公正的效忠。① 因为对于特定社会的任何参与者，根据主观意愿所优先选择一个稳定的社会秩序，须得保证是一个合乎参与者道德的选择。首当其冲的原因是，特定社会的个体或者群体在确保自身价值观念和生活方式的长期持续方面，他们均抱有道德上的兴趣；再者，不论个人和群体，如果能够抱有一种道德兴趣的话，那便意味着，依照他们自己已形成的价值观、世界观来引导自己的选择；最后，不论在何种社会、对于任何个体或者集体，所有人都从道德上希望生活在一个和平而和谐的社会里。②

由此可以推知，对于我国国家认同问题的讨论，极具启发性。其一，任何民族的特定民族成员，不论面对怎样的形势、不论置身于怎样的处境，在确保自身价值观念和生活方式可持续发展方面，在道德上均有自己的综合判断，那便是，希望自己生活于一个和谐、团结的社会里。也就是说，全球多元文化背景下，我国各民族的全体成员在自己所置身的民族国家制度的维护之于自身发展的意义而言，是有自己的正向的、积极的判断与选择的。在我国，由于各民族世世代代生息于中华民族这片大地上，在特定的生活环境中历经了漫长历史时空的模塑，正是这些长期的积淀、模塑而成特定的民族特点，成就了具有特定民族与特定社会（多元一体的中华民族）心理的中华民族共同文化，这种共同文化特质连接着我国多民族主权国家内 56 个民族，让不同民族人产生了"多元一体"的文化共同感与"休戚与共"的文化心理。③ 这也使得我国统一的多民族国家的全体民族成员具有特定的一致性——不只是因为外形相似，且因为有着属于各民族"多元一体"的文化共同感与"休戚与共"的文化心理，它们是拥有 56 个民族的中华民族的集体记忆，也是不同民族人之间往来互动的纽带，是为我国统一的多民族国家社会凝聚、民族团结、国家统一的基础。这使得各民族的每个个体意识到，需要根据自己对所属民族的理解、对自己存在其中的国家之理解，

---

① ［美］涛慕思·博格：《罗尔斯：生平与正义理论》，顾肃等译，中国人民大学出版社 2010 年版，第 36 页。

② ［美］涛慕思·博格：《罗尔斯：生平与正义理论》，顾肃等译，中国人民大学出版社 2010 年版，第 39 页。

③ 石中英：《论国家文化安全》，《北京师范大学学报》2004 年第 3 期。

为自身在全球化背景下予以适切的定位,明晰"他国"与"我国"的差异,形成各民族的同胞们的共同感与"我们感"(we-ness),为共属且存在其中的祖国的未来共谋发展。如此,便形成了全体中华民族人的国家认同。这亦为罗尔斯的"重叠共识"为我们提供的启示,即来自不同文化背景、民族身份、社会地位、角色定位的不同民族人,可以秉持不同的价值观念且在承认当下价值观念存在着分歧的同时,在未来的发展目标上却能够达成共识;或者也可以说当下持有不同的观点与立场的人们,可以通过找寻平等交往、和平共处的方式方法,求同存异,进而形成或加深彼此理解,甚至追求"视域融合"。① 此处的"视域融合",即指我国统一的多民族国家不同民族的人们对不同民族未来共同的发展、对祖国未来建设与发展目标是一致的,都愿意为实现中华民族伟大复兴的中国梦而努力。

第四节 小结

在全球多元文化背景下,从全球范围来看,整个社会成多元发展的趋势,文化多元、价值观各异,故而社会的稳定性也成为全球性的热点关注。从统一的多民族国家视角而言,"国家一体、民族多元"的特点,决定了国家认同问题是民族国家的核心问题。这就需要置身于特定民族国家、秉持不同价值观念的不同民族群体或者个体,能够发自内心地维护自己所存在其中的国家的民族团结、国家稳定、国家统一。因为全球化的迅猛推进,削弱了一直以来民族国家的政治支配形式,与此同时,民族国家根深蒂固的民族传统、文化习俗、价值理念等以往一直作为一个民族国家社会凝聚、民族团结、国家认同的核心内容,也受到了极大的冲击,故而需要民族国家加强建设。总而言之,民族团结问题、国家认同问题,均是当下民族国家首先要解决的要务与难题。一方面,从社会制度、政治规范、国家标准等方面加强民族国家建设;另一方面,从学术层面进行理论重构,为我国统一的多民族国家的国家建设提

---

① 童世骏:《关于"重叠共识"的"重叠共识"》,《中国社会科学》2008年第6期。

供学理层面的支持。故而可以说，罗尔斯所提出的重叠共识理论，为我们从学理层面思考这一问题，提供了颇有价值的参考系。

如前文所述，根据罗尔斯所提出的重叠共识指当下世界存在的一种多元性，在特定社会环境下，在道德、美学、宗教、哲学等领域存在的诸多价值观念，它们互不相容却合理并存的这一"多元共存的事实（fact of reasonable pluralism）"①。这一内容指向全球多元文背景下不同民族国家之间、民族国家内部不同民族的相处之道。在罗尔斯看来，具有不同文化背景、持有不同价值观的人们有可能在具有同一个道德基础的公共规则之下共同生活，甚至无须分享同一个共同的道德观、宗教观或善之观念。也就是说，对于一个国家的公民而言，他们在道德、美学、宗教和哲学等等领域的价值观念是不尽相同的，但却能够遵守、认可共同的社会规则、规范、原则及标准，能够共处一国、和谐与共。这对于全球多元文化背景下统一的多民族国家的民族团结与国家认同问题的解决，大有裨益。另外，罗尔斯意图促成的道德共识体系由三重结构所组成：一个正义的公共标准、一个有关该标准的共同认可的道德证成，以及一个基本结构。这三者之间是相互关联、相互影响的有机统一体。其中，基本的社会结构的有序进行由一个正义的公共标准所指导，正义的公共标准则由该社会共同道德证成（moral justification）所支持。在特定社会，公共正义标准与对它的道德证成合在一起称作正义观念，而把公共正义标准和它所证成的基本结构则被称为社会秩序②。从重叠共识的理论观点来看，在社会运行过程中，它所要实现的是在特定社会中合理多元并存的事实（fact of reasonable pluralism）的基础上，形成一个所有公民都可以在道德上认同的社会制度秩序。这些观点也正符合"国家认同"的核心内容。因为国家认同就是人们对自己所存在其中的国家的认可与服从。③

---

① ［美］涛慕思·博格：《罗尔斯：生平与正义理论》，顾肃等译，中国人民大学出版社2010年版，第35—40页。

② ［美］涛慕思·博格：《罗尔斯：生平与正义理论》，顾肃等译，中国人民大学出版社2010年版，第35—40页。

③ 林尚立：《现代国家认同建构的政治逻辑》，《中国社会科学》2013年第8期。

第四章　理论支撑：罗尔斯的"重叠共识"理论　❀　83

就民族团结而言，其在本质上作为人类生存方式的一种文化映射，[1] 是特定社会成员之间交往行动中的内在行为。在我国，伴随着几千年以来中华民族的发展演进史，56个民族的多元实体相伴相生、往来互动、和谐共生，最终形成了中华民族的统一体。可以说，由多元文化融凝而成的中华民族，便是费孝通先生笔下的"多元一体社会格局"。事实上，在中华民族几千年的民族发展史上，正是伴随着这种多元与一体显在与潜在的交替发展互动历程，"一"与"多"两者矛盾与辩证关系中发展向前，56个民族在经济、政治、文化教育等诸多领域的交流与融合，交往互动中，求同存异，在对共属的中华民族的忠诚、认可与服从中，最终成就了中华人民共和国的建立，即中国民族国家的正式建立。原因是，民族国家的存在必须依赖于生活在其土内部的所有个体及其群体的认同与忠诚。[2] 事实上，任何社会实体其凝聚力的产生，组成该实体的不同组成部分之间的彼此依赖、相互支持、和谐共生是首要条件。原因是，对于社会实体而言，真正的团结、凝聚，源自特定实体内部的一致，而外在的核心并不能够带来真正的凝聚力。[3] 从我国统一的多民族国家的建立来看，正是各民族在漫长的民族发展史上，共同克服困难、抵御外敌、同心同力，且在不同民族交往互动中，互通有无、互相促进、相扶相携，拥护共产党的领导，最终建立了由56个民族组成的中华人民共和国，亦即是"由多元文化融凝而成的中华民族"。事实上，特定社会有机团结的实现，须得依靠行动主体需要遵守的、服从的相关规范，恰好结成一条积极的社会纽带，形成真正的有着自己生命和特性的团结，[4] 从而实现民族国家真正的民族团结。

就国家认同而言，其实质就是特定国家的人们对自己存在其中的国家的认可、认同与遵从。从这一界定来看，国家认同反映的是人与国家的基本关系，亦即国家认同决定着现代国家的合法性基础，也从而决定

---

[1] 邵晓霞：《文化视角下的民族团结教育实现问题》，《甘肃社会科学》2012年第2期。
[2] 张雪雁：《主体性视域下少数民族的国家认同建构逻辑》，《民族研究》2014年第6期。
[3] ［德］哈贝马斯：《交往行为理论》，曹卫东译，上海人民出版社，2005年版，第8—85页。
[4] ［美］涛慕思·博格：《罗尔斯：生平与正义理论》，顾肃等译，中国人民大学出版社2010年版，第35—40页。

着国家的稳定、统一和繁荣；而人在与国家的有机互动中，实现对国家的认可与服从，也从而获得国家最大限度对其生存与发展基本需求的满足。当然，现代国家组织形态的形成是基于特定国家特定的制度性安排而成的，具体而言，即通过运用一套制度体制将特定地区（区域）的人民整合为一个能够共享制度安排的统一共同体。① 这与罗尔所提出的重叠共识理论中的政治性正义观是相符合的，即在特定社会中唯有合理多元并存的事实才能够支撑一个能为所有或大多数公民道德效忠的稳定的社会秩序。② 这也与现代国家的公民其国家认同是同理的："国家认同就是人们对其存在其中的国家的认可与服从。"③ 其中，认可与服从的内容，包括民族国家建设过程中形成的为全国公民所认可、服从的社会制度、公共标准、文化范式、社会习俗、通用语言，等等。因为在现代国家建立过程中，在确立了国家之公民共同认可的国家价值取向之后，必须有一套能够达成价值合理性的有效制度安排与制度运行，方可保证国家的正常运行。当然，我们需要厘清的是，在这一过程中，人是国家的主体，他们建设国家，也是国家认同的主体。在建设国家的主体——"人"，通过认可、服从其存在的国家，即形成其国家认同的过程中，尽管有制度、政策的规约与保障，但其决定性的是一国之公民的主体性，即作为人的主体性。因为从现代国家建设视域下所形成的国家认同建构，是需要以民主为基本前提的，以特定国家制度及其相关的结构体系之全面优化为关键，最后决定于认同主体的自主选择。④ 总之，罗尔斯所提出的重叠共识理论，对我国民族国家的民族团结与国家认同的建设不无启示。我国作为一个统一的多民族国家，国家认同的建设是基于国家根本的社会制度，构建全体公民共同认可、服从的公共标准，且让他们参与到国家公共生活实践中，参与制度的建设、参与公共标准的制定，也就是说，在体现其公民身份、公民责任、公民义务的过程中，产生对祖国的情怀、爱国热情，进而形成正向的、积极的国家

---

① 林尚立：《现代国家认同建构的政治逻辑》，《中国社会科学》2013年第8期。
② ［美］涛慕思·博格：《罗尔斯：生平与正义理论》，顾肃等译，中国人民大学出版社2010年版，第36页。
③ 林尚立：《现代国家认同建构的政治逻辑》，《中国社会科学》2013年第8期。
④ 林尚立：《现代国家认同建构的政治逻辑》，《中国社会科学》2013年第8期。

认同。

　　民族国家的民族团结与国家认同的建设，关系到民族国家的前途与命运。因为一方面，国家认同是特定民族国家的心理基础，同时也是民族国家统一的、稳定的重要条件；另一方面，国家认同作为国家软实力的重要内容，其发展状况直接影响着我国的国家形象和作为国际行为主体在国际政治格局中的地位[1]。总之，"缺乏应有的国家认同，现代国家必然陷入危机"[2]，而青少年的民族团结意识与国家认同感，直接关系到我国统一的多民族国家未来的民族关系与未来国家发展的走向，故而其国家认同培育更是刻不容缓。在信息化剧速发展的当下社会，青少年作为"数字土著"一代，价值观深受全球化、现代信息传播的影响，其民族团结意识、国家认同的形成过程也异常复杂。因此，需要在民族国家认同建设过程中特意加强青少年学生国家认同的培育，因为当下时代与社会的特点也决定了"一代人的国家认同已不能完全决定新一代人的国家认同"[3]，需要根据时代特点、社会特征、环境特点、国家认同主体发展的需要等，制定培育方案与计划，从而有效培育。

---

[1] 周平：《论中国的国家认同建设》，《学术探索》2009年第12期。
[2] 林尚立：《现代国家认同建构的政治逻辑》，《中国社会科学》2013年第8期。
[3] 林尚立：《现代国家认同建构的政治逻辑》，《中国社会科学》2013年第8期。

第五章　路径建构：哈贝马斯的"交往理性"

第一节　引言

全球化背景下，民族国家的民族团结问题是一个很值得关注的研究课题，目前学界大多从工具理性的视角探讨民族国家的民族团结相关问题，而缺乏从交往行为理性视角的审视。民族团结，是在历史的变迁中经历了由"民族"到"民族国家"的不同民族主体之间交往实践的结果。故而，从交往理性视域探究民族国家的民族团结实现逻辑很有必要。中国的民族团结建立在 56 个民族交往的基础关系之上，故交往行为构成民族国家民族团结的生成点。具体路径体现为：将交往行为的媒介、规则、场域和谐统一、共同给力，即通过选择恰当的语言进行对话、承认和重视共同的道德规范、改变生活世界，从而建立民族团结实现的坚实基础。

随着全球化的到来，民族问题和国家认同问题共同成为全球化时代民族国家的核心问题。全球化背景下统一的多民族国家"国家一体、民族多元"的特点决定了国家认同、民族团结问题是民族国家的核心问题。这也是全球化对民族国家带来的主要挑战，具体表现在：一方面，全球化时代国家的政治支配形式受到削弱，国家不再是认同的最终落脚点；另一方面，我们必须意识到，全球化对民族国家根深蒂固的传统、文化、价值理念等产生了强烈的冲击，也影响到国民的身份和利益。目前，有关民族国家民族团结的研究主要集中在民族团结的意义、民族团结的内容、民族团结的实践等方面，而缺乏从民族主体交往理性视界的审视。民族团结本质上是人类生存方式的一种文化映射，是特定的文化主体、民族主体的行为，是民族主体交往的内在行为。① 人的行为可以分为工具理性行为和交往理性行为，工具理性行为是基于经验知识的技术规则，往往表现为方法、手段的理性选择，或目的合理性的确定，有时亦是两者的综合表现，它是一种策略性行为。② 与之相反，交往理性行为则表现为对有效性规范的遵守与服从，被遵守与服从的规范，规定了活动中两个或以上的行为主体所理解且认可的相关行为期待，它是一种发自内心的、主动的行为。正如施莱辛格（P. Schlesinger）所言："民族国家之感觉，乃是由内向外的审察。"③因而，之与中华民族——这一民族国家的民族团结与国家认同而言，从构成民族国家各民族主体的交往理性视域进行探讨，在全球多元化的推进中有着比较深远的意义。

第二节　交往理性视域下民族团结实现的缘起

一　民族国家建构中的交往理性

从民族及民族国家的形成来看，历来国家的朝代更迭、历史变迁，不同类型的民族、族群的历史渊源等，正是现代统一的多民族国家建构过程中确立民族、族群政治模式，以及作为其重要话语的亚层次民族身份及概念的重要基础。④ 可见，民族的形成与民族国家的建构，均是在漫长的历史发展过程中交织更迭的过程。就"民族国家"的建构而言，要对"古代国家"和"现代国家"加以区分。"古代国家"，由于国家所有制，即是说，以土地为共同财产的劳动共同体，劳动材料取自土地，衣食住行源自于土地。换而言之，古代国家，土地是为共同体的基础，它是以人的共同体存在为基础的。由此可知，"古代

---

① 邵晓霞：《文化视角下的民族团结教育实现问题》，《甘肃社会科学》2012 年第 2 期。
② ［德］哈贝马斯：《交往行为理论》，曹卫东译，上海人民出版社 2005 年版，第 8 页。
③ 转引自［英］汤林森《文化帝国主义》，冯建三译，上海人民出版社 1999 年版，第 155 页。
④ 马俊毅：《论现代多民族国家建构中民族身份的形成》，《民族研究》2014 年第 4 期。

国家"是基于血缘的或地缘的自然关系纽带而形成的。相较之而言，现代国家的出发点是：通过一套制度体制将一定区域的人民整合为一个能够共享制度安排的统一共同体，它是基于特定的制度性安排而形成的。① 据此建构逻辑，同一国家中，同一民族的人们或不同民族的人们，因认同代表其共同意志产物的国家主权而汇聚在一起。② 他们共同维护国家主权，逐渐形成国家制度，反过来，国家制度亦成为维护和保障个体与整个社会的有效力量。也因此，在国家建构逻辑中汇聚在一起的全体人民，便形成了民族（nation），③ 并将由此所形成的现代国家，称为民族国家（nation-state）。④ 而统一的多民族国家"概念"和"民族身份"，与民族及国家的历史渊源及统一的多民族国家结构规制下的民族和族群政治，保持逻辑的一致性，有利于统一的多民族国家的建构。⑤ 在历史的长河中，也正因为置身于特定民族国家结构规制下的不同民族主体的社会交往，在对自己所属民族及族群政治的追随中，通过服从、遵守代表自己意志的、属于自己所在民族国家的相关规范，构建起了不同的民族国家。

二 民族团结实现中的交往理性

从最初形成的过程来看，团结产生于社会的劳动分工。在社会最初阶段，社会分工加快了人类社会整体向前的步伐。这种分工提高了工作效率，因为不同的人们可以从事不同类型的活动。当然，这种分工需要从事不同劳动活动的全体成员团结合作，方可确保任务的顺利完成。恰是由于这种团结合作，使得各自为政、散漫无定的劳动个体归属于特定群体，也使其劳动行为相互协调、齐心协力，为了共同的目标而奋斗。毋庸置疑，这一过程是劳动者个体在交往活动中行进的。事实上，在这

---

① 林尚立：《现代国家认同建构的政治逻辑》，《中国社会科学》2013 年第 8 期。
② ［英］埃里克·霍布斯鲍姆：《民族与民族主义》，李金梅译，上海人民出版社 2000 年版，第 10 页。
③ ［英］埃里克·霍布斯鲍姆：《民族与民族主义》，李金梅译，上海人民出版社 2000 年版，第 10 页。
④ 林尚立：《现代国家认同建构的政治逻辑》，《中国社会科学》2013 年第 8 期。
⑤ 马俊毅：《论现代多民族国家建构中民族身份的形成》，《民族研究》，2014 年第 4 期。

种合作、团结的社会交往活动中，统一的活动目标使得特定社会的成员逐渐形成了一致的、共同的团结意识。因为在任何交往活动中，只要团结产生作用，参加活动的全体成员的意志就会不约而同地同归一处。① 这便是特定社会凝聚性的根源，亦是民族团结实现的本真。我们深知，一个社会实体其凝聚力产生的首要条件是组成该社会实体的各个组成部分之间和谐与共、彼此依赖，而非相互冲突、彼此对抗。因为真正的凝聚、团结，源自内部的一致，而外在的核心并不能够带来凝聚力。② 即是说，社会实体内部的协作、一致和通力合作是社会团结、凝聚的主要内驱力。在我国，作为一个统一的多民族国家社会凝聚力、民族团结的存在，确是因为 56 个民族之全体成员具有特定的一致性，且在特定的共同的生活环境中历经了时间的模塑，成就了具有特定民族与特定社会（多元一体的中华民族社会整体）心理的某种共同的民族类型，即中华民族之炎黄子孙。

故而，从全球范围来看，具备特定社会、特定民族心理的各民族全体成员之间相互吸引的原因，不只是其外观相似，而且是他们具有专属的中华民族这一集体特定类型的生活方式、生活环境、生活条件且彼此依赖。也正因为构成中华民族这一社会实体的全体民族人，在朝夕相处、彼此依赖、和谐与共的交往互动中，交往理性成就了统一的多民族国家的社会凝聚、民族团结的社会愿景。在全球多元文化的当下社会，不同民族主体在理性的交往中，应厘清身份、明晰所属，承担起社会凝聚、民族团结的社会担当。

第三节　交往理性视域下民族团结实现的理据解析

一　交往理性视域下民族团结实现的媒介

语言是最基本的交往媒介，语言行为是最基本的交往行为，因为它

---

① ［法］埃米尔·涂尔干：《社会分工论》，渠东译，生活·读书·新知三联书店 2008 年版，第 68 页。
② ［法］埃米尔·涂尔干：《社会分工论》，渠东译，生活·读书·新知三联书店 2008 年版，第 81 页。

以达到理解为目的。而交往行为是"意义沟通的行为",它以"话语"为基本单位,因而"交谈"是最基本的交往形式。① 在特定的社会、特定的活动过程中,行为主体之间需要通过特定的语言,通过语言交谈,达成其对行为活动的理解,及其自身之间的相互理解,从而让交往活动成为可能。即是说,为了达成行为上的一致,不同行为主体以语言为媒介,理解对方的思想状态和行为计划,进而达成行为上的一致。事实上,在从事不同活动过程中,不同的行为主体经由特定的语言互动,促成了民族个体的发展,亦促进了特定社会群体的认同感。这极其有利于民族团结的实现。因为民族团结本就是一个历史范畴,是民族与民族之间在互动中认同的整合关系,其内涵实质是民族团结本质属性的总和,互动、整合与和谐是其本质属性的具体表现。作为一种特殊的社会团结形式,民族团结是由置身于特定社会的民族成员,借由特定的中介手段(如适切的语言符号系统等),在社会交往的实践活动中实现的。在这一过程中,语言无疑起着核心作用。因为交往行为本质上是一种言语行为,②是一种对话。只有让人们能在无任何拘束、无任何压力的情况下"自由对话",才可以消除彼此间的误解和冲突,达到人与人的"理解和团结""谅解和宽容"。③

置身于统一的多民族国家、特定社会领域实践活动中的不同民族主体,以语言为媒介,不同的民族主体之间互相理解、彼此接纳、共同发展,并通过文化传承、社会整合、个体特性提升等一体化活动,使得特定社会动态的整体性得以维护。这便是特定民族国家民族团结形成的过程。纵向来看,自中华民族现代意义的获得之始,各民族在"多元"与"一体"的交替中发展向前,传承与发展着中华民族文化,推动了中华人民共和国——这一现代民族国家的社会凝聚、民族团结。

二 交往理性视域下民族团结实现的规则

从"民族国家"的建构过程来看,其需要来自同一民族或不同民

---

① 韩红:《交往的合理化与现代性的重建》,人民出版社2005年版,第44页。
② 李佃来:《哈贝马斯与交往理性》,《北行政学院学报》2002年第5期。
③ [德]哈贝马斯:《交往与社会进化》,张博树译,重庆出版社1989年版,第26页。

族的人们，其认同、维护代表其共同意志产物的国家主权，遵从国家制度来实现。这一群体的汇聚，形成了特定民族，进而形成特定的民族国家。事实上，这一群体，在民族国家的建构过程中，"已经相互结合成立社会"①，已然形成了联合体契约，即通过共同遵守的仪式、规范将其成员置于同一水平线上、同一利益链上，也因此，也使得他们具有相似的性质与功能。② 在特定社会，共同遵守的仪式、规范与秩序，对于维护社会稳定、民族团结有着至关重要的作用。犹如哈贝马斯所指出的，在公共交往活动过程中，活动主体对于一种公共意见的形成而言，那种共同进行中、交往时间内的规则具有很重要的意义，③ 因为在公共交往活动中，只有形成共同的规范标准、共同的仪式、共同的规则，为活动主体双方所承认、所遵守，即活动主体之间在承认、遵守共同的规约中相互理解，且逐渐形成公共交往活动的道德意识，交往活动才得以顺利进行，达到活动预期的任务与目标。因为交往以理解为目的，而理解又是为了"亲善"，因而只要发展作为"交往的生产力"的"道德意识"，在交往中倾注"我们的同情"，就可以使交往理性化。④ 而理性化的交往，必然会带来有利于交往主体共同发展的行为举动。这源自交往理性是接纳型（inclusive reason）的理性，因为它包含着人与人之间的相互接纳，不同合理性的相互接纳。在统一的多民族国家，于不同合理性的相互接纳，正是社会凝聚、民族团结的核心之所在。故而可以说，民族国家的全体民族人在对共同遵守的规范与秩序的交往行为是其民族团结的生成点之一。

三 交往理性视域下民族团结实现的场域

当然，无论如何，民族团结最终需要实现场域的，那便是认同国家主权而汇聚在一起的全体民族人置身的生活世界。中华人民共和国作为

---

① ［法］埃米尔·涂尔干：《社会分工论》，渠东译，生活·读书·新知三联书店2008年版，第67页。
② 同上书，第85页。
③ ［德］哈贝马斯：《在事实与规范之间——关于法律和民主法治国的商谈理论》，童世骏译，生活·读书·新知三联书店2003年版，第447页。
④ ［德］哈贝马斯：《交往与社会进化》，张博树译，重庆出版社1989年版，第26页。

一个统一的多民族国家，为中华民族全体成员的交往互动提供了一个理想的生活世界。根据哈贝马斯的观点，生活世界由文化、社会和个体构成，它们体现在各自不同的基础上，"文化知识以符号形式体现在使用对象和工艺中，体现在格言和理论中，体现在书籍和文件中，也有部分体现于行为中。社会体现在制度化的秩序、法律规范或规范调整的实践活动中；个性结构则体现在人的有机体的根基中"。①交往行为在生活世界中同时实现着三个一体化的活动：文化传承、社会整合、个性人格的形成。② 也正是这三个活动的内在统一，构成了特定社会的动态的整体性。即是说，正是不同民族成员的交往行动，传承与发展着特定的文化，推动了社会的团结与凝聚，提升了个性人格，从而使其置身的生活世界充满活力、正常运行，即是维护了民族国家的发展。事实上，中国作为一个现代民族国家的成立，正是各民族的同胞们共同努力、反对压迫，互帮互助、并肩作战，最终获得自身的解放与独立，才使中华人民共和国这一现代民族国家得以建立。

全球多元文化背景下，尽管人们的价值观各异，相互冲突，但是从人类社会发展的整体而言，社会需要整合，社会也需要凝聚、团结。如同中华人民共和国的建立，当下的国家凝聚、民族团结，需要全体民族人在特定的生活世界，通过文化传承（包括中华民族文化、不同民族各自的文化、社会主义先进文化、国家政治文化等）、社会整合、个体发展来实现。而社会整合，恰是在自发的人际交往和社会关系中，通过置身于特定生活世界的人们凭借日常语言互动而获得群体认同感和个体的发展，从而为人们提供生活的意义和个人的自由。③ 由此可知，中国作为一个统一的多民族国家，各民族相扶相携于特定的生活世界，通过特定的语言互动在交往活动，获得了民族认同与民族个体的发展，也为民族团结打下了坚实的基础。由此可知，交往互动是民族国家民族团结的生成点。

---

① ［德］哈贝马斯：《后形而上学思想》，曹卫东译，译林出版社2001年版，第69页。
② 韩红：《交往的合理化与现代性的重建》，人民出版社2005年版，第276页。
③ 李佃来：《公共领域与生活世界——哈贝马斯市民社会理论研究》，人民出版社2006年版，第263页。

第四节　交往理性视域下民族团结实现的路径建构

由上可知，民族国家的建构，是不同民族主体，通过遵守全体民族共同所述的社会规范，在交往主体所置身的生活世界，以恰当的语言为媒介，建立起主体间的理解与认同的社会交往行为从而实现的。概言之，选择恰当的语言进行对话、承认和重视共同的规范与秩序、重建生活世界，是交往行为合理化实现的途径，也是经由交往行为实现民族团结的主要路径。

一　交往行为中民族团结实现媒介的形成：选择恰当的语言进行对话

民族团结需要特定的民族主体通过社会交往活动，经由特定的日常语言互动方可实现。当然，处于交往活动中的活动主体双方需要选择交往双方均能理解的、正确的表达方式，即是说，讲述者需要能够真诚地表达自己的目的和计划，以便能够和听者达到信息共享的目的。此处提及的"正确的"，即指讲述者所陈述的话语必须是正确的，如此听者才能够理解并接受，从而使交流的双方可以在"以公认的规范为背景的话语中达到认同"[①]。因为在交往行为本质上是一种言语行为，其总是与三个有效性要求相关联，包括真实性、正当性（正确性）和真诚性。具体而言，在社会交往活动中，不同的民族主体在面对客观世界的陈述中，所采用的语言需是真实的，在论及其所置身的社会世界时，所选用的语言必须是正确的，而当其谈及主观世界时，所运用的语言理当是真诚的。唯其如此，不同民族主体之间的交往才可能达成，也才可能实现其间的理性交往，这是统一的多民族国家民族团结实现的基本前提。

在中华民族形成的历史进程中，"多元一体"的发展模式是史实。在这一过程中，繁衍生息于中国境内的 56 个民族实体，由多元文化融凝而成的中华民族，其中 56 个民族单位是多元，中华民族是一体。[②]

[①] 韩红：《论交往行动合理化的实现途径——哈贝马斯的交往行动理论的核心问题》，《学术研究》2001 年第 2 期。

[②] 费孝通：《中华民族的多元一体格局》，《北京大学学报》1989 年第 4 期。

"一"与"多"两者在辩证关系中发展向前。几千年以来中华民族的演进史，正是伴随着这种多元与一体显在与潜在的交替发展的交往互动逐渐实现多民族在经济、政治、文化教育等诸多领域的交流与融合。即是说，在生生不息的交流与融合、涤荡与生长中民族形成文化，文化融凝成民族。① 当然，在中华民族这一多元一体民族实体的形成中，汉族起到过更重要的凝聚作用。② 但并没有孰轻孰重，而是指对民族国家而言，在特定的时期，不同民族主体承担着自身所能、所应担负的历史使命。事实上，民族国家的存在必须依赖于生活在国土内部的所有个体及其群体的认同与忠诚。③ 正如安德森所提出的观点，民族国家是"想象的政治共同体——并且，它是被想象为本质上有限的，同时也享有主权的共同体"。④ 故而，作为中华民族这一政治共同体组成部分的各民族，在交往活动中需要选择恰当的话语进行对话。此处的"恰当"即指在不同民族的交往行为中，所选择的话语对于各民族来说，均需体现真实性、正当性（正确性）和真诚性。我们需要摒弃以往"民族团结是少数民族的事情"的不当论断，亦需摒除"少数民族、落后者、被援助者"等标签的"区别对待"，切不可有主体民族话语权、非主体民族话语权之分。在全球多元化的当下世界，我们唯有选择恰当的语言进行对话，不论是在客观世界、社会世界抑或主观世界，让主体民族、非主体民族有平等的话语权，在公共活动中需要选择既有利于主体民族的话语也有利于非主体民族的话语，为其预留话语权，让其发声，让各民族共同在民族发展的大潮中起到应有的作用，在中华民族的发展中为国家的民族团结、社会凝聚起到应有的作用。

二 交往行为中民族团结实现规则的确立：承认和重视共同的规范与秩序

民族团结，需以特定的语言为中介，不同民族主体在遵守、顺从特

---

① 王鉴、秦积翠等：《解读中国民族团结进步教育》，《贵州民族研究》2007年第1期。
② 费孝通：《中华民族多元一体格局》，中央民族大学出版社2003年版，第13页。
③ 张雪雁：《主体性视域下少数民族的国家认同建构逻辑》，《民族研究》2014年第6期。
④ ［美］本尼迪克特·安德森：《想象的共同体：民族主义的起源与散布》，吴睿人译，上海人民出版社2005年版，第6页。

定社会秩序、法律规范等的前提下，在社会实践活动的参与中通过交往互动而实现。根据哈贝马斯的观点，实现交往行为合理的基本途径之一，便是承认并尊重一定的规范标准。这与美国社会学家塔尔科特·帕森斯（Talcott Parsons）的观点一致。在帕森斯看来，必须认可社会中存在的共同的标准，是在市场上或者社会上其他任何领域建立起正常的人与人之间的秩序不可或缺的。由此可知，在特定的社会公共活动中，认可不同的活动主体所置身的环境中存在的共同的规范标准，是建立起他们之间正常秩序所必需的。在任何社会交往活动中，不同活动主体之间的交往活动须由共同的、普遍的规范标准来指导的。当然，这一共同的"规范标准"，须得承认和尊重能够反应大多数人的意志且能为全体人们所普遍接受、遵从。此即为哈贝马斯所提出的交往伦理学。这一学说所体现的核心理念为，现代社会的交往需要一个相互理解，且为不同的交往共同体成员所承认、遵从的道德规范体系。[①] 由此可知，不同民族主体在社会交往活动中，服从、遵守自己所属的民族国家的相关规范与秩序，会凝结成一条积极的社会纽带，形成了具有独特性质的、有着独特生命特性的现代民族国家的民族团结。如此，在相应的规范标准的指导下，不同交往主体的交往活动方可有章可循、有据可依，理性交往才可能实现，是为统一的多民族国家民族团结实现的根本保证。

随着社会的发展与时代的进步，民族关系在彻底性的革命变革中，逐步实现了民族平等，不同民族的共同繁荣、共同发展。然而，从绝对意义上讲，这种共同繁荣、共同发展一定是同向却不同步的。一方面，作为主体民族的汉族，其"现代性"会更为超前一些，需要其在中华民族共同发展的道路上起到引领性的作用。这势必造成作为主体民族的汉族与其他非主体民族在不同领域发展中的差异。再者，中华民族多元源起的特点，注定了不同民族各个领域之间的差异。追根溯源，生息于中华民族大地上的不同民族，其文化在不断交融汇聚中，形成多区域发展方向，不断汇聚为中华民族之河，且不断辐射四方，带动、促进周边地区民族的发展趋势。也因此，回溯纵向历史发展的时间轴，不同民族

---

① 韩红：《论交往行动合理化的实现途径——哈贝马斯的交往行动理论的核心问题》，《学术研究》2001年第2期。

之间这种"客观的"不平等，势必成为不同民族之间的交往活动的阻滞。

故而，为适应民族国家发展的新诉求，需要定制符合当下社会与时代发展的新秩序、新规则、新标准来规范不同民族之间的交往活动，摒弃一直以来形成的制度、技术层面的二元分治的民族政策与标准，需要全体民族人以主人翁的态度，以平等的、互相尊重的姿态，共同构建有利于不同民族自身、也有利于中华民族共同发展、共同进步的新格局，确立起不同民族主体共同遵守的秩序与标准，即为不同民族共同体所理解、承认并遵从的道德规范体系，方可实现民族主体之间理性的交往行为。一言蔽之，中国民族团结的实现，需要全体民族成员认同、维护代表其共同意志产物的国家主权、社会制度、文化范式，即在承认、遵守共同的仪式、共同规范标准的前提下，在对国家社会公共实践活动的参与中经由交往互动达成。正是在参照共同的仪式、共同的标准中，不同民族主体进行社会交往活动，增进彼此理解、相携相扶，进一步促进并加固了共同认可的行为规范、行事标准、处世秩序，而反过来规范、有序的社会交往活动愈加体现出民族主体间的交往理性，进一步明晰了民族团结实现的规则，更有利于社会凝聚、民族团结的实现。

三 交往行为中民族团结实现场域的重建：改变生活世界

民族团结是以语言为媒介，民族主体在承认和重视共同的规范与秩序的前提下在社会交往活动中实现的。这种以理解、尊重为目的社会交往活动，需要实现于具体的场域。而生活世界，正是这种交往行动实现的具体场景。因为"生活世界乃是行为角色的创造性活动提供相互理解的可能的建构性范围的因素的综合"[1]，它是交往行为始终运行于其中的境域，因为交往行动者总是在他们的生活世界的视野内运动，他们不能脱离这种视野。故而，生活世界在交往活动中既作为交往行为的"背景假设"，又作为行为主体间相互理解的"信息储蓄库"来支撑交往行为的。"背景假设"，为交往活动主体提供了其相互理解的基地范

---

[1] 韩红：《论交往行动合理化的实现途径——哈贝马斯的交往行动理论的核心问题》，《学术研究》2001年第2期。

第五章　路径建构：哈贝马斯的"交往理性"　❋　97

围，它是由不同的交往活动主体的生活世界所交叉的、共同熟悉的背景信息构成的动态环境，为活动主体提供即时的指导与帮助，让交往活动能够得以顺利进行。而所谓的"信息储蓄库"，则是指生活世界为行为参与者提供创造见解的源泉，以便满足相互理解的需要，①其在交往主体所置身的生活世界为活动主体的交往互动提供信息源，是交往主体的思想与行为所依赖的某种力量源泉、精神依据。可以说，作为一种有"文化传播和语言组织起来的解释性范式的存储"②，其交往职能是凭借人类所存储的语言和文化的再生、社会的整合以及个性人格的提升，使得人与人之间的互动关系成为可能。③民族团结，这一特殊的社会团结形式，正是凭借语言这一交往媒介，不同民族主体在社会交往的实践活动中，通过遵守相应的规范与秩序，通过信息交流、信息共享，互相理解、彼此信任，交流双方相互依赖、相互依存。④而达到理解的目的恰是未来走向认同与团结。故而，要实现民族团结，就需要改变生活世界。因为以理解为目的的交往活动实现的关键还在于改善对话环境⑤，对我国而言，即改变各民族置身的生活世界。

作为主体民族的汉族，较早地进入现代化；而与之相比，由于历史、自然等客观原因，其他非主体民族在现代化进程中相对滞后，也因此为其"创造性活动提供相互理解可能的建构性范围因素的总和"的生活世界，也相对不甚理想。新时期国家为在现代化发展中处于后发地位的少数民族出台了多项经济、行政等诸方面的优惠、倾斜政策，助其发展，加强社会凝聚、民族团结。即是说，在现代化推进中，生活世界的改变，除了经济、政治、法律、教育等方面外在的策略与手段方面的改进与提升之外，更需要秉持理解异文化、欣赏异文化的跨文化心态，

---

①　李佃来：《公共领域与生活世界——哈贝马斯市民社会理论研究》，人民出版社 2006 年版，第 263 页。
②　韩红：《论交往行动合理化的实现途径——哈贝马斯的交往行动理论的核心问题》，《学术研究》2001 年第 2 期。
③　[德]哈贝马斯：《交往行动理论》（第二卷），洪佩瑜、蔺青译，重庆出版社 1994 年版，第 174 页。
④　[德]哈贝马斯：《交往与社会进化》，张博树译，重庆出版社 1989 年版，第 3 页。
⑤　[德]哈贝马斯：《交往与社会进化》，张博树译，重庆出版社 1989 年版，第 26 页。

承认拥有不同文化背景、宗教信仰的民族主体选择体现其民族性的生活方式、信仰模式等的权利与自由，为不同民族间的理解、交流搭建对话的桥梁，为不同民族的创造性活动提供相互理解可能的建构性范围因素的总和的生活世界增值。因为真正的合理性绝非外在于最优化、最高效的策略与手段，而是内在于活动主体的交往行为当中。这也意味着，通过社会整合实现社会凝聚、民族团结，需要摒弃以往诉诸政策、规定的行为，从国家层面建构不同民族共同认可的规范标准，在普通公民的生活世界也形成理性交往的常规活动。从而，构建一个有利于不同民族互动交往的理想境域，在其中，在文化传播中提升个性人格，也促进了实现我国统一的多民族国家人际和谐、社会凝聚、民族团结的愿景。

综上所述，民族国家民族团结实现的路径在于：选择恰当的语言作为媒介，民族主体在交往行为中通过承认和重视共同的规范与秩序，确立民族团结实现的规则，并通过改变生活世界重建民族团结实现的场域。从交往理性来看，作为特定社会的主体，只有通过从事不同类别的活动，彼此团结合作、目标一致、齐心协力，才可达到共同发展的目的。中国作为多民族组成的、具有"多元一体"特点的统一的多民族国家，需要具有不同民族文化传统、风俗习惯、宗教信仰的各民族相互尊重、彼此理解，以理解、包容的态度接纳、欣赏异文化，从而达至社会凝聚、民族团结的目的。当然，在这一过程中，需要基于民族的形成特点及民族国家的特征，尤其是在全球化时期民族国家的特点，以恰当的语言为媒介，进行各民族之间信息的交流与转换，实现各民族主体在思想、信息上的沟通和对不同民族间交往活动本身目的、意义的理解，以协调彼此的具体行为。需要不同民族主体承认、重视并遵从交往活动中的共同的道德规范、共同标准、共同的仪式。当然，改变生活世界是实现的具体场域，通过改变生活世界，为不同民族间的团结重建更适切的场境。仅凭经济、行政的策略手段、理论诉求不足以促进中国民族团结的真正现实。由是观之，全球多元文化背景下的民族团结的实现，唯有从不同民族交往理性出发，方能够触及民族团结的本质。只有通过包含着民族主体间相互接纳的接纳型的交往理性，才可以消弭不同民族文化间的误解与冲突，在以共同认可的标准规范、法律法规为背景的语境中达成谅解与宽容、理解和团结，构筑并加强中华民族凝聚力与向心力，继而实现民族团结的社会愿景。

第五节　交往理性视域下国家认同的实现

纵观人类历史的发展过程，对于任何一个民族的产生或者民族国家的建构而言，其过程无一例外都历经了同一民族或者来自不同民族的民族个体或群体对自己所属的且可能代表他们共同意志产物的国家主权的认同与维护，和对该国国家制度的认可与遵从的过程。从中可以看出，这一过程中，最核心的要素是来自"同一民族或者不同民族"的人们汇聚而成的群体，其对代表他们共同意志产物的国家主权的认同与维护、对国家制度的认可与服从，是民族国家建立的关键。换而言之，也就是说作为构成国家主体的"人"是关键，是核心。而人在这一过程中的"汇聚""承认""认可""遵从"等，均离不开人们交往的媒介——语言。事实上，民族国家建构，离不开民族主体交往互动中的语言媒介，其国家认同的形成，亦然。也就是说，我国统一的多民族国家各民族主体在其交往互动活动行进的生活世界，选择对不同民族主体都适用的语言为媒介，全体民族主体在对我国统一的多民族国家共同的仪式、共同的社会规则、共同的社会制度秩序、一致接受的规范标准等的承认与遵从、服从中，不同民族主体间也得以互相理解、彼此认同，从而重建其置身的生活世界。这是我国各民族交往行为合理化的实现途径，也必然是通过各民族主体的交往行为实现社会凝聚、民族团结的有效途径。与此同时，我们需要意识到，统一的多民族国家不同民族的交往活动之于民族国家的国家认同而言，亦是密不可分的。

国家认同，就是人们对自己所存在其中的国家的认可与服从。[①] 其中，认可与服从的内容包括：一国之公民对自己存在其中的国家的历史文化、道德价值观念、社会核心价值观、社会制度、法律法规、国家道路、国家理想信念、国家主权等的认同与服从。换而言之，国家认同即

[①] 林尚立：《现代国家认同建构的政治逻辑》，《中国社会科学》2013 年第 8 期。

是特定民族的全体民族人承认、认可自己所属国家的国族身份,能够将自己所属民族自觉归属于特定的国家,进而形成自觉地维护祖国、捍卫国家主权与民族利益的主体意识。[①] 而从交往理性过程来看,任何特定民族国家的社会实体,都是社会发展使得存在其中的各种特殊的、相异的职能相互适应、彼此促进。由此推知,特定民族国家的社会正常运行,都是通过社会行动主体(亦即国家认同主体)所服从的、遵守的社会规范,这种对置身其中的社会规范的共同遵守,恰好将社会结成一条积极的社会纽带。[②]

也就是说,在这一过程中,特定民族国家的全体民族成员通过对特定民族国家的有效性规范进行遵守与服从,进而维护了民族国家的社会制度秩序,亦即认可了自己存在其中的民族国家。根据哈贝马斯的观点,全体民族成员遵守、服从的特定的民族国家制度即有效性规范,它规定了置身其中的民族成员(活动主体)在从事社会活动时需要理解、认可的行为期待。这里的民族国家制度或者有效性规范,我们可以理解为特定社会的社会制度秩序、法律法规、文化范式等。这也正是现代民族国家的公民对自己存在其中的国家认同所需要的,即认同自己所属国家的历史文化传统、理想信念、道德价值观、国家主权等。从交往理性来看,在社会交往活动中,不同的社会主体凭借语言——这一中介,也就是说,交往活动主体以特定的语言系统为中介,活动主体间才能传达信息、交流信息、转换信息,理解彼此的想法,从而实现来自不同文化背景、不同的民族身份,操持着不同语言的交往活动主体间在思想上、信息上、行为上的沟通与交流,也从而才能理解、领会他们所要从事的特定活动其目的、意义计划、措施、方案等,并据此协调彼此的行为。其中,中介性是交往的主要特性。[③] 也就是说,凭借语言中介,交往活动主体通过遵守与服从特定民族国家的有效性规范,理解与其有交往活

[①] 贺金瑞、燕继荣:《论从民族认同到国家认同》,《中央民族大学学报》(哲学社会科学版)2008 年第 3 期。

[②] [法]埃米尔·涂尔干:《社会分工论》,渠东译,生活·读书·新知三联书店 2008 年版,第 30 页。

[③] [法]埃米尔·涂尔干:《社会分工论》,渠东译,生活·读书·新知三联书店 2008 年版,第 33 页。

动主体的思想状态、行动计划，进而在相互协调与合作中达成行动上的一致，从而促进民族国家的向前发展。

而对于现代民族国家而言，一方面，置身于同一国体、政体的不同民族人，通过政治交往活动，达成每个民族自身的生活需求，同时也为自己所属国家与社会的发展提供所需。在这种交往活动中，除了不同民族主体间的政治交往活动之外，须当包括国家不同的政治部门与不同民族的政治交往。尤其后一种政治交往过程，是不同民族人在特定的互动模式中达成的，即尊重与认同。具体而言，从民族政策与法律的高度，尊重不同民族的风土人情、文化习俗、宗教信仰等。而与此同时，民族国家不同的民族个体或者集体必须遵守、认同国家的核心价值观、政治政策、法律条文等，即其国家认同。另一方面，不同民族主体与民族国家的不同政治部门也通过不同层面的文化交往活动进行互动。在民族国家，除了不同民族主体间的民族文化交流、往来互动之外，不同民族主体与其所属的国家政治部门之间也存在文化互动活动。具体而言，代表国家的主流文化与不同民族所属的亚文化（即少数民族文化）之间需要通过相互了解、彼此适应、不断调整的过程，从而能够以客观、公正的眼光看待主流与非主流文化之别，进而达成欣赏不同文化的态度。

第三编　田野调查

第六章 西北地区民族团结进步教育培育国家认同的现状调研

第一节 引言

民族团结进步教育，历来为中国共产党和一代又一代的国家领导人所重视。它是一项异常复杂的社会系统工程，其实现需要从全局进行综合考量，以战略的高度，遵从唯物辩证法的规律，建立多方协调的机制，确定具体落实的方针方案。多少年来，在全国范围内，我国民族团结进步教育以学校课堂教育以及其他多姿多彩、丰富多样的各类民族团结教育活动、社会实践活动的形式开展中向前推进，而且规定了从小学教育开始推进民族常识、民族团结教育的基本任务。这足以说明中国作为一个统一的多民族国家对民族团结进步教育的重视程度。自2008年《学校民族团结教育指导纲要（试行）》的出台，民族团结教育由国家统一要求作为重要的专项教育列入地方课程，正式走入学校、进入课堂。党的十八大报告明确指出要"牢牢把握各民族共同团结奋斗、共同繁荣发展的主题，深入开展民族团结进步教育"[①]。可以看出，有关民族团结进步教育的主题，已然被提上了我国统一的多民族国家发展规划的议事日程。

我国西北地区地处边疆，占地面积广，是我国少数民族聚居的地方，民族众多，民族成分复杂，居住在该地区的少数民族有50多个，是我国最大的民族自治地区。一直以来，西北地区都是我国民族教育政

---

① 胡锦涛：《坚定不移沿着中国特色社会主义道路前进为全面建成小康社会而奋斗——在中国共产党第十八次全国代表大会上的报告》，《求是》2012年第22期。

策优先施行的主要地区，也因此西北地区中小学民族团结进步教育的开展情况，在一定程度上反映了我国民族团结进步教育的质量以及对青少年国家认同培育的效果，对该地区民族团结进步教育的实际情况进行调查分析，了解其内容体系、组织方式等，有助于加强、促进民族团结进步教育的实效性，促进我国西北地区民族团结进步教育对青少年国家认同培育的有效性、科学化。

本书的整体研究思路如下：

本书遵循由理论研究到实证研究再到对策研究的逻辑思路。首先通过文献梳理和理论归纳，构建民族团结进步教育培育青少年国家认同的理论分析框架和方法体系，进而通过对西北地区青少年国家认同培育现状的实证考察，揭示出其中存在的问题及其原因，并在分析具体途径的基础上，构建国家认同培育的模式与策略体系，并从制度化体系层面提出对策建议。具体见图6-1。

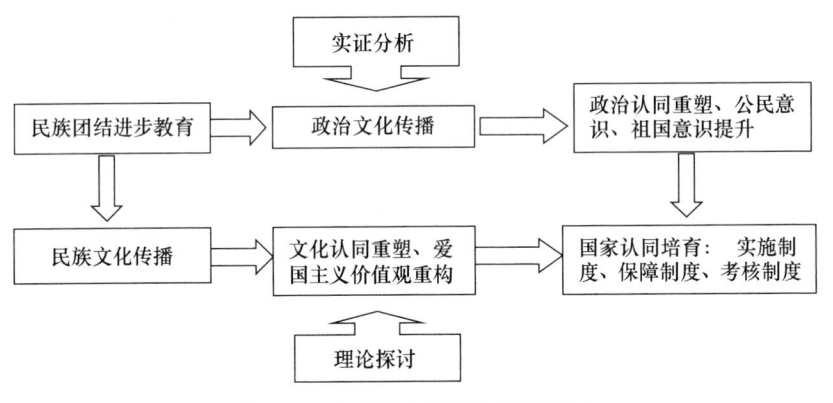

图6-1 本书研究思路的推演关系

根据以上研究思路，本书设计了经由民族团结进步教育培育国家认同的策略路径图，即经由民族团结进步教育，提升青少年的民族团结、社会凝聚意识及国家意识；传播国家政治文化，重塑青少年的政治认同并提升其公民意识、祖国意识；传承民族文化，重塑青少年的文化认同并重构其爱国主义价值观，进而提升青少年的国家认同。具体如图6-2所示。

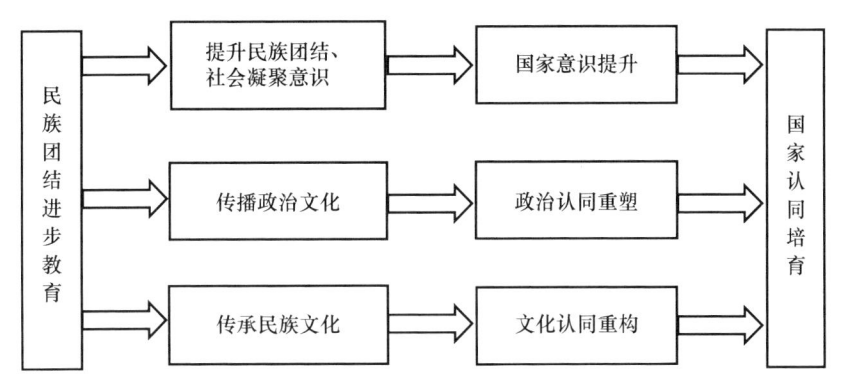

图 6-2　民族团结进步教育培育国家认同的策略路径图

基于以上内容，本书以我国西北地区为调研地，在该地区的新疆维吾尔自治区、宁夏回族自治区、青海省、甘肃省四省区的 35 个县（市、区）、乡镇的城区和乡村①分别抽取了包括小学、初中、高中三个学段等 82 所学校，对这些学校的民族团结进步教育与青少年国家认同情况进行了调查分析。

第二节　调研设计

一　调研的目的

为了调查我国西北地区民族团结进步教育培育国家认同的具体情况，包括该地区青少年国家认同的现状（本部分内容主要在第七章），中小学生对经由民族团结进步教育培育国家认同的看法在性别上、学段上、民族身份上、家庭所在地上以及就读学校类型上的差异；与此同

---

① 注：本分类参照国家统计局统计上划分城乡的规定（国务院于 2008 年 7 月 12 日国函〔2008〕60 号批复）（http://www.stats.gov.cn/tjsj/pcsj/rkpc/6rp/indexch.htm）：城镇包括城区和镇区两部分。城区是指在市辖区和不设区的市、区、市政府驻地的实际建设连接到的居民委员会和其他区域。镇区是指在城区以外的县人民政府驻地和其他镇，政府驻地的实际建设连接到的居民委员会和其他区域；乡村是指本规定划定的城镇以外的区域。由于研究的需要，结合西北地区的实际情况，本研究中的城市和县城相当于城区、农村和乡镇相当于乡村。

时，也需要具体了解青少年对于民族团结进步教育在社会凝聚力提升、国家政治文化传播、民族文化传承三个维度所起作用的看法在各个维度上的差异。

具体来看，调研采用问卷调查、访谈等研究方法，一方面，通过对作为国家认同主体的青少年进行问卷调查、访谈，了解目前国家认同水平的整体情况，包括他们的祖国意识、政治认同、文化认同等，并进一步分析该地区的青少年国家认同水平在不同类型学校、不同民族、不同性别、不同地域等维度上的差异；另一方面，通过对作为民族团结进步教育主体和国家认同主体的青少年进行问卷调查、访谈，以了解他们对民族团结进步教育培育其国家认同的整体认识与看法，以及其对民族团结进步教育培育国家认同的看法在性别、所在学段、民族身份、家庭所在地区、就读学校类型等方面的差异性。另外，本调研也要了解民族团结教育主体对民族团结进步教育在社会凝聚力提升、国家政治文化传播、民族文化传承中所起作用的看法与观点，以便综合评估、分项预测经由民族团结进步教育对未来民族人国家认同培育的整体效果。总体来看，本研究所涉及西北地区四省区（新疆维吾尔自治区、青海省、甘肃省、宁夏回族自治区）的青少年民族团结进步教育与国家认同培育情况，虽然调研结果不足以论证民族团结进步教育培育国家认同在全国范围内进展的全貌，但在一定程度上对我国民族团结教育、国家认同教育教学规划的整体设计有所启示。

二　样本的选取

本调研的样本选取是根据西北地区中小学生国家认同现状调查以及民族团结进步教育培育国家认同开展的实际情况而定的。一直以来，民族团结进步教育以学校课堂教育、各类教学活动、学校竞赛活动、社会实践活动的形式展开的。与此同时，自2008年起《学校民族团结教育指导纲要（试行）》的正式实施，全国各级各类学校的民族团结进步教育课程全面展开。然而，因我国地域辽阔，不同地区的情况不尽相同，故而，民族团结进步教育培育国家认同活动的展开、教育教学的开设情况不一。相比较而言，我国少数民族聚居的地区各类活动相对频繁

第六章 西北地区民族团结进步教育培育国家认同的现状调研

一些、规模大一些，课程的开设也相对较早。事实上，本调研旨在了解全国范围内民族团结进步教育培育国家认同的进展情况，而西北地区是笔者进行实地调研多年的地区，对于问卷调查、田野调查的开展有一定的便利性，故而，全面的调研在西北地区的新疆维吾尔自治区、宁夏回族自治区、甘肃省、青海省四省区展开。

本调研以我国西北地区为调研地，为了保证样本的代表性，采用分层抽样与方便抽样的方法，对青少年民族团结进步教育与国家认同情况进行调查分析。样本涉及该地区乡村、城区的82所学校，共发放问卷20000份，回收问卷18906份，剔除无效问卷572份，有效问卷18334份，有效率为91.67%。访谈人员主要包括主管民族教育的政府官员15人（省教育厅3人、市教委6人、县教育局6人）、校级领导32人、教研员30人、教师38人、学生120人，录音资料30多小时。表6-1、表6-2为调查样本的统计情况，具体如下。

表6-1　　　西北地区中小学生问卷调查样本数据统计

变量名称		人数（人）	占比（%）
性别	男	8681	47.4
	女	9651	52.6
民族	汉族	7034	38.4
	少数民族	11287	61.6
学段	小学	6051	33.0
	初中	6090	33.2
	高中	6193	33.8
就读学校	民族学校	5779	31.5
	汉族学校	3031	16.5
	民汉合校	9524	51.9
家庭所在地	城市	5567	30.4
	县城	5132	28.0
	乡镇	1021	5.5
	农村	6614	36.1

表 6-2　　　　　　　　　本研究中访谈样本统计

访谈对象	访谈人数（人）
政府官员	15
校领导	32
教研员	30
教师	38
学生	120

三　调研的工具

（一）具体问题的编制依据

第一，学界对国家认同的相关界定。代表性的观点有：周平指出，中华民族的民族意识、国家意识是国家认同的基础；在人们所有的政治认同当中，对国家的认同处于最高层次，国家认同是政治认同的最高形式，而政治认同是最基本的政治文化现象。① 贺金瑞、燕继荣认为，国家认同，是指特定国家的公民对自己所属祖国的历史文化传统、理想信念、道德价值观、社会核心价值观、国家主权等的认可、遵从，即国民认同。② 韩震认为，国家认同是一个国家国民最基本的认同，而文化认同则构成民族认同与国家认同的中介形式，它是人的社会属性的表现形式，一方面与族群认同有所交叠，另一方面与国家认同也有所交叠。③

第二，《中国学生发展核心素养》中的相关内容。结合《中国学生发展核心素养》中的相关内容④：国家认同主要体现在特定国家的公民个体对自己所属国家的民族文化传统、核心价值理念、国家政治制度等方面是否理解、认可以及是否遵从。就是说，国家认同主要表现为个体对国家政治制度、核心价值理念、民族文化传统等方面的理解、认同和

---

① 周平：《论中国的国家认同建设》，《学术探索》2009 年第 12 期。
② 贺金瑞、燕继荣：《论从民族认同到国家认同》，《中央民族大学学报》（哲学社会科学版）2008 年第 3 期。
③ 韩震：《论国家认同、民族认同及文化认同——一种基于历史哲学的分析与思考》，《北京师范大学》2010 年第 1 期。
④ 核心素养研究课题组：《中国学生发展核心素养》，《中国教育学刊》2016 年第 10 期。

遵从，具体分为以下三个维度：(1) 国家意识，主要核心点包括国家认同主体对国情历史、民族团结、祖国情感、国民身份、国家尊严与利益等是否了解、是否热爱、是否认同，是否能够自觉捍卫等。(2) 政治认同，主要核心点包括国家认同主体对中国共产党、社会主义核心价值观、中国特色社会主义共同理想、中国梦等是否热爱、是否能够理解、接受与践行，是否具有实现中国梦的信念与行动等。(3) 文化认同，主要核心点包括国家认同主体对中华文明、中华民族优秀文明成果、中华优秀传统文化、社会主义先进文化是否了解、是否承认和尊重、是否能够理解、欣赏并加以弘扬。本调研依据这些方面的内容制定问卷项目，以了解西北地区青少年的理解与看法。

第三，在研究过程中对民族团结进步教育与国家认同诸多问题的观察与思考。根据研究过程中凸显的新问题、新情况，再细化问题指标编制推理具体问题，包括三个维度：国家意识，政治认同，文化认同。

(二) 调研工具及其类型

参考既有的相关文献资料、结合《中国学生发展核心素养》中的相关内容，课题组成员经过多次讨论与分析，自编了《中小学生国家认同调查问卷》，包括中小学生对国情历史、文化传统的了解，对民族团结、社会稳定和国家统一的维护以及对祖国的热爱程度、国民身份的认同程度；对祖国的归属感的强烈程度，维护祖国、捍卫国家尊严和利益的自觉性等；对中国共产党、社会主义核心价值观、中国特色社会主义共同理想、中国梦等的情感、理解、信念与努力等；对中华文明、中华优秀传统文化、社会主义先进文化等的了解程度及态度等。然后将这些方面归纳为中小学生的国家意识、政治认同、文化认同三个大的维度，编制出预试问卷。

本调研中访谈提纲包括自陈问题和他评问题，并采取封闭 (closed form) 和开放 (open form) 相结合，以封闭型问题为主的综合型问卷形式。因为"综合型 (comprehensive form) 形式一般以封闭型为主，根据需要加上若干开放性问题"。[①] 问题的形式取决于不同的研究需要，如

[①] 裴娣娜：《教育研究方法导论》，安徽教育出版社2000年版，第172页。

开放型的问题能够对本研究样本自身的特性、观点、态度等方面有更深层次的了解，从而收集、获得更全面、更丰富的研究资料。

四 问卷的信度与效度

（一）问卷信度

本研究运用克朗巴哈系数法（Cronbach's Alpha），检验了调查问卷的信度。问卷的信度检验，是为了验证作为调研工具的问卷其内部一致性情况。检验结果显示调查问卷整体的克朗巴哈系数为 0.833，三个组成部分的系数分别如下：国家意识 0.832，政治认同 0.843，文化认同 0.855。从三个组成维度克朗巴哈系数范围（0.832—0.855）来看，本套调查问卷的内部一致性信度较好。另外，为了提高本研究的信度，问卷采用了李克特（Likert scale）量表计分方式，该量表由一组陈述组成，每一陈述有"非常同意（赞成、适应、了解等）""同意（赞成、适应、了解等）""不知道（是否赞成、适应、了解等）""不同意（赞成、适应、了解等）""非常不同意（赞成、适应、了解等）"五种回答，分别记为 5、4、3、2、1，"1 分"代表完全不同意（赞成、适应、了解等），"5 分"代表完全同意（赞成、适用、了解等），每位被调研学生的态度总分便是其对各道题的回答所得分数的总分，即分值越高表明学生对某个问题的认同度也越高。

（二）问卷效度

第一，内容效度。问卷初稿完成后，邀请相关专家作了校对和审查，并遵照就近原则选取了研究者所在地某自治州的六所城乡小学、初中、高中学校进行了小范围的预调查，分别抽取了 60 位教师和 120 位学生填写问卷，之后又对被调研对象进行了访谈（包括开放性访谈、半结构式访谈），以确保问卷的表述方式、难易程度、信息量大小等方面能够为受试所接受和理解，作了预测。同时，结合获得的信息，并根据专家的修改意见与预测结果，对问卷的各个项目编制进行了评估，加强了各项定义的可操作性，对问卷进行了进一步筛选和整理，将相关性较高的问题进行合并。然后，根据问卷的克朗巴哈系数再一次进行了修订，最终成为本调查的量化研究工具。由此方式，经由多种路径，形成了包含三个维度、54个题项的中小学生国家认同现状调查问卷，在一定程度上保证了调查问卷较好的内容效度，可以较为全面地反映西北地区民族团结进步教育培育中小学生国家认同的实然状态及发展特点。

在数据处理的过程中，54个题项将从三个方面进行分析：（1）从中小学生的性别、所在学段、民族身份、生源地、就读学校类型等方面对其国家认同表现水平做独立样本T检验分析，主要包括22个题项；（2）从认知、情感、行为等方面对中小学生国家认同表现水平做频次统计分析，主要包括26个题项；（3）从中小学生的性别、所在学段、民族身份、生源地、就读学校类型等方面，就其对经由民族团结进步教育对中小学生国家认同培育的看法作独立样本T检验分析，并对具体的题项作频次统计分析，主要包括6个题项。

第二，结构效度。本研究运用factor analysis检验了问卷的结构效度，验证结果显示三个组成部分与问卷总体值的系数范围是0.843—0.867，表明问卷的组成部分和问卷整体之间的相关性较高。而问卷三个组成维度的系数范围是0.353—0.479，表明不同部分各自相关度较低，即三个维度各自存在一定的独立性。这也说明本套调查问卷结构效度较高，可以在一定程度上反映所要调查的内容。

五 研究实施过程

本调研2015年9月至2015年12月对进行量化研究的学生问卷进行了修订与预调查，在此基础上形成了正式问卷。正式的田野调研时间为2016年1月至2018年10月[①]，历时两年之久。在调研过程中，对所收集到的有关问卷调查研究资料进行即时整理、分析，以便为下一步进行质化研究提供确定的方向和思路。

（一）问卷的发放与回收

本研究中的问卷发放，以我国西北地区的新疆维吾尔自治区、宁

[①] 本研究正式的田野调研时间为2016年1月至2018年10月，但期间，在实地调研进行了三学期后（即2017年7月为止），开始对所收集到的资料进行归类、整理、编目；2019年9月，实地调查工作继续进行，新的数据陆续补入。

夏回族自治区、青海省、甘肃省的 35 个县（市、区）、乡镇的 82 所学校中的 20000 名中小学生作为样本。问卷的发放与回收，90%的采用现场发放、现场回收的方式，即利用学生课间休息时间或者课外活动的间隔时间，向他们介绍研究的目的、意义以及问卷的填写要求；学生现场作答，等他们在规定的时间内回答完毕，回收问卷。这一方式能够较大可能地保证问卷的回收率，同时所得结果为进一步实施质化研究提供了较为明确的方向与思路。学生对于民族团结进步教育在提升社会凝聚力、祖国意识，传播政治文化，传承民族文化过程中所起作用的认可度，是教育能够顺利推进、成功实施的关键与前提。我们可以设想，若民族团结进步教育主体对该教育认同度的认识存在较大的差异，那么在民族团结进步教育培育国家认同推进实践中，不同民族、不同地域、不同类型学校的教育制度、教育方式等是如何具体进行的；不同性别、不同民族身份的教育主体的真实想法是什么。这是研究者在质化研究过程中非常重要的关注点，如此，可以更准确地反应西北地区乃至全国范围内民族团结进步教育培育中小学生国家认同的现状。

（二）质化研究的实施

研究实施过程中，问卷发放、回收的同时，也通过访谈、座谈等质化研究形式，对西北地区中小学生国家认同的现状情况做了深入调查。另外，也对相关课程（比如思想政治课）与教育活动进行了观察，调研者参与其中，进行了一手数据的收集。

质化研究的样本全部选自进行过问卷调查的样本。

质化研究的实施，大多先对受访对象所在地区（学校）的教育活动（课堂）的开展方式进行观察，之后对中小学生、教师、教育行政人员进行访谈，共同探讨活动中出现的一些问题，比如教育活动目的的确定、活动内容的选取与组织、活动方式的选用、考核评价方式的采用等内容。这些均在课后课间休息时间或者专门预约的访谈时间（主要是教育行政人员方面）进行。

根据教育研究范式，质化研究大多明确强调研究者与研究对象之间是何种关系，这种关系直接影响到研究的客观性、真实性。在本研究

第六章　西北地区民族团结进步教育培育国家认同的现状调研　❀　115

中，研究者保持"局内人"与"局外人"的双重身份，同时尽可能保证研究资料和信息的真实性。原因是，在实地进行的研究当中，研究者既不可能像一个"局外人"那样，仅是简单、机械地收集资料数据，收集完毕闭门进行数据资料分析；当然，研究者也不可能完全变成一个"局内人"。客观来讲，研究者需要采取一种让自己和当地人（被调研者、被观察者）的"视域"相互融合的方式，在自己与当地人（被调研者、被观察者）之间建立起一座理解的桥梁。[1]

与此同时，本调研并非行动研究，因此调研重点在于探究青少年民族团结进步教育培育国家认同的开展实施情况及国家认同培育过程中存在的实际问题，并不以改进教育实践、加强培育效果为首要的研究任务。故而，在西北地区中小学进行调研的过程中，主要关注并对民族团结进步教育与教学过程中所观察到的一些教育、教学活动以及学生所参加的一些有关民族团结进步教育实践活动、实地考察活动、行为方式进行解释、阐述，以探析教师、学生为何采用那种或者那样的活动方式，依据是什么，想要达到怎样的效果，等等。同时，与民族团结进步教育规划的制定者、民族团结进步教育活动的组织者，以及教师及学生的交谈，一方面对教育活动设计会有较为深入的了解，另一方面这种面对面的交流过程也可以促进研究者与被研究者共同思考有关民族团结进步教育的价值取向、未来走向问题，比如为什么要经由民族团结进步教育培育国家认同，以哪种形式进行效果更佳，怎样才能成为培育青少年国家认同的更有效渠道，等等。对此类问题的追问，在很大程度上能引起民族团结进步教育规划的制定者、组织者、学习主体对教育活动参与行为的深刻思考。

（三）资料的分析

资料整理与资料分析的最终目的，是要依照特定的研究目的将所收集的原始资料系统化、条理化，然后，经由集中和浓缩的方式将资料反

---

[1]　陈向明：《质的研究方法与社会科学研究》，教育科学出版社2000年版，第144—145页。

映出来，最后对资料进行意义解释，① 进而达到最终研究的目的。

本调研的数据资料来自两部分：一部分为定量研究的问卷调查，另一部分来自访谈、观察等质化研究。对于量化研究的部分资料，主要采用SPSS19.0进行统计分析；而质化研究部分的资料，主要通过归纳，采用自下而上的路线予以处理分析。第一，阅读原始资料，形成文本。通过阅读原始资料，分析其中存在的意义和相关关系。本调研中的文本来自三个方面，首先将通过访谈所收集的录音内容逐句转录形成文本；其次对观察来的一些内容，如课堂活动、实践活动的内容转录后形成文本；最后从文件收集文本，比如民族团结进步教育课堂教学的教案、民族团结进步教育社会实践活动计划表、班主任日志、班级日志、学生习作等内容。第二，进行登录后分析文本。将收集的资料打散，赋予新的意义，然后再以新的方式重新组合在一起。文本来源的码号使用语言符号的方式：信息提供者用其姓氏的首字母，如冯老师、张老师、崔老师、阿迪里老师、哈里克老师和玛依莎老师，琼斯梅娜同学分别用"F、Z、C、A、H、M、Q"来标示。第三，寻找"本土概念"。"本土概念"指被研究者经常使用的、用来表达他们自己看世界的方式的概念。② 由于被研究者自己的语言往往代表的是对他们自己来说有意义的"本土概念"，如果登录码号使用那些"本土概念"能更真切地表达被研究者的思想感情，那么就能更深入地挖掘出文本中的深层意义。例如，在先导调研的访谈过程中，一位高中学生在谈到民族团结进步教育培育国家认同的目的时，反复用"在我们这里"这个话语来形容民族团结进步教育在该西北地区培育国家认同的实施及适用情况。第四，建立相关的概念框架。通过类属分析，即运用比较、分类、综合等方法经文本中主要的本土概念进行聚集，形成基本的概念框架。第五，深入分析，形成理论。利用因果分析、部分和整体之间的阐释循环、回溯觉察之重组、直觉与想象等思维方式，③ 并结合量的研究结果，剖析西北地

---

① 赵明仁：《教学反思与教师专业发展》，北京师范大学出版社2009年版，第105—108页。
② 陈向明：《质的研究方法与社会科学研究》，教育科学出版社2000年版，第284页。
③ 陈向明：《质的研究方法与社会科学研究》，教育科学出版社2000年版，第312—317页。

区中小学民族团结进步教育培育国家认同的实践中所凸显的问题，为能够进一步促进、提升并为新时代西北地区中小学民族团结进步教育培育国家认同提供素材与基本依据。

第三节　现状分析

青少年是民族团结进步教育主体，也是国家认同的主体，因而其对民族团结进步教育的价值取向、教育活动方式等的接受程度直接影响民族团结进步教育的实施效果，也影响到民族团结进步教育对青少年国家认同的培育质量。换而言之，民族团结进步教育培育青少年国家认同的效果最终要体现于实践，教育活动的设计取决于教育的主导者教师，教育效果直接体现于教育的主体学生，故他们对于民族团结进步教育的价值作用、对于民族团结进步教育传承民族文化与传播国家政治文化中的作用、对于民族团结进步教育提升社会凝聚力的作用等等的看法，是民族团结进步教育顺利开展、有效实施的基本前提与绝对保障。从学生对民族团结进步教育之于国家认同主体社会凝聚力、祖国意识提升的看法，对民族文化传承与传播的看法、对国家政治文化传播的看法为切入点进行分析，有助于我们真正了解和掌握在具体的实践、实施场域，经由民族团结进步教育培育青少年国家认同的现状。

一　西北地区青少年对民族团结进步教育培育国家认同的看法总体分析

从整体情况来看，西北地区青少年对经由民族团结进步教育培育国家认同的看法存在差异。具体来说，他们对民族团结进步教育提升社会凝聚力维度的认同度最高，相对而言，在政治文化传播与民族文化传承方面的认同度较低。也就是说，他们认为民族团结进步教育对政治文化和民族文化的传播力度不够，亟待加强。西北地区青少年对民族团结进步教育培育国家认同看法的总体水平进行如下分析。

通过对所收集、整理的数据进行分析，以了解西北地区青少年对民族团结进步教育培育国家认同看法的整体情况，包括社会凝聚力的提升、政治文化传播和民族文化传承三个维度,从总体来看,认为民族团结进步教育能够提升社会凝聚力的学生占比最高,其他两个方面较低。结果如表6-3所示。

表6-3 青少年对民族团结进步教育培育国家认同情况的看法总体水平

变量维度	题数	均值(M)	标准差(SD)
社会凝聚力提升	2	4.80	0.51
政治文化传播	2	2.25	0.48
民族文化传承	2	3.59	0.41
总体	6	3.55	0.26

从上表6-3的数据结果可知,青少年对民族团结进步教育培育国家认同的认同度的总体均值为3.55,高于平均值3。从社会凝聚力的提升、政治文化传播和民族文化传承三个维度来看,平均值分别为4.80,2.25,3.59。这一数据结果显示,青少年对民族团结进步教育培育国家认同的赞同度在社会凝聚力的提升、政治文化传播和民族文化传承三个维度的均值为4.80—2.25,表明西北地区青少年对通过民族团结进步教育培育国家认同的认可度处于不太均衡的状态。从以上数据可以看出,青少年在对民族团结进步教育培育国家认同的看法中,社会凝聚力的提升维度得分最高,均值(M)为4.80,表明青少年在对通过民族团结进步教育,可以提升国民的社会凝聚力方面,有着很高的认同度;在政治文化传播维度的得分均值为2.25,低于民族团结进步教育在提升国民的社会凝聚力方面的表现水平。

二 西北地区青少年对民族团结进步教育培育国家认同看法差异的独立样本T检验分析

(一)不同性别的青少年对民族团结进步教育培育国家认同的看法

为了探究不同性别的青少年对民族团结进步教育培育国家认同的看法之差异,本研究分别对西北地区不同性别的青少年在民族团结进步教

第六章 西北地区民族团结进步教育培育国家认同的现状调研 119

育对社会凝聚力的提升、政治文化传播和民族文化传承三个维度的看法，进行了独立样本 T 检验，结果如表 6-4 所示。

表 6-4 　青少年对民族团结进步教育培育国家认同情况的看法在性别上的差异分析

学生性别＼变量维度	男（M/SD）	女（M/SD）	t	p
社会凝聚力提升	4.79/0.51	4.81/0.50	2.03	0.043
政治文化传播	2.25/0.48	2.25/0.47	0.28	0.78
民族文化传承	3.59/0.41	3.59/0.40	0.13	0.90
总体	3.54/0.26	3.55/0.25	1.09	0.28

从上表 6-4 的数据结果来看，不同性别的青少年国家认同的总体情况没有显著性差异（P=0.28，P>0.05）；从不同维度来看，在社会凝聚力提升（P=0.043，P<0.05）维度有一定的显著性差异，但在政治文化传播（P=0.78，P>0.05）和民族文化传承（P=0.90，P>0.05）维度上的差异均不显著。

从以上数据结果也可以看出，在经由民族团结进步教育对社会凝聚力的提升、政治文化传播和民族文化传承三个维度上，男生的平均分为 2.25—4.79，不同维度的表现水平从低到高依次为：政治文化传播、民族文化传承、社会凝聚力提升。女生的平均分为 2.25—4.81，各个维度的表现水平从低到高依次也为：政治文化传播、民族文化传承、社会凝聚力提升。另外，在社会凝聚力提升维度，女生的认同度稍高于男生。

从总体来看，西北地区不同性别的青少年对通过民族团结进步教育提升社会凝聚力、传播政治文化和传承民族文化三个维度的看法上没有差异，男生和女生的看法趋于一致，即就是说，在性别上没有明显的差异。

(二) 不同学段的青少年对民族团结进步教育培育国家认同的看法的差异分析

为了探明不同学段的青少年对民族团结进步教育培育国家认同的看

法差异,本研究以学段为自变量,对西北地区不同学段的青少年的看法进行了单因素方差分析,结果如表6-5所示。

表6-5 青少年对民族团结进步教育培育国家认同情况的
看法在学段上的差异分析

变量维度 不同学段	小学（M/SD）	初中（M/SD）	高中（M/SD）	F	P
社会凝聚力提升	4.72/0.65	4.76/0.49	4.92/0.29	261.97	.000
政治文化传播	2.32/0.53	2.27/0.49	2.16/0.39	194.90	.000
民族文化传承	3.81/0.43	3.47/0.40	3.49/0.27	1550.62	.000
总体	3.62/0.32	3.50/0.25	3.52/0.17	354.83	.000

由表6-5的数据结果可知,从总体来看,不同学段的青少年在对民族团结进步教育培育国家认同的看法上表现出极为显著的差异（P=0.000,P<0.001）。详而观之,在社会凝聚力提升（P=0.000,P<0.001）、政治文化传播（P=0.000,P<0.001）、民族文化传承（P=0.000,P<0.001）等三个维度也体现了极其显著的差异。

从表6-5可以看出,西北地区初中学生与高中生对民族团结进步教育培育国家认同的看法整体水平上均值基本持平,小学生的相对较高;不同学段的青少年对民族团结进步教育在社会凝聚力提升、政治文化传播、民族文化传承方面的看法存在着显著性差异。具体来说,在社会凝聚力提升方面,高中生的均值最高,其次为初中生,最后是小学生。在政治文化传播方面,不同学段的学生的表现水平从低到高依次为:高中生、初中生、小学生。高中生对民族团结进步教育能够提升社会凝聚力方面的认同度最高,这可能因其认知水平、分析能力较之小学生、初中生都高,更能结合当下国际、国内形势,容易激起他们的爱国之情,故而可以对试题选项做出客观的、综合的分析与判断。

随着学段的升高,西北地区青少年对通过民族团结进步教育提升社会凝聚力方面的认同度呈递增趋势。

第六章　西北地区民族团结进步教育培育国家认同的现状调研　❋　121

（三）不同民族身份的青少年对民族团结进步教育培育国家认同的看法的差异分析

为了探究不同民族身份的青少年对民族团结进步教育培育国家认同的看法差异，本研究分别对少数民族和汉族青少年对民族团结进步教育在提升社会凝聚力、传播政治文化、传承民族文化三个维度的看法进行了独立样本 T 检验，结果如表6-6所示。

表6-6　　青少年对民族团结进步教育培育国家认同情况的看法在民族身份上的差异分析

民族身份＼变量维度	少数民族（M/SD）	汉族（M/SD）	t	P
社会凝聚力提升	4.78/0.53	4.84/0.47	7.04	.000
政治文化传播	2.26/0.48	2.23/0.47	3.71	.000
民族文化传承	3.59/0.40	3.59/0.41	0.26	0.80
总体	3.54/0.26	3.55/0.25	2.45	0.014

表6-6的数据结果表明，从总体来看，不同民族身份的青少年对民族团结进步教育培育国家认同的看法呈现出显著性差异（$P=0.014$，$P<0.05$）；从不同维度来看，在民族团结进步教育提升社会凝聚力（$P=0.000$，$P<0.001$）和传播政治文化（$P=0.000$，$P<0.001$）维度上也存在极其显著的差异，而在传承民族文化（$P=0.80$，$P>0.05$）维度上的差异不显著。从上表数据也可以看出，汉族青少年的平均分为2.23—4.84，不同维度的表现水平从低到高依次为民族团结进步教育传播政治文化、传承民族文化、提升社会凝聚力。少数民族学生的平均分在2.26—4.78之间，各个维度的表现水平从低到高也依次为：政治文化传播、民族文化传承、社会凝聚力提升。

（四）不同地区的青少年对民族团结进步教育培育国家认同的看法差异分析

为了探明来自不同地区（即学生家庭所在地或者生源地）的青少年对民族团结进步教育培育国家认同的看法差异，本研究分别对城市学生（包括地级城市和县级城市的中小学生）和乡村学生（包括乡镇级中小学和村小的学生）对民族团结进步教育培育国家认同的看法在三个维度进行了独立样本 T 检验，结果见表 6-7。

表 6-7　青少年对民族团结进步教育培育国家认同情况的看法在地区上的差异分析

家庭所在地 变量维度	城市学生（M/SD）	乡村学生（M/SD）	t	P
社会凝聚力提升	4.88/0.40	4.70/0.61	23.68	.000
政治文化传播	2.21/0.45	2.30/0.50	13.75	.000
民族文化传承	3.61/0.37	3.55/0.45	9.65	.000
总体	3.56/0.23	3.52/0.29	11.93	.000

从表 6-7 的数据结果可以看出，总体而言，来自城市地区与乡村地区的青少年对民族团结进步教育培育国家认同的看法呈现出显著性差异（P=0.000，P<0.001）；从不同维度来看，在社会凝聚力提升（P=0.000，P<0.001）、政治文化传播（P=0.000，P<0.001）和民族文化传承（P=0.000，P<0.001）维度上也存在显著性差异。

从表 6-7 的数据结果来看，城市学生的平均得分为 2.21—4.88，乡村学生所得的平均分为 2.30—4.70，各个维度的认同度从低到高依次为：政治文化传播、民族文化传承、社会凝聚力提升。可以看出，乡村学生和城市学生对于民族团结进步教育提升社会凝聚力、传播政治文化、传承民族文化的认同度是存在着及其显著的差异的，且较为一致的是，两者对于民族团结进步教育传播政治文化的力度之认同度都偏低。另外，乡村学生在民族团结进步教育提升社会凝聚力、传播政治文化、传承民族文化三个维度的认同度均低于城市学生的认同度。

第四节　结语

我国正处于社会转型期，具体而言，即由曾经的产品经济转向当下

第六章 西北地区民族团结进步教育培育国家认同的现状调研　123

的市场经济，由过去的乡村社会转向现在的城镇社会，由以往的农业社会转向目前的工业社会，由过往的伦理社会转向当前的法理社会，由之前的权威政治转向眼下的民主政治，由旧时的封闭半封闭社会转向现时的开放社会，由从前的人治社会转向当下的法治社会，由以往的权力社会转向目前的能力社会，由曾经的依附社会转向当下的自立社会，由过去的静态社会转向眼前的流动社会，由之前的人情社会转向眼下的理性社会，由旧时的"国家"社会转向当下的"市民"社会，由以前的同质单一性社会转向当下的异质多元性社会。① 这种转型使得我国民族国家由传统走向现代、由封闭走向开放、由静态走向流动。这种深刻的变革，一方面使得现代化民族国家根深蒂固的社会传统、文化习俗、价值理念等受到了强烈的冲击，另一方面也让民族国家的政治支配形式受到削弱，国家不再是认同的最终落脚点，民族国家的国民身份和利益也受到影响。这关乎民族国家的国家认同问题。我们深知，国家认同问题是关乎统一的多民族国家重大的现实问题，也是统一的多民族国家内部每个民族群体和国家的关系问题，这一问题深刻地影响着统一的多民族国家的统一和稳定。②

而对于我国青少年而言，他们作为中华民族未来事业的建设者与接班人，其国家认同状况直接关乎国家未来的走向与发展，而他们的国家认同状况也是整个民族国家国家认同培育的起点，更是民族国家未来事业持续稳定发展的基础。可以说，青少年学生是我国是未来社会发展的重要储备力量，他们拥有健康的、积极的、正向的国家认同，成长为国家的栋梁之材，是实现中华民族伟大复兴的中国梦的关键。而民族团结进步教育，作为西北地区施行多年也最具民族特色的学校教育形式之一，势必在对西北地区青少年国家认同培育中发挥其应有的作用。

从调研的数据结果来看，我国西北地区经由民族团结进步教育培育青少年国家认同的过程中，取得了很好的效果。然而，也存在一定的问

---

① 冯建军：《教育转型·人的转型·公民教育》，《高等教育研究》2012年第4期；袁方等：《社会学家的眼光：中国社会结构转型》，转引自张家军《小学生公民素养的调查研究》，《华东师范大学学报》（教育科学版）2017年第6期。

② 周平：《多民族国家的国家认同问题分析》，《政治学研究》2013年第1期。

题。这些问题有客观原因所致的,比如生源地的差异,人是没法选择出生的,也有些问题是因教育目标、教育内容方面的不太适切所引起的,比如教育内容、教育过程中传承民族文化不到位;再比如,政治文化传播过程中的内容太抽象,与国家认同主体的实际生活相脱离,未能与他们的生活叙事相结合等。不论怎样,这些都需要在国家未来的民族团结教育、国家认同教育、思想政治教育以及公民教育等规划中予以特别关注,并采取针对性的、具体的、有效的培育举措。

第七章　西北地区青少年国家认同的现状调研

第一节　引言

国家认同是关乎统一的多民族国家发展的重大现实问题。统一的多民族国家内部每个民族群体和国家的关系问题深刻地影响着统一的多民族国家的统一和稳定。[①]"国家认同"这一概念，指向一个国家的公民对自己所属国家的历史文化传统、理想信念、道德价值观以及国家主权等的认同，亦即国民认同，它是一个国家的公民确认自己的国民身份、确认自己的民族归属及国民意识的重要纽带，维系着一国之成员及所属的国家，故关乎一国存在与发展。[②]它包括诸多成分复杂的心理结构系统，可分为认知成分和情感成分。前者指向一个国家的公民对自己所属国家、人群的知识与看法；后者则关涉公民对自己所属国家、人群的情绪、情感及评价等内容。[③] 从"认知"到"情感"，再到"行为"，是一个有序的、渐进的、复杂的过程。于一国之公民而言，只有先确认了自己国民身份、知晓了自己所属国家与自己的密切关系，方可将自己归属于特定的国家、形成所属国家的国家意识，进而捍卫国家主权与民族利益，为民族利益、国家利益挺身而出，并对自己所属国家的未来与发展自觉担负起一个公民应当负担的使命与职责。作为民族国家未来一代的青少年，其国家认同如何直接关系到民族国家未来的发展，有着举足

---

① 周平：《多民族国家的国家认同问题分析》，《政治学研究》2013年第1期。
② 贺金瑞、燕继荣：《从民族认同到国家认同》，《中央民族大学学报》（哲学社会科学版）2008年第3期。
③ 佐斌：《论儿童国家认同感的形成》，《教育研究与实验》2000第2期。

轻重的意义。随着全球化的到来,有关国家认同方面的研究也逐渐成为学术界的热点话题。

从现有研究来看,国外相关研究主要集中在青少年社会心理学和发展心理学领域。最早于20世纪50年代,瑞士心理学家研究了4岁到15岁的青少年儿童其国家认同感,但在当时并未引起足够的重视。直到20世纪60年代至70年代,对青少年国家认同感的研究才真正引起学界的关注,也涌现了一大批相关领域的学者及相关研究。[1][2] 到了20世纪90年代,有关青少年国家认同感的研究在学术界掀起了新的高潮。国内相关研究主要集中在:有关国家认同定义的研究[3],如林震[4]从国家认同主体的个人维度和国家维度进行了探讨;吴鲁平等[5]从功能维度与内容维度对其做了界定;也有研究者[6]将其概括为文化层面和政治层面的双元结构。另外,也有大量研究成果聚焦于国家认同重要性的研究、国家认同与其他学术概念间关系的研究[7]、国家认同的影响因素研究,以及国家认同培育对策研究等。

然而,综合来看,国外相关研究中实证类研究成果介绍也相对偏

---

[1] Jahoda, *Development of Scottish Children's Ideas about Country and Nationality*, *Part I: The Conceptual Framework*, British Journal of Educational Psychology, 1963, p. 33, pp. 47 – 60, pp. 143 – 153.; Jahoda, "Children's Concepts of Nationality: A Critical Study of Piaget's Stages", *Child Development*, No. 35, 1964.

[2] Tajfel, H., etc. "*The Development of Children's Preference for their own Country: A Cross-national Study*", International Journal of Psychology, No. 5, 1970; Tajfel, H., etc. "The Devaluation by Children of their own National and Ethnic Group: Two Case Studies", *British Journal of Social and Clinical Psychology*, No. 11, 1972.

[3] 贺金瑞、燕继荣:《论从民族认同到国家认同》,《中央民族大学学报》(哲学社会科学版) 2008年第3期;肖滨:《两种公民身份与国家认同的双元结构》,《武汉大学学报》2010年第1期;沈桂萍:《民族问题的核心是国家认同问题》,《中央社会主义学院学报》2010年第2期。

[4] 林震:《论台湾民主化进程中的国家认同问题》,《台湾研究集刊》2001年第2期。

[5] 吴鲁平、刘涵慧、王静:《公民国家认同的特点及其与对外接纳度的关系研究——来自ISSP (2003) 的证据》,《国际社会科学杂志》2010年第1期。

[6] 马得勇:《国家认同、爱国主义与民族主义——国外近期实证研究综述》,《世界民族》2012年第3期。

[7] 钱雪梅:《从认同的基本特性看族群认同与国家认同的关系》,《民族研究》2006年第6期;马戎:《理解民族关系的新思路——少数族群问题的"去政治化"》,《北京大学学报》2004年第6期。

少,而国内有关国家认同的实证类研究则更为少见①。由此推及,我国中小学生国家认同感方面实证类研究远未能满足当下时代、社会发展的新诉求。为此,本研究通过对西北地区国家认同现状的调查,分析其成因,为寻找提升青少年国家认同感的对策提供参考依据。

为了了解西北地区中小学国家认同培育的具体情况,包括青少年的国家认同（国家意识）、政治认同、文化认同的程度,本研究以我国西北地区为调研地,采用分层抽样与方便抽样的研究方法进行了调查研究,样本涉及我国西北地区的新疆维吾尔自治区、宁夏回族自治区、青海省、甘肃省的35个县（市、区）、乡镇的82所学校,共发放问卷20000份,成功回收有效问卷为18334份。访谈人员主要包括主管民族教育的政府官员、校级领导、教研员、教师、学生等。具体样本统计见第六章表6-1、表6-2。如此,通过分析西北地区青少年学生国家认同发展水平的现状及其国家认同在认知、情感、行为等维度的表现水平的实然状态,进而分析影响因素,以进一步明晰其应然特征,并提出针对性的策略与建议。

由于本章是有关西北地区青少年国家认同现状的内容,具体调研的目的、调研的工具及其类型、问卷信度、问卷效度等信息,均在第六章中详细阐述。本章内容仅单独分析通过调查数据结果所显示的西北地区青少年国家认同的现状情况。

第二节 西北地区青少年国家认同现状的结果分析

一 西北地区青少年国家认同现状的总体概况

（一）西北地区青少年国家认同总体样本

从上文可知,本研究采用分层抽样与方便抽样的方法,以我国西北地区的新疆维吾尔自治区、宁夏回族自治区、青海省、甘肃省四省区为调研地,回收有效问卷为18334份,有效率达到91.67%。总体样本见

---

① 马得勇:《国家认同、爱国主义与民族主义——国外近期实证研究综述》,《世界民族》2012年第3期。

第六章表6-1、表6-2。

(二) 西北地区青少年国家认同总体现状

从整体情况来看,西北地区青少年国家认同发展水平较好,但不均衡,具体而言,他们的国家意识及文化认同度较高。

通过问卷调查所得数据结果可以看出,西北地区青少年国家认同水平发展情况较为,包括其国家意识、政治认同、文化认同等三个方面,结果如表7-1所示。从总体来看,国家意识、文化认同度较高的中小学生,占了较大的比例。

表7-1　　　　　青少年国家认同发展情况的总体水平

		题数	均值（M）	标准差（SD）
维度	国家意识	10	4.65	0.40
	政治认同	5	3.43	0.41
	文化认同	7	4.64	0.41
	总体	22	4.24	0.31

从表7-1的数据结果可知,青少年国家认同情况的总均值为4.24,高于平均值3。从国家意识、政治认同、文化认同三个维度来看,平均值分别为4.65,3.43,4.64,均高于平均值3。青少年国家认同情况在不同维度上的表现水平与发展趋势如图7-1所示:

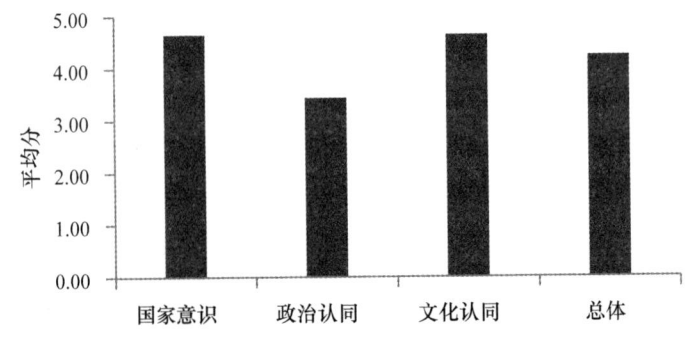

图7-1　青少年的国家认同在不同维度上的表现水平和发展趋势

第七章 西北地区青少年国家认同的现状调研

图 7-1 的数据结果显示,学生的国家认同情况在国家意识、政治认同、文化认同三个维度上的均值处于 3.43—4.65,表明西北地区中小学生的国家认同度是不均衡的状态。从以上数据可以看出,青少年在国家意识维度得分最高,均值(M)为 4.65,表明中小学生在对祖国认知、祖国情感、祖国维护等方面,有着较高的意识。由此可知,青少年国家认同情况在各个维度上的表现水平最高的为国家意识层面。对学生的访谈内容也证实了这一情况。

> 我热爱我的祖国,我是出生在边疆地区的一名中国人,我很高兴自己是中国人。中国是世界上最强大的国家之一,有着悠久的历史文化,比世界上其他国家都强。我最喜欢看的电影是中国的吴京导演的《战狼2》,电影里的那句台词"犯我中华者虽远必诛",太霸气了。我的理解为,这也是我国伟大领袖毛主席说过的"人不犯我,我不犯人;人若犯我,我必犯人"那句话的意思。我为我的祖国自豪。(新疆维吾尔自治区伊犁哈萨克自治州某高中高三学生 T 访谈)

> 我崇拜我们中国的领导人毛爷爷、习近平爷爷。我是地道的中国人,因为爸爸妈妈、爷爷奶奶都是中国人。我不会加入外国籍,因为我不想当外国人。(宁夏灵武市某中学学生 T 访谈)

> 我们中国的传统节日有春节、端午节、中秋节等。我喜欢中国,如果有机会我也不会加入外国籍,外国不好。遇到有人批评中国,我会和他/她打架,我不许别人说我们祖国的坏话。(甘肃甘南藏族自治州舟曲县某小学学生 Q 访谈)

> 我是地道的中国人,因为我爸爸是中国人、我妈妈是中国人,我会说中国话。我热爱我的祖国、热爱共产党。我知道社会主义核心价值观,但我不知道具体是什么,我也知道中国梦,但具体是什么还是不清楚。(青海省大通回族土族自治县某小学学生 D 访谈)

> 我国大力提倡的社会主义核心价值观、中国梦等,说真的,具体指什么不清楚,尽管很熟悉名字,中国梦的歌曲我唱得还很不错呢。(新疆维吾尔自治区伊犁哈萨克自治州某高中学生 M 访谈)

我们中国的传统节日有中秋节、清明节、端午节等。我热爱我的祖国。就算有机会加入外国籍,我也不会去,因为我觉得外国不好,我在我们中国可以学到有用的知识。(新疆维吾尔自治区昌吉某小学学生C访谈)

我们中国人同心同德、勤劳善良,因为中国对每个国家都很友好,总是第一时间出面帮助世界各地解决难题。(新疆维吾尔自治区伊犁哈萨克自治州某高中学生F访谈)

我崇拜的中国领导人有周恩来爷爷、毛泽东爷爷、习近平爷爷。我们国家现在的领导人是习近平爷爷。他们都是我们国家伟大的领导人。(新疆维吾尔自治区伊犁哈萨克自治州某小学学生Y访谈)

我坚决拥护中国共产党,如果有人做出不利于祖国的言行,我会坚决制止,因为这是作为一个中国人应该做的。中华优秀传统文化、社会主义先进文化等,很有必要进行传承与发展,但是对于社会主义核心价值观、中国特色社会主义共同理想、中国梦等,我不太了解,只是感觉像远大的目标,但具体是什么不太清楚,感觉离自己很远。(新疆维吾尔自治区哈密某高中学生L访谈)

我们中国传统的节日有端午节、中秋节、重阳节,我最喜欢中秋节,因为可以吃粽子①,和家人团圆。我们国家有很多文明古迹与旅游胜地,如故宫、长城、颐和园、孔庙、张家界、火焰山等。我崇拜的中国领导人有毛爷爷、习近平爷爷。我是土生土长的中国人,祖祖辈辈都在中国生活,在甘南藏族地区长大。我不会加入外国籍,因为他们外国没什么好。(甘肃甘南藏族自治州卓尼县某小学学生J访谈)

从以上访谈数据结果可以看出,不论是小学生、初中生还是高中学生,都表现出了较为强烈的祖国意识。总体来说,访谈数据有力地支持了问卷调查的数据结果,在很大程度上印证了问卷调查所收集的量化数据信息。

---

① 笔者注:访谈学生此处将节日与庆祝形式搭配错误。

二 西北地区青少年国家认同培育现状的独立样本 T 检验分析

从上文内容可以看出,西北地区青少年国家认同表现水平的整体情况,以下内容对作为国家认同主体的青少年,其国家认同表水平在性别、所在学段、民族身份、生源地、就读学校类型等的差异进行独立样本 T 检验分析。

（一）不同性别的学生国家认同情况分析

为了探究性别对青少年国家认同感的影响程度,本研究分别对西北地区中小学男生和女生其国家认同的三个维度进行了独立样本 T 检验,数据结果如表 7-2 所示。

表 7-2　　青少年的国家认同情况在性别上的差异分析

		男（M/SD）	女（M/SD）	t	p
维度	国家意识	4.64/0.42	4.65/0.38	2.42	0.016
	政治认同	3.43/0.42	3.43/0.41	0.61	0.54
	文化认同	4.62/0.43	4.65/0.39	5.73	0.000
	总体	4.23/0.32	4.25/0.29	3.88	0.000

从表 7-2 的数据结果来看,西北地区不同性别的青少年国家认同的总体情况呈现出极为显著的差异（P=0.000,P<0.001）;从不同维度来看,在国家意识（P=0.016,P<0.05）和文化认同（P=0.000,P<0.001）维度上也存在显著性差异,而在政治认同（P=0.54,P>0.05）维度上的差异则并不显著。从图 7-2 可以更为直观地看出不同性别的青少年国家认同感在不同维度上的表现水平与发展趋势：

从图 7-2 可知,男生的平均分在 3.43—4.64,女生的平均分在 3.43—4.65,其中文化认同与国家意识方面得分相对较高。另外,在国家意识和文化认同维度,女生的表现水平均高于男生。

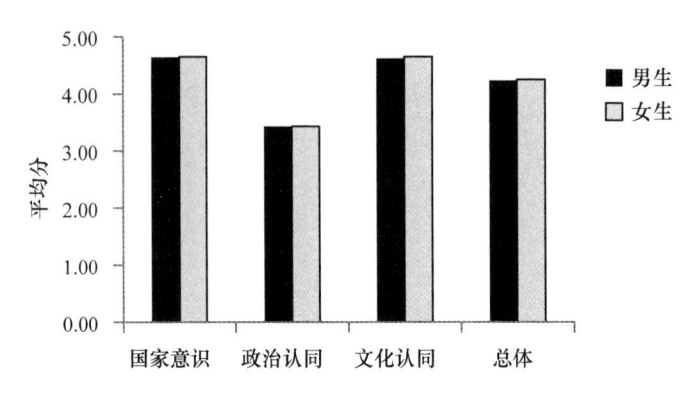

图 7-2 不同性别的青少年国家认同情况的表现水平和变化趋势

从总体来看，女生的国家意识和文化认同（文化自信）度高于男生。这可能是因性别差异所使中小学生在了解国情历史、国民身份认同、捍卫祖国主权与利益以及尊重中华民族的优秀文明成果、传播弘扬中华民族传统文化与社会主义先进文化方面有着不同的价值观。女性一般而言在情感态度表达方面更为突出，故在其世界观、价值观、人生观正在形成中的中小学阶段，她们热爱祖国、欣赏并弘扬中华优秀传统文化等方面更加积极一些。

（二）不同学段的青少年国家认同差异分析

为了探明所在年级（本研究中即指学段）对青少年国家认同感形成的影响程度，本研究以学段为自变量，对西北地区不同学段的青少年国家认同情况进行了单因素方差分析，结果见表7-3。

表7-3　　　　　青少年国家认同情况在学段上的差异分析

		小学（M/SD）	初中（M/SD）	高中（M/SD）	F	P
维度	国家意识	4.63/0.49	4.60/0.42	4.71/0.26	90.88	0.000
	政治认同	3.66/0.39	3.36/0.35	3.27/0.40	1202.99	0.000
	文化认同	4.69/0.52	4.63/0.37	4.60/0.31	53.63	0.000
	总体	4.33/0.38	4.20/0.29	4.19/0.22	265.48	0.000

由上表7-3的数据结果可知,从总体来看,不同学段的青少年在国家认同水平上表现出极为显著的差异(P=0.000,P<0.001)。详而观之,在国家意识(P=0.000,P<0.001)、政治认同(P=0.000,P<0.001)、文化认同(P=0.000,P<0.001)等维度也体现了显著的差异。

总体来看,高中生的国家意识最强,这可能因其认知水平、分析能力较之小学生、初中生都高,所以也更能结合当下国际、国内形势,对试题选项做出更客观的、综合的分析与判断。总体来看,随着学段的升高,西北地区中小学学生的国家认同意识呈递增趋势。

(三)不同民族身份青少年国家认同差异分析

为了探究民族身份对青少年国家认同的影响,本研究分别对少数民族和汉族中小学生国家认同的三个维度进行了独立样本T检验,数据结果如表7-4所示。

表7-4　　青少年国家认同情况在民族身份上的差异分析

		少数民族(M/SD)	汉族(M/SD)	t	P
维度	国家意识	4.62/0.42	4.68/0.36	8.47	0.000
	政治认同	3.42/0.41	3.44/0.42	2.35	0.019
	文化认同	4.60/0.44	4.69/0.35	13.86	0.000
	总体	4.22/0.32	4.27/0.28	10.91	0.000

表7-4的数据结果表明,从总体来看,西北地区不同民族身份的中小学生国家认同情况呈现出显著性差异(P=0.000,P<0.001);从不同维度来看,在国家意识(P=0.000,P<0.001)、文化认同(P=0.000,P<0.001)和政治认同(P=0.019,P<0.05)维度上均存在显著性差异。图7-3反映出不同民族身份的青少年国家认同感在不同维度上的表现水平与发展趋势。

从上图7-3可以看出,汉族学生的平均分为3.44—4.69,少数民族学生的平均分为3.42—4.62。可以看出,学生在国家意识、政治认

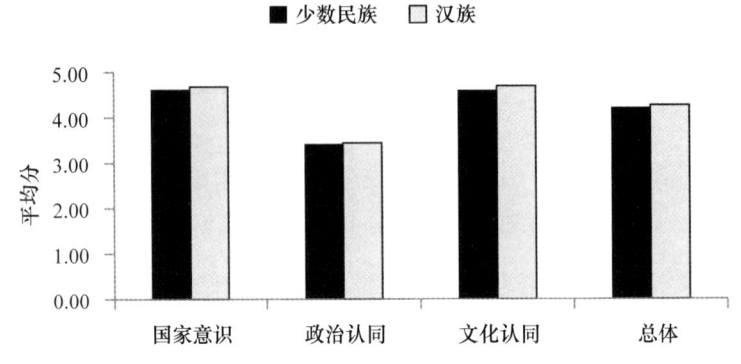

图 7-3 不同民族身份青少年国家认同情况的表现水平和变化趋势

同和文化认同维度的表现水平中,汉族学生的表现水平高于少数民族学生。

(四)不同地区的青少年国家认同差异分析

为了探明西北地区青少年的家庭所在地(本研究中有时称为"学生生源地")对青少年国家认同的影响情况,本研究分别对家庭所在地为城市的学生(包括地级城市和县级城市的中小学生)和乡村的学生(包括乡镇级中小学和村小的学生)国家认同表现水平的三个维度进行了独立样本 T 检验,结果见表 7-5。

表 7-5 青少年国家认同情况在地区上的差异分析

		城市学生(M/SD)	乡村学生(M/SD)	T	P
维度	国家意识	4.72/0.35	4.55/0.45	28.49	0.000
	政治认同	3.48/0.40	3.35/0.42	20.65	0.000
	文化认同	4.68/0.37	4.57/0.45	18.26	0.000
	总体	4.29/0.29	4.16/0.32	30.13	0.000

从表 7-5 的数据结果可以看出,总体而言,来自城市地区与乡村地区的青少年国家认同度呈现出显著性差异(P=0.000,P<0.001);从

不同维度来看，在国家意识（P＝0.000，P＜0.001）、政治认同（P＝0.000，P＜0.001）和文化认同（P＝0.000，P＜0.001）维度上也存在极其显著的差异。另外，尤为值得注意的是，城市中小学生在国家意识、政治认同、文化认同三个维度的平均分均高于乡村中小学学生的平均得分，具体为：国家意识维度，4.72（城市学生）＞4.55（乡村学生）；政治认同维度，3.48（城市学生）＞3.35（乡村学生）；文化认同维度，4.68（城市学生）＞4.57（乡村学生）。

从以上的数据结果来看，在国家认同的三个维度中，城市中小学生的平均得分在3.48—4.72，乡村中小学生的平均分在3.35—4.57。很明显，乡村生源地的中小学生在国家意识、文化认同、政治认同三个维度的平均得分均低于城市学生的。可能的原因是，由于新城镇化建设的大力推进，村落格局大变，乡村文化体系亦发生了很大的变化，且在变化过程中由于不定因素（如撤点并校、师资流失、走读、留守等）的影响，极大地影响了西北地区乡村教育的格局、水平与质量。这导致乡村教育水平较低，加之家庭教育缺失，使得西北地区乡村中小学生所接受的教育质量不高。也因此，同期相比，他们在国家认同维度的整体表现水平上偏低，我们可以推知，西北地区乡村中小学生的社会化进程也会相对滞后，不能及时跟进时代的步伐，也不能完全与当下社会的发展同步。

第三节　小结

通过对西北地区青少年国家认同现状的调查与分析，可以得出基本的结论，具体如下：

其一，西北地区青少年国家认同的整体表现水平较高，但不均衡。从国家意识、政治认同、文化认同三个维度来看，平均值分别为4.65，3.43，4.64；从整体数据来看，国家意识和文化认同（文化自信）维度得分较高。

其二，西北地区青少年国家认同存在着显著的性别差异，并且不均衡。在国家意识和文化认同两个维度，男生和女生均存在极为显著的差异，p 值均小于 0.001。然而，政治认同方面中小学男生、女生之间的差异并不明显（P=0.54，P>0.05）。

其三，西北地区青少年国家认同在学段维度存在着显著的差异。具体而言，高中生的国家意识维度得分高于初中学生和小学生的得分，而小学生的政治认同维度所得均值高于初中生和高中生的平均得分。

其四，西北地区青少年国家认同在民族身份维度存在着显著的差异，且不均衡。在国家意识、文化认同、政治认同三个方面，汉族学生和少数民族学生均存在极为显著的差异。

其五，西北地区少数民族青少年国家认同存在着显著的地区（学生家庭所在地）差异。城市学生在国家意识、政治认同、文化认同三个维度所得的平均分均明显高于乡村学生的得分。

除此之外，本调研结果也体现了一个趋势：与所在年级、不同类型的学校、民族身份等社会性因素相比，性别等先赋性客观因素对国家认同主体（亦为民族团结进步教育主体）的影响相对小一些。

国家认同作为统一的多民族国家的心理基础，是国家统一、国家稳定的重要条件。国家认同作为国家软实力的重要内容，其状况也会影响中国的国家形象与作为国际主体在国家政治格局中的地位。故国家认同之于民族国家的重要性不言而喻。我国青少年作为中国未来事业的建设者与接班人，是未来社会发展的重要储备力量。[1] 也因此可以推知，他们的国家认同状况是整个社会国家认同培育的起点，也是民族国家社会健康持续稳定发展的基础。故而，需要采取有目的、有计划、循序渐进的国家认同培育策略，对西北地区中小学生的国家认同加以培育，从而有利于我国民族国家未来事业的发展，进而实现中华民族伟大复兴的中国梦。也因此，对青少年国家认同的培育，需要提升到民族国家核心价值的层面予以重视，并构建具有统摄性的国家认同建设战略[2]与举措，上升到国家教育战略的高度，对青少年的国家认同进行有计划、有目的培育。而从西北地区的实际情况来看，在该地区走向现代化的进程中，

---

[1] 张家军：《小学生公民素养的调查研究》，《华东师范大学学报》（教育科学版）2017年第6期。

[2] 周平：《论中国的国家认同建设》，《学术探索》2009年12月。

学校教育作为体现现代性的标志，以统一整合的形式镶嵌于西北少数民族社区中、整合西北地区多元文化且体现着该少数西北地区的现代性。学校教育是培育西北地区青少年国家认同的最重要途径之一，从心理学视角观之，学校是青少年学生成长过程中社会化的主要场所，而学校教育则成为青少年学生社会化的重要途径，相应地，基础教育阶段一定是青少年学生将外在社会规范、规则内化为自己的信念和行为的关键时期，[1] 需要特别关注，有计划、有目地引导和培养。

---

[1] 张家军：《小学生公民素养的调查研究》，《华东师范大学学报》（教育科学版）2017年第6期。

第四编　实证分析

第八章 宏观分析：西北地区社会对民族团结进步教育发展的影响

第一节 引言

中国是一个拥有56个民族的统一的多民族国家，在中华民族漫长的发展史上，不同民族的同胞世世代代生息于中华民族这片大地上，朝夕相处，一起与自然灾害做斗争，共同抵御外敌，共同接受教育、共同繁荣、共同发展进步，共同创造了祖国今天的辉煌。然而，由于历史发展过程中的阶级性、局限性，这种共同繁荣、共同进步与发展必定是同向的，但在特定的局域、特定时段并不同步。正如前文所述，汉族作为组成中华民族的人口最多的主体民族，因其较早接触商品经济与西方社会，故其"现代性"会更为超前一些，需要其在中华民族共同发展的道路上起到引领性的作用。也因此，较之而言，由于历史、自然等客观原因，其他55个非主体民族在现代化进程中相对滞后一些，故而为该地区的创造性活动提供"相互理解可能的建构性范围因素的总和"的生活世界也相应地体现出西北地区的特点，即整体上较为落后。

从西北地区的人文地理与社会发展的区域划分和行政归并来看，西北地区地处中国西北部，属于内陆地区，包括新疆维吾尔自治区、青海省、甘肃省、宁夏回族自治区以及陕西省五个省区。因地域的关系，一直以来在历史的演进与发展过程中，这些区域世世代代生息着具有共同的地理、历史特征、文化模式以及社会特点的少数民族。然而，一般来讲，陕西省因其地域特征、社会文化特点等与其他四省区相异，且从少数民族的分布来看，该省的少数民族人口较少，居住的特点也不明显，故谈及西北地区主要指新疆维吾尔自治区、青海省、甘肃省、宁夏回族自治区四个省区。西北地区由于其所处的地理位置、自然环境、历史发展等客观原因，经济发展整体水平落后于我国平均水平，相较而言，与东南沿海地区经济发展水平有很大的差距。然而，客观来讲，差距虽实际存在，但时代在发展，全球化的当今时代，不论处于世界的哪个角落，向前的步伐总是与社会发展的步伐同向的。整体而言，西北地区发展的步伐已经迈向新时代。故而，该地区的经济、文化以及地域环境等均发生着相应的变化。这些特点会影响西北地区诸多方面的发展，教育亦不例外。由此推及，西北地区民族团结进步教育的发展与该地区的经济、地域环境、传播媒介的发展状况密切相关。

第二节　经济现代化对民族团结进步教育发展的影响

《中国教育现代化2035》中重点部署的面向教育现代化的十大战略任务之一便是推动各级教育高水平质量普及，涉及学前教育、义务教育、高中阶段教育、中西部地区高等教育以及民族教育发展水平的提升。这是中国特色社会主义进入新时代，加快教育现代化的重大战略部署与举措。从西北地区的实际发展状况来看，新时代该地区社会逐渐走向现代化，这种转向会为西北地区带来极为深刻的变化。而纵观一切现代化的因素，经济现代化是最基本的因素，[①] 是特定社会各领域现代化的前提条件与基本保障。对于现代化进程中的西北地区民族团结进步教育的探讨中，经济现代化是首先需要讨论的内容。

从教育与经济的相互关系来看，教育的现代化是以经济现代化为前提的。教育与经济发展之间存在着相互制约、相互促进的密切关系。具体而言，即指增加教育投入，可以促进人力资本的加速形成以及技术创新的速度，从而推动经济的增长；反过来，经济的迅速增长，又可以为教育的进一步投资提供更多的资金投资等方面的必需条件，同时亦为后续人力资本

[①] 袁晓文、李锦：《经济现代化与民族教育的核心价值取向》，《中央民族大学学报》（哲学社会科学版）2004年第3期。

的不断投入增加了机会①——这便是舒尔茨的人力资本理论中的重要观点。该理论认为，人力资本投资的关键因素在于教育投资。②

根据人力资本理论，经济的增长对教育的发展起着直接的作用，可以加大教育经费的投资，为教育发展提供物质保障等，进而提高教育水平，改善教育环境，促进学校教育的发展；反过来，教育发展可以通过提高劳动者的知识水平、文化层次，提升劳动者的劳动素养与科学技术水平，促进生产效率的提高，从而促进经济增长。当然，如前文所阐述的，教育与经济发展之间存在着相互制约、相互促进的关系。也就是说，教育的发展水平往往受制于经济的发展水平，换而言之，特定地区的教育发展是与该地区的经济发展水平相适应的。如果经济发展水平滞后，教育水平也相应落后。从西北地区的实际情况来看，因历史、自然等客观原因，在现代化进程中相对滞后，经济发展水平也相对落后，也因此，对于该地区的教育发展投资而言，物质保障和发展空间也相对有限。从西北地区的宁夏回族自治区、青海省、新疆维吾尔自治区、甘肃省四省区近年来的经济发展状况来看，明显落后于国内其他地区。在全球化的当下社会，我国正处于新时代的建设进程当中，西北地区的较为滞后的经济现代化水平势必会影响该地区民族团结进步教育的发展水平。下文将从西北地区经济现代化的发展与特点、经济现代化对该地区教育水平的影响以及该地区民族团结进步教育和青少年国家认同培育的影响三方面分别阐述。

一 西北地区经济现代化的发展与特点

（一）西北地区经济现代化程度稳步提高

在中华民族漫长的发展过程中，汉族作为组成中华民族的人口最多的主体民族，"现代性"产生更早一些；较之而言，其他55个非主体民族在现代化进程中相对滞后，因而为该地区提供大力发展的综合条件，包括经济水平、生产发展水平、科学技术等也相应地体现出西北地

---

① 贾彦东、张红星：《区域性教育与经济协调发展关系的实证研究》，《财经科学》2006年第3期。

② 李宝元：《人力资本与经济发展》，北京师范大学出版社2000年版，第289页。

区的特点。因此可以说，西北地区的现代性会稍晚一些，经济现代化的步伐亦会稍慢一些。然而，纵向来看，与中华人民共和国成立前相比，在中国共产党的带领下，西北地区经济与社会状况发生了天翻地覆的变化，经济现代化程度也得以显著提高。

2009年，西北地区的甘肃省、新疆维吾尔自治区、宁夏回族自治区、青海省四个省区中，甘肃地区的国内生产总值（GDP）总量为3387.56亿元、人均地区生产总值13269元；新疆维吾尔自治区国内生产总值（GDP）总量为4277.05亿元、人均地区生产总值19942元；宁夏回族自治区国内生产总值（GDP）总量为1353.31亿元、人均地区生产总值21777元；青海地区的国内生产总值（GDP）总量为1081.27亿元、人均地区生产总值19454元。2017年，甘肃地区的国内生产总值（GDP）总量为7459.90亿元，人均地区生产总值28497元；新疆维吾尔自治区国内生产总值（GDP）总量为10881.96亿元、人均地区生产总值44941元；宁夏回族自治区国内生产总值（GDP）总量为3443.56亿元、人均地区生产总值50765元；青海地区的国内生产总值（GDP）总量为2624.83亿元，人均地区生产总值44047元。从以上统计数据可以看出，2009年至2017年，西北地区的甘肃省、新疆维吾尔自治区、宁夏回族自治区、青海省四个省区，不论是地区生产总值，还是人均地区生产总值，均以2倍及以上的速度增长。8年间，甘肃地区的国内生产总值（GDP）总量增长了约2.2倍、人均地区生产总值增长了约2.15倍；新疆维吾尔自治区地区国内生产总值（GDP）总量增长了约2.5倍、人均地区生产总值增长了约2.25倍；宁夏回族自治区地区国内生产总值（GDP）总量增长了约2.5倍、人均地区生产总值增长了约2.3倍；青海地区的国内生产总值（GDP）总量增长了约2.43倍、人均地区生产总值增长了约2.3倍。由此可知，随着全国范围内经济水平的整体提高，西北地区的整体经济水平也在稳步增长。

（二）西北地区三大产业结构的变化

党的十七大提出加快转变我国经济发展方式，随后党中央农村会议进一步强调指出我国经济发展方式转变的关键环节是加快经济结构

第八章　宏观分析：西北地区社会对民族团结进步教育发展的影响　❋　145

的调整。① 这也是西北地区经济发展方式走向现代化的关键环节之所在。此后，随着全球化的推进以及我国社会的迅猛发展，西北地区的整体经济水平也得到了很大的提高，三大产业结构不断优化发展，逐渐走入现代化的行列。

　　从西北地区产业发展的不同阶段来看，随着新中国的成立，我国西北地区经济和产业经历了漫长的发展过程：从工业化实现前阶段、工业化发展初具规模阶段、产业结构完善阶段，到产业结构优化实现经济现代化阶段。这一发展过程与国家发展战略的实施同向同步，与西北地区社会经济的发展需求的实际情况紧密相关，在第一产业结构、第二产业结构、第三产业结构的合理调整中逐步向前发展，走向经济现代化。具体来看，第一阶段（1949年—20世纪50年代末）即"一五"时期，以苏联援建项目为主，展开了基础工业项目的发展，一批工业基础设施渐次落成，为工业化的实现奠定了基础。第二阶段（20世纪60年代初—20世纪70年代末）即"三五"时期，以"大三线"为核心建设内容，国家的大力投入，一批重工业企业与科研基地建成，工业化发展初具规模。第三阶段（1978年—20世纪90年代初）地区产业结构由初期的"二一三"格局过渡向"二三一"格局，产业结构得到进一步完善。第四阶段（20世纪90年代中后期始）西部大开发战略的实施，产业结构朝向专业化发展并得以进一步优化。经过半个世纪的建设，西北地区的产业发展水平有了长足的进展，经过产业结构的内部调整，渐由"一二三"型转向"二一三"型，并向"二三一"型过渡。② 进入21世纪以来，第三产业迅猛增长，比如，2010年，新疆维吾尔自治区的金融、保险、房地产、信息传输、居民服务业增加值在第三产业中的占比达32.2%，比2005年提高了近10个百分点。③ 至此，西北地区的

---

　　① 本组数据根据国家统计局官网（http://www.stats.gov.cn/）统计整理而来。陈冬红、许芬、李霞：《西北民族地区产业结构优化实证分析》，《陕西省社会科学界联合会会议论文集》，2009年9月，第699—706页。
　　② 钱力：《西北民族地区产业结构优化的实证分析》，硕士学位论文，西北民族大学，2006年，第77页。
　　③ 陈冬红、许芬、李霞：《西北民族地区产业结构优化实证分析》，《陕西省社会科学界联合会会议论文集》，2009年9月，第699—706页。

经济与产业结构发展逐渐进入现代化的行列。

二 经济现代化对西北地区教育发展水平的影响

教育与经济发展之间存在着相互制约、相互促进的密切联系，教育投入的增加，促进人力资本的加速形成以及技术创新的速度，从而推动经济的增长，而反过来经济的迅速增长，又可以为教育的进一步投资提供资金等方面的必需条件，同时也为后续人力资本的不断投入增加机会。

从上文分析可知，随着中华人民共和国的成立，西北地区社会与经济的发展也紧随新中国建设的步伐步入现代化的行列，这无疑会对该地区民族团结进步教育的发展产生极大的影响。现代化不只是一个时间观念，也是一个经济观念、文化观念、政治观念，它会影响社会结构的变化，影响社会发展的方方面面。纵观人类发展史，现代化推动了人类社会整体向前发展，促进了现代国家的建立及处于发展的前列，概括来讲，现代化促成了国家和民族的形成。[①] 在这一过程中，西北地区的经济现代化也一定通过影响该地区教育的发展进而影响到整个社会的发展进程。因为教育的核心价值取向是为经济现代化提供丰富的人力资本。[②] 根据增长极理论，人力资本是区域经济发展的增长极，在特定区域内，人才增长极、产业增长极、城市（地理空间）增长极之间相互作用，且经由极化效应（即促成各种不同的生产要素向增长极的回流和聚集）与扩散效应（即促成各种不同的生产要素从增长极向不发达地区扩散）促进西北地区经济增长。在这种促进区域经济增长的过程中，该区域的教育直接服务于当地人才增长极，并凭借产学研结合，且与文化渗透，从而促进地区产业结构调整及城市化水平的提高；而与此同时，区域经济增长又反过来为教育发展提供坚实的经济支撑，促进其进一步发展。[③]

[①] 钱民辉：《多元文化与现代性教育之关系研究——教育人类学的视野与田野工作》，民族出版社 2008 年版，第 298 页。

[②] 袁晓文、李锦：《经济现代化与民族教育的核心价值取向》，《中央民族大学学报》（哲学社会科学版）2004 年第 3 期。

[③] 国家教育发展研究中心：《2001 中国教育绿皮书》，教育科学出版社 2001 年版，第 99 页。

第八章　宏观分析：西北地区社会对民族团结进步教育发展的影响　❋　147

　　由此推及，西北地区经济现代化的发展，意味着该地区经济发展的大力转型，也意味着人力资本这一区域经济发展的增长极必须经由快速转型与发展，方可服务于该地区经济现代化的发展要求，[①] 这也是民族团结进步教育的核心价值取向。西北地区经济现代化的发展，使得工业发展、第三产业逐渐占领主要市场，相应地，人力资本也在这些领域处于领先地位，比如西北地区的旅游业便是一个优势非常明显的产业。根据人力资本理论的观点，人力资本的形成主要有两个路径：教育和人才引进。根据前文的论述我们知道，较之我国的北上广、江浙一带以及沿海发达地区，西北地区的综合条件处于较为滞后的水平，能为引进的人才提供的条件极为有限，故而所能吸引的人力资源远不能满足当地社会经济发展中各级各类人才的需要。故而西北地区的发展所需要的人力资本的人才引进，只能作为人力资本形成的途径之一。与此同时，西北地区需要根据当地社会发展的实际需要，即该地区人力资本的实际需求，确定民族团结进步教育的目标、选择适切的教育内容与方式，为西北地区的经济发展培养人力资本，以符合该地区经济现代化发展的时代诉求。

三　经济现代化对西北地区民族团结进步教育培育国家认同的影响

　　从上文可知，随着西北地区经济现代化的发展，我国西北地区面临经济转型期形成的对人力资本的新要求。然而，如上文所述，作为人力资本形成途径之一的"人才引进"，由于该地区经济水平、社会环境等方面较为滞后而仅产生了极为有限的作用。这意味着西北地区的教育必将作为该地区经济转型期所需要的大量人才培养的主要渠道。换而言之，这也成为西北地区经济现代进程中教育的核心价值取向。民族团结进步教育是新时代中国共产党领导下，以我国56个民族为主体，通过促进各民族交往交流交融、构建"平等、互助、团结、和谐"的社会主义民族关系，在维护我国各民族共同发展、共同繁荣的过程中，创造性推动我国民族团结进步事业，铸牢中华民族共同体意识，完成中华民

---

　　① 袁晓文、李锦：《经济现代化与民族教育的核心价值取向》，《中央民族大学学报》（哲学社会科学版），2004年第3期。

族复兴伟业的重要举措。毋庸置疑，是该地区人力资本形成的主要途径之一。

　　民族团结进步教育，是中国各族人民的最高利益——祖国统一的保证，历来为我党和国家历任领导人所重视。从我国民族团结进步教育的创建史来看，历经了自20世纪50年代至70年代的"萌芽与发端"阶段，到1978年至2009年的"探索与发展"阶段，再到2009年以来的"明确创建与全面推进"阶段。① 之后，随着国际国内形势的变化，走进新时代的中华人民共和国在共产党的领导下，进入了全新的发展时期，再次明确了社会主义核心价值观的定位，我国民族团结进步教育也相应地有了新的要求。2015年，《中国共产党统一战线工作条例（试行）》出台，指出我国需要全面深入地开展民族团结进步创建活动，积极培育中华民族共同体意识，增进各族人民群众对伟大祖国、中华民族、中华文化、中国共产党、中国特色社会主义的认同；之后，《"十三五"促进西北地区和人口较少民族发展规划》（2016年）和《兴边富民行动"十三五"规划》（2017年）陆续出台，再次强调了对民族团结进步创建活动的加强与推进；同期，《国家"十三五"时期文化发展改革规划纲要》颁布，明确指出民族团结进步创建活动是我国社会主义核心价值观的实践活动中的一种。② 据此，我们可以看出，民族团结进步教育发展的历程，与我国西北地区经济现代化所历经的阶段基本趋于一致。第一阶段（1949年至19世纪50年代末），前工业化时期，即展开基础工业项目为工业化的实现奠定基础阶段；第二阶段（20世纪60年代初至70年代末），工业化初期，即逐渐建成重工业企业与科研基地，工业化发展初具规模阶段；第三阶段（1978年至19世纪90年代初），工业化发展时期，即通过地区产业结构调整，工业化水平完善阶段；第四阶段（20世纪90年代中后期始），工业化专业发展时期，即实施西部大开发战略促进产业结构专业化发展并优化的阶段。到了21世纪，我国的科技日新月异，经济飞速发展，西北地区的经济现代化也达到了一个新的高度，该地区维护民族团结所需要的各类人才的需

---

① 隋青、李钟协等：《我国民族团结进步创建的实践》，《民族教育》2018年第6期。
② 隋青、李钟协等：《我国民族团结进步创建的实践》，《民族教育》2018年第6期。

求也达到一个新的层次。根据增长极理论，人力资本是区域经济发展的增长极，而教育又直接服务于人才增长极，故而西北地区的民族团结进步教育须当作为该地区人才培养的主渠道，为不同领域培养具有民族团结意识的各级各类人才，包括该地区青少年的国家认同意识；当然，反过来，西北地区经济现代化的发展也为新时代民族团结进步教育培育国家认同的推进提供直接的经济支持与保障。

然而，纵观西北地区社会经济的总体发展情况，地域广阔、民族众多但经济实力整体偏弱，远低于全国经济发展的平均水平。从第五次全国人口普查结果来看，该地区少数民族人口占总人口比重达62.44%。从经济发展水平结果来看，该地区整体经济水平属全国最弱的，以下是2003年的一组数据对比：2003年，全国的人均国内生产总值9101元，西北地区人均国内生产总值为6512元，落后于全国人均国内生产总值2589元。从该地区农村的情况来看，同年数据显示，全国农村居民的人均纯收入为2622元，而西北地区的农村居民人均纯收入仅为1904元，比全国农村居民的人均收入相差718元。[①] 因此，西北地区经济现代化可以为新时代民族团结进步教育培育国家认同的推进提供一定的经济支持与保障，但还需要采取一定的有效措施，以与国家的发展同步。具体来讲，即为加快西北地区的经济发展，促进城乡一体化建设。从本研究的调查结果来看，西北地区城乡青少年国家认同存在着显著的差异。这种差异的体现，是青少年学生国家认同感的差异，其根本原因在于西北地区城乡的经济差异。因为西北地区的经济发展水平、生活质量既是关乎西北地区人民大众切身利益的问题，也是关乎其国家认同的问题。正如有学者所指出的，一直以来，人们所追寻建立的认同，以经济为依赖基础，且唯一目标仅是为了促使、增进物质利益而"寻求政治的表达"，故究其实质它们是实用的。[②] 在讨论西北地区经由民族团结进步教育对青少年国家认同培育的话题时，从西北地区城乡一体化建

---

① 马强强：《西北民族地区区域经济差异实证分析及其对策研究》，硕士学位论文，西北民族大学，2007年。
② ［英］安东尼·史密斯：《民族主义——理论，意识形态，历史》，叶江译，上海人民出版社2006年版，第147页。

设中的经济发展视角切入，是有一定意义的。从我国城乡一体化建设的大局势下，着力推进、统一布局西北地区城乡经济，加强西北地区城乡经济，推进城乡之间的经济交流、经济协作，合理布局，协调发展，加速西北地区经济现代化，进而促进西北地区民族团结进步教育发展，以进一步促进青少年国家认同的正向的、积极的、均衡的发展与提升。

第三节　环境对民族团结进步教育培育国家认同的影响

不论哪种类型的教育发展，其过程必然会受到周遭自然环境、地理环境、社会环境的影响与制约。[①] 从我国西北地区所处的环境来看，大多数少数民族都处于高山高原地区、人烟较为稀少的大草原，其教育发展速度、发展水平一定会受制于其所处的自然环境、地理环境、社会环境等综合环境因素的影响。另外，就西北地区的地域环境而言，因其自古以来即为多民族生息之地，宗教类型多元、民族成分复杂，跨界民族多样，这些因素都关乎我国边疆稳定、民族团结与国家安全，也是影响该地区经由教育培养青少年学生国家认同的主要因素。因此，该地区的复杂的自然环境特点、社会环境特征也极大地影响着民族团结进步教育的发展程度及对青少年国家认同的培育水平。

一　西北地区的地理环境与民族团结进步教育

如前文所述，从西北地区的人文地理与社会发展的区域划分与行政归并来看，西北地区地处中国西北部，从地理环境来看，以天山、唐古拉山脉、沙漠、草原著称的西北地区，土地辽阔、人烟稀少；从整个地区的人口来看，每平方公里平均仅有22.5人，其中，新疆维吾尔自治区

---

① 钱民辉：《多元文化与现代性教育之关系研究——教育人类学的视野与田野工作》，民族出版社2008年版，第241页。

每平方公里平均大约有8人，而青海省每平方公里平均不到5人。① 因时隔数年，这一数据估计有变。但总体来看，西北地区的人文地理环境欠佳：人烟稀少、交通闭塞，与全国其他发达地区相比，明显较为落后。

与全国城镇化的程度相比，我国西北地区的城市化水平的各项指标，也显示了这一特点。② 从数量与质量来看，2008年，全国城市总数为655个，而西北地区的甘肃省、宁夏回族自治区、青海省、新疆维吾尔自治区四省区的建制市有48个，占比仅为7.32%，从四省区的总面积与全国总面积的占比（34.5%）来看，数量明显偏低。从城市化的指标来看，西北地区的四个省区城镇人口的比例低于全国城镇人口的总比例。从第六次全国人口普查结果来看，我国全国总人口为1332810869人，城镇人口（本研究将城市和城镇综合算一起）达到670005546人，全国城镇人口占全国总人口的比例为50.27%。而西北地区的总人口数为59319151人，城镇人口为24065213人，该地区城镇人口占总人口的比例为40.6%，占比偏低。从乡村人数来看，全国乡村人数为662805323人，占全国总人口的比例为49.7%；西北地区乡村人口为35253938人，占该地区总人数的比例为59.4%，乡村人口占比偏高。这一数据与2008年的数据（全国城镇人口达60667万人，占比45.68%）相比，全国城镇人口的数量上升了近5个百分比，说明我国城镇化建设成效显著。但较之而言，西北地区的城镇人口占比依然低于全国其他地区城镇人口的占比，落后近10个百分点。统计结果显示，西北地区的甘肃省、宁夏回族自治区、青海省、新疆维吾尔自治区四省区的城市化指标也均低于全国平均水平，分别为32.15%、44.98%、40.86%以及39.64%。③ 从城市的规模等级来看，2008年的统计数据显示，全国的建制市总计有655个，其中，特大城市（人口超过100万的）有122个、大城市（人口介于50万至100万之间）有118个、中

---

① 益西拉姆：《中国西北地区少数民族大众传播与民族文化》，兰州大学出版社2002年版，第10页。
② 本组数据主要参照兰州大学王雅红博士2010年的研究数据，详见其2010年的博士学位论文《西北少数民族地区城镇化模式研究》。
③ 中华人民共和国国家统计局编：《中国统计年鉴（2009）》，中国统计出版社2009年版。

等城市和小城市（人口 50 万以下）中等城市和小城市有 415 个。① 同期相比，西北地区的甘肃省、宁夏回族自治区、青海省、新疆维吾尔自治区四省区的建制市总共有 48 个，特大城市（人口超过 100 万的）有 4 个、大城市（人口为 50 万以上）有 3 个、中等城市和小城市（人口 50 万以下）分别为 18 个、23 个，数量明显偏少。从城市分布的密度看，全国范围内每平方公里拥有 0.68 座城市，而西北地区的甘肃省、宁夏回族自治区、青海省、新疆维吾尔自治区四省区每平方公里拥有 0.14 座城市，城市分布密度明显偏低。

从西北地区四省区的整体来看，历史发展、自然地理、经济基础等客观原因，导致该地区城市化水平偏低。一直以来，也正是由于城市化水平偏低这一客观事实，导致了西北地区城乡经济发展极为不均衡的状况，也一定会影响到该地区经由民族团结进步教育培育国家认同的效果。根据本研究的统计结果来看：城区中小学生与乡村中小学生的国家认同表现水平之间存在显著的差异性。而且城市中小学生在国家意识、政治认同、文化认同三个维度的平均分均高于乡村学生的平均得分。国家意识方面：4.72（城市学生）>4.55（乡村学生）。政治认同方面：3.48（城市学生）>3.35（乡村学生）。文化认同方面：4.68（城市学生）>4.57（乡村学生）。这种差异一定是由诸多因素所导致的，但西北地区城乡差异给两者教育带来的影响在很大程度上是主因。有学者指出，在我国，因受制于历史发展、自然地理、经济基础等因素，包括西北地区、边远地区、贫困地区等在内的西部地区，教育观念相对落后、办学条件较差、人均受教育年限较少，教育水平远未达到人民群众的期待。② 因此可以说，在西北地区城乡一体化进程中凭借缩小城乡教育差距、促进教育公平，构建西北地区经由民族团结进步教育构建国家认同教育支持体系，是达成培育西北地区青少年国家认同水平提升目标的有效举措之一。

---

① 中华人民共和国国家统计局：《新中国 60 周年系列报告之十：城市社会经济发展日新月异》，2009 年 9 月，（http://www.stats.gov.cn/ztjc/ztfx/qzxzgcl60zn/200909/t20090917 68642.html）。
② 王嘉毅：《西部教育何时不再"老大难"》，《人民日报》2016 年 12 月 1 日第 018 版。

第八章　宏观分析：西北地区社会对民族团结进步教育发展的影响　153

　　如上文所述，正是人们所寻求建立认同所依赖的经济基础，决定了特定地区教育水平的高低。中国作为一个拥有 56 个民族的统一的多民族国家，在漫长的民族与民族国家发展过程中，因自然条件、历史发展、经济基础等客观原因，56 个民族所置身的生活环境也不可避免地存在较大的差异。西北地区的学校教育作为现代化的标志之一，作为引导青少年社会化过程的主渠道，势必影响该地区青少年学生社会化过程。因为在全球化、信息化的当下世界，任何一个民族的个体或者集体为了能够与主流文化对话，必须选择接受新的观念和事物。[①] 对于西北地区的青少年学生而言，学校教育，尤其旨在促进西北地区凸显民族团结、国家凝聚力的民族团结进步教育，更是非常重要的路径。当然，不可否认的是，青年学生国家认同形成的影响因素是多向的。然而，于人生观、价值观、世界观正在形成阶段的西北地区乡村青少年学生而言，其所在的西北地区的民族团结进步教育，是其接受教育的主渠道，也是引导他们社会化过程的主要途径，同时是其接受国家认同教育的主渠道。故而，缩小西北地区城乡教育差距，完善乡村教育体系，提高民族团结进步教育水平，以引导青少年正向的、积极的国家认同感的构建与提升，无疑是很有必要的。

二　西北地区的区域社会环境与民族团结进步教育

　　从西北地区社会发展的区域划分与行政归并上，该地区被划定为中国西北内陆地区，地处我国内陆腹地，西、北接俄罗斯、阿富汗、蒙古、哈萨克斯坦、塔吉克斯坦、吉尔吉斯斯坦、印度、巴基斯坦等国家，西至中东地区，直抵地中海和欧洲。从西北地区的甘肃省、宁夏回族自治区、青海省、新疆维吾尔自治区四个省区的整体情况来看，民族众多，幅员辽阔，边疆形势复杂。

　　西北地区，是我国少数民族聚居的地方，民族众多，成分复杂。在该地区 289.12 万平方公里的土地上，主要包括宁夏回族自治区、青海省、新疆维吾尔自治区、甘肃省（该省的一部分地区），从其所拥有的

---

①　钱民辉：《多元文化与现代性教育之关系研究——教育人类学的视野与田野工作》，民族出版社 2008 年版，第 252 页。

市县数量来看，有7个地级市、26个县级市、111个县以及20个自治县。①其中，甘肃省的部分地区具体指甘南藏族自治州、临夏回族自治州两个自治州以及天祝藏族自治县、张家川回族自治县、肃北蒙古族自治县、肃南裕固族自治县、东乡族自治县、阿克塞哈萨克族自治县和积石山保安族东乡族撒拉族自治县7个自治县。西北地区占地面积达到全国总面积的三分之一，是我国最大的民族自治地区，占地面广，民族众多，居住在该地区的少数民族有50多个（主要包括藏族、回族、东乡族、裕固族、维吾尔族、蒙古族、哈萨克族、塔吉克族、乌孜别克族、满族、锡伯族、保安族等），几乎占全国56个民族的近90%。长期以来，不同民族朝夕相处、相互交融，形成了"大杂居、小聚居"的生活格局。新中国成立以来，为加快少数西北地区的发展，国家依据西北地区辖区内民族数量的多寡，将少数民族聚居地划分为自治州、自治县。据统计，西北地区的自治州、自治县多达40个，四省区的具体情况如下。②

青海省划定的自治州、县分别包括：黄南藏族自治州、海北藏族自治州、果洛藏族自治州、海南藏族自治州、海西蒙古族藏族哈萨克族自治州、玉树藏族自治州6个自治州，化隆回族自治县、互助土族自治县、河南蒙古族自治县、门源回族自治县、循化撒拉族自治县5个自治县。

甘肃省划分的自治州、县包括：甘南藏族自治州、临夏回族自治州2个自治州，天祝藏族自治县、张家川回族自治县、肃北蒙古族自治县、肃南裕固族自治县、东乡族自治县、阿克塞哈萨克族自治县和积石山保安族东乡族撒拉族自治县7个自治县。

新疆维吾尔自治区划分的自治州、县包括：昌吉回族自治州、克孜勒柯尔克孜族自治州、巴音郭楞蒙古自治州、伊犁哈萨克自治州、博尔塔拉蒙古自治州5个自治州，木垒哈萨克族自治县、塔什库尔干塔吉克族自治县、焉耆回族自治县、巴里坤哈萨克自治县、察布查尔锡伯自治

---

① 李悦：《产业经济学》，中国人民大学出版社1997年版，第135页。
② 南长森：《西北少数民族地区新闻传播与国家认同研究》，博士学位论文，武汉大学，2012年。

县和布克赛尔蒙古自治县6个自治县。

宁夏过去曾设有吴忠回族自治州、固原回族自治州、泾源回族自治州和隆德县等29个州县。① 后来因全国整体规划，采取了撤销、合并的措施。根据国家统计局官方数据，2017年，宁夏回族自治区的自治县为5个。宁夏回族自治区是我国唯一的省级回族自治区。有数据统计显示，到2017年底，该地区总人口为681.79万人，其中回族人口为247.57万人，约占全区总人口的36.31%，是我国最大的回族聚居区。②

从上述描述可知，西北地区民族众多，自治州、自治县的划定，是为了更好地进行西北地区的治理，促进西北地区的繁荣稳定，让各族人民和谐共处。加强民族团结进步教育是维护西北地区安定团结的重要途径。同时，在西北地区加强民族团结进步教育有利于加快少数民族和西北地区经济社会发展的步伐。③ 也因此可以说，加强民族团结进步教育是我国西北地区极为紧迫的问题。故而说，由于西北地区及其复杂的社会环境，该地区经由民族团结进步教育对青少年国家认同的培育，是在与周遭诸多阻滞因素的博弈中行进的，且极为紧迫。

第四节　小结

综上所述，中国作为一个拥有56个民族的统一的多民族国家，在漫长的民族发展史上，不同民族的同胞们朝夕相处，共同繁荣、共同发展进步。但是，由于历史发展过程中的阶级性、局限性，使得这种发展并不平衡。汉族作为组成中华民族人口最多的主体民族，较早地走进现代化的行列，优先凸显了"现代性"的特点，这也意味着能够为该地区的教育、文化、经济等发展提供支持条件的社会整体也会较早地进入现代化时代。然而，谁也无法让前进的时钟倒转，西北地区随后也逐渐

---

① 南长森：《西北少数民族地区新闻传播与国家认同研究》，博士学位论文，武汉大学，2012年，第24页。
② 郭小涛：《宁夏回族自治区成立纪实》，《百年潮》2018年第11期。
③ 刘勋昌：《我国民族地区民族团结教育内容探析》，《前沿》2010年第6期。

走进新时代，进入信息化社会，也渐次实现了社会进步、经济现代化的发展目标。这一变化，使得共存于一个社会大系统中的子系统之一——教育，也必须同时发生变化，从而与这种发展同步。西北地区的民族团结进步教育，作为西北地区促进社会进步、经济发展的重要途径，在该地区各个领域需要的各级各类人才的培养中、在民族团结、社会凝聚的实现中起着不可或缺的作用。

与此同时，西北地区复杂、多样的地缘关系，多民族共居的特点及特殊的地理位置、人文特点以及社会历史条件，使得该地区的民族关系异常复杂，且是多宗教汇聚之地。也因此，以党的民族理论与民族政策为依据，促进西北地区经济的持续发展，促进民族团结进步教育，提升作为我们国家认同主体的青少年的国家认同培育的效果与水平，是加强我国民族团结、维护祖国统一的必然路径。

第九章　中观分析：西北地区文化环境与民族团结进步教育的价值取向[①]

第一节　引言

置身于任何环境中的个体或者群体，其本土文化意识并非与生俱来的，而是在与其所成长的环境的互动中逐渐形成、产生并发展的。其中，文化环境的影响尤甚。文化环境对置身其中的人的模塑和影响之深远，关系到一个人的终身，因为成长于不同文化环境中的人总是具有特定的文化个性与特质，这些个性与特质集中体现于身份认同、语言表达、思维特征、生活方式、行为习惯等方面。就西北地区而言，从早期来看，因其特殊的自然地理环境，加之少数民族聚居地之"大杂居、小聚居，互相交错杂处"的生活格局，一代代的西北民族人，"日出而作，日入而息"的生活模式，使得其文化环境比较封闭，也因此，该地区民族文化特点异常突出。然而，随着全球化的到来与国家的发展，西北地区也逐渐进入现代化的行列，其他地区以及跨国界的其他地区的往来互动日益频繁，也使得不同文化之间不断接触、交流、融合与发展，该地区的文化样态也逐渐摆脱了一直以来封闭的、单一的形式；丰厚的、多元的文化形式逐渐形成，与现代化接轨，形成了具有现代性意识的文化特质。这种变化以及新的文化样态也一定程度上影响了西北地区民族（文化）主体的思想观念、行为方式。相应地，随着西北地区

[①] 邵晓霞：《文化视角下的民族团结教育实现问题》，《甘肃社会科学》2012年第2期。

走进现代化的行列,该地区体现现代性的学校教育也逐渐取代了本土教育,且在文化整合中起了非常重要的作用,使西北地区的民族文化具有了现代意识与人类共同的文化特质,本民族特性逐渐弱化,也因此融入社会主流文化之中。① 我们深知,民族文化,是一个特定民族在自己所属民族的历史发展过程中形成的具有本民族特点的文化,作为特定民族有别于其他民族的生活方式、生活环境、思维模式、行为方式、文化样态等的积淀,具有独特的时空印记,也因此不同民族所属的民族文化都是独一无二的。因此可以说,所处不同民族文化环境中的民族人,经由长期的行为选择与心理积淀,凭借特定时空的模塑,便形成了独特的、具有特定民族印记的民族文化模式。也因此,走进现代化行列的我国西北地区,因其民族文化随着时代的发展,呈现出了新的特点,一定会影响置身其中的民族文化主体的方方面面,包括其身份认同、民族认同与国家认同等。

56 种多样的民族文化关乎不同民族人的民族认同、身份认同,正向的、积极的身份认同影响到其正向的、积极的国家认同意识的形成。因为教育的社会功能是通过社会规范和价值的传输来实现的,即维护和传递社会的文化(包括价值、信念与知识等),因此教育就具有了传递和维护(复制)文化的功能,对新知识的创新、发现和传递功能以及对社会系统的整合功能。② 而民族团结进步教育,恰是当下走进现代化行列的西北地区传承民族文化的主要渠道与存在形式,故而,在学校教育对中小学生国家认同培育过程中,民族团结进步教育这一教育途径是必需的参照系。同时,我们必须认识到,全球化的当下时代,西北地区的文化,也面临着与主流文化(中华民族文化)、异域文化(西方文化)的相处、相融问题。而民族团结进步教育作为西北地区文化传承与传播的主要渠道之一,应当担负起传承民族文化知识、培育青年人成为未来社会可用之才的重任,所以民族文化意识之于民族团结进步教育的价值取向成为该地区学校教育对中小学生国

---

① 钱民辉:《多元文化与现代性教育之关系研究——教育人类学的视野与田野工作》,民族出版社 2008 年版,第 250 页。

② [英] T. 帕森斯:《社会系统》,自由出版社 1951 年版,第 58—60 页。

家认同培育中亟待探究的问题。

第二节 西北地区的文化及特点

在本研究中，我们设计了经由民族团结进步教育培育国家认同的策略路径（具体见第六章的图6-2），即通过民族团结进步教育，可以提升社会凝聚力、传承民族文化、传播国家政治文化，促进青少年的祖国意识、文化认同及政治认同，进而达到对国家认同的培育。也因此，研究设计了相关的问卷及访谈内容，以了解西北地区青少年对学校民族团结进步教育培育国家认同的看法以及该地区的文化与民族团结进步教育之间的关系。全球化的当下时代，西北地区的文化存在样态是多元的、丰富的、也是极其复杂的，它是民族文化、主流文化（中华优秀传统文化）、中华多元一体文化等交织在一起的。也因此，由于文化与教育的密切关系，西北地区存在的包括民族文化、中华多元一体文化、社会主义先进文化、国家政治文化等多种文化内容，乃至全球化的当下时代的异域文化，也需要考虑在内，就是说，这些多元的、多样的文化样态，均会对学校教育产生影响，当然相应地，也会对民族团结进步教育产生影响。从我国西北地区来看，少数民族文化丰富多样，主要有藏族文化、回族文化、东乡族文化、裕固族文化、维吾尔族文化、蒙古族文化、哈萨克族文化、塔吉克族文化、乌孜别克族文化、满族文化、锡伯族文化、撒拉族文化、保安族文化等近50种少数民族文化，这些民族团结进步则形成了以藏族、蒙古族等少数民族为代表的佛教文化圈，形成了以回族、维吾尔族等少数民族为代表的伊斯兰文化圈。本部分内容将概括分析西北地区存在的主要文化及其特点，内容主要聚焦于民族文化及其特点、西北地区的文化及其特点两个方面。

一 民族文化及其特点

民族文化是指特定民族在本民族发展过程中在自己所属的时空，以自己独有的生活方式、思维模式、行为方式与大自然相处、与他民族交往中，经由长期的行为选择、心理积淀所模塑而成的具有独特民族印记的文化样态。民族文化是具有自己所属民族所置身的自然条件、地理环境、生态特点、历史传统等综合特点的文化。一般而言,民族文化包括物质文化(居于民族文化的表层,指向物质内容)、制度文化(处于民族文化的中间层,是指特定民族所具有的民族仪式、民族行为方式、民族行为规则与规范等)以及精神文化(居于民族文化深层结构,指向特定民族的民族心理、民族意识、民族性格、宗教信仰、语言文字等)。① 从民族文化的含义我们可以推知,任何一种民族文化都不是固定不变的,都是随着特定民族所置身的时空的变迁,随着特定民族的产生、演变及其发展,在特定民族与自然相处、与他民族的交往过程中逐渐形成的,它是具有特定民族的本质特征与特色的文化。原因是,不论哪个民族无一例外都是在本民族所置身的特定时空中产生、发展而成的。在这一过程中,一方面从生存的自然界索取日常生活所需要的物质资源,另一方面在与周遭的其他民族的交往中,积累并提高生活中所需要的各类经验、常识、知识、技术、技能等,进而通过实践、感受、体验,进而总结、提炼为适合本民族所用的、促进本民族发展的且具有本民族特征与特色的民族文化系统,也成为培育自己所属民族精神的文化系统。由是可知,特定的民族文化不仅是特定民族的象征和标志,而且反映了特定民族在特定的时空,以本民族独特的民族心理特点、民族思维模式以及民族行为方式,经由特定时空的模塑而成的民族文化系统,对特定民族人独特的生存、生活及发展具有不可替代的重要价值。可以说,特定的民族,在所置身的时空中,长期与自然界、他民族交往互动,这种长期的行为选择及心理积淀,成为属于该民族独有的民族文化模式。因为人性本就形成于主体所置身的自然环境、社会环境、文化环境,也因此受环境的综合影响与模塑。正如有学者所言,所谓人性,是根据人类受文化布局的影响方面来说的,究其真,人世间没有纯粹的"自然人",因为人性产生的本来缘由便是接受文化的模塑。② 由此可以推知,处于多元文化交织环境中的特定民族人,一定会受该环境中多种

---

① 王鉴:《当前民族文化与教育发展所面临的主要问题及对策》,《民族教育研究》2010年第2期。

② [英]马林诺夫斯基:《文化论》,费孝通译,中国民间文学出版社1987年版,第97页。

第九章　中观分析：西北地区文化环境与民族团结进步教育的价值取向　❋　161

不同特质文化的模塑，从而形成具有不同民族心理、不同民族性格、不同民族意识、操持不同民族语言的特定民族文化群体，也因此最终形成具有独特特质的民族文化模式。这也是人类文化能够源远流长的根本原因之所在。①

从统一的多民族国家的民族构成特点来看，我国是一个拥有 56 个不同民族的统一的多民族国家，形成"大杂居、小聚居，互相交错杂处"的特征鲜明的居住格局。在漫长的民族发展、民族国家建构过程中，各民族在相对稳定的时空中，在与自然和谐相处、与其他不同民族友好交往中形成了独特的"多元一体"的文化共同感与"休戚与共"的文化心理，也从而形成了中华民族独特的文化特质，也塑造了世界多元一体文化中独具特色的"中华民族多元一体"文化模式。对于我国西北地区的民族团结进步教育的发展而言，需要基于民族的灵魂——"文化"，就是说，民族团结进步教育需要植根于丰厚的民族文化土壤，汲取营养、茁壮发展。从我国西北地区的民族史发展来看，自古以来，该地区便是一个多民族社会，众多少数民族世居于新疆维吾尔自治区、甘肃、青海、宁夏回族自治区以及陕西的部分地区。纵向来看，吐蕃、回鹘、突厥、羌、氐、柔然、匈奴、党项、鲜卑、吐谷浑等地区，都是历史上少数民族生活的区域范围。当今，这些区域依然生活着藏族、回族、东乡族、裕固族、维吾尔族、蒙古族、哈萨克族、塔吉克族、乌孜别克族、满族、锡伯族、撒拉族、保安族等 50 多个少数民族。由此可以说，就我国西北地区世世代代生息的诸多少数民族而言，存在着极其丰富多样的民族文化。然而，不论从历史纵轴还是从当下时代横向来看，西北地区一直以来都是一个多民族多文化共存，不断融合发展的社会，在不同的历史时期，不同民族不同文化之间的关系各不相同，在大一统时期，往往表现为主流文化与多民族文化和谐发展，到了社会动荡时代，则表现为不同民族文化竞相发展的情形。西北少数民族文化发展到目前，主要有两大文化圈：其一，以维吾尔族、回族、哈萨克族等少数民族为代表的伊斯兰文化圈；其二，以藏族、裕固族、蒙古族等少数

---

① ［美］露丝·本尼迪克特：《文化模式》，王炜等译，社会科学文献出版社 2009 年版。

民族为代表的佛教文化圈。然而，就西北少数民族文化与社会的总体发展来看，整体趋势则体现为"中华民族多元一体的社会格局"。① 故而可以说，西北地区的文化特点也趋于"多元一体"，也就是说，西北地区作为中华民族的重要组成部分，其整体的文化样态亦体现出"中华民族多元一体文化"的趋势与特点。

二 西北地区的文化及其特点

纵观中国统一的多民族国家漫长的民族和民族国家发展史，可以得知，中华民族多元一体文化是中华民族的文化样态，西北地区文化是其中不可分割的一部分。中华民族自有史以来，生息于这片土地上的居民就分散活动于中国境内的四面八方，在中华民族的大地上、在不同的自然环境、地理环境中，适应不同的气候、环境，但共同创造着我中华民族的伟大历史与中华民族文化。在中华民族多元一体文化形成的漫长历史过程中，根据神话传说中中华民族远古居民所奉祀的天帝、祖神及其所崇拜的图腾，古老的中华民族人活动区域表现出明显的区域性特点。同时，考古史料显示，中华民族文化萌芽于旧石器时代的区域性特点，到新石器时代，黄河中游和西游两个文化区的多元文化交融、汇集，便已经发展为具有不同类型与发展中心的区系；而神话传说与考古学的这种相互印证，成为揭示与认识中华民族起源的多元特点的科学基础与理论依据。② 因此可以推知，中华民族的多源起特点，也造就了我国统一的多民族国家民族文化的多元性的特点。中华民族文化演变、发展的轨迹与特点，基本可以概括为：多元化、多方向的起源，多区域的发展，并在不断汇聚中辐射四面八方。具体来说，在中华民族文化漫长的发展史上，各民族在特定的时空中，在与自然打交道、与他民族相交往的过程中，不断地扩展自己所属领域，在与相邻地区、相邻民族文化交融汇聚中，汇聚成多区域的民族文化群发展向前，最终汇流成中华民族文化的大河，继之又不断向更广阔的区域发展并辐射四方，从而促进周围不

---

① 王鉴：《西北民族地区多元文化与教育问题研究》，《当代教育与文化》2009 年第 1 期。
② 陈连开：《中华民族研究初探》，知识出版社 1994 年版，第 118 页。

同地区不同民族文化的发展。① 最终，由 56 个民族文化融凝而成中华民族，其中主体民族是汉族，是凝聚结合的核心。在中华民族文化的发展史上，形成了以汉族文化为主体，其他 55 个少数民族保持着各自民族文化的特征，② 体现了鲜明的特点。

然而，与此同时，中华民族文化又体现了"一体"的基础。由多元文化融凝而成的中华民族，56 个民族单位是"多"元，中华民族是"一"体。③ 事实上，在中华民族漫长的发展史上，正是伴随着这种多元与一体显在与潜在的交替状态，在"一"与"多"的矛盾与辩证关系中发展向前的，具体而言，指中华民族文化某一时期的"多元"文化发展是为下一时期的"一体"文化发展打基础，而某一时期的"一体"文化发展样态又是下一时期"多元"文化样态发展的条件。纵观中华民族漫长的发展演变中，56 个民族的多元发展与中华民族一体的交替发展中向前，在交往互动中促进了各民族的整体向前发展。可以说，中华民族的文化是由不同民族文化间不断的交往互动、不息的交流与融合、涤荡与生长中民族形成文化，文化融凝成民族。④

全球多元文化背景下，中华民族多元一体的发展走向需要与时代同步，吸收现代化进程中的新时代因子，为其注入新的活力，让其具有更强的生命力。走进新时代的中华民族以及每个中华民族人，需要具有清晰的、反思性的民族意识、国家意识及全球意识，方可成为新时期中国统一的多民族国家合格的民族人。因为不论属于哪个民族，作为一个统一的多民族国家合格的公民，唯有能够清晰地认识、掌握自己所属民族文化，并能够客观、公正地看待、理解、接纳、欣赏自己所置身环境中的其他文化，以拓展自己文化视野、提升自己的民族观，才可能给自己适切的定位，并通过自身调整、自主适应，在所置身的多元文化环境中以及更大的多元交织的文化世界里，建构一个不同文化主体共同认可的

---

① 陈连开：《中国民族文化的特点》，《云南社会科学》1994 年第 2 期。
② 陈连开：《中华文化的基本特点及其在现代化进程中的弘扬》，《广西民族研究》2001 年第 2 期。
③ 费孝通：《中华民族的多元一体格局》，《北京大学学报》1989 年第 4 期。
④ 王鉴、秦积翠等：《解读中国民族团结进步教育》，《贵州民族研究》2007 年第 1 期。

基本秩序及一套不同文化能够和谐与共的共处守则。① 此处的"基本秩序和共处守则",就是指不同民族文化不断的交往互动,文化融凝成民族,并在生生不息的交流与融合、涤荡与生长中,民族形成文化,在与时代同步的发展中,吸取中外文化精华而成的"现代中华民族文化";即将主体民族汉族文化作为基体,将55个少数民族文化作为依托,与此同时,经由借鉴、吸纳外来文化,吸收时代因子而成的具有现代特点的中华民族文化,即56个民族共同认可的"中华民族多元一体文化"。它由中华优秀传统文化、不同民族文化、社会主义先进文化、国家政治文化组成;"中国"是其历史根基、"现代"是其精神实质、"世界"是其社会背景。中国优秀传统文化是中国传统文化的一部分,而中国传统文化主要指的是中华民族数千年发展过程中创造的、不断发展的、打上自身烙印的文化,其构成包括物质文化、制度文化和思想文化等,它是一个丰富的有机整体,源远流长,博大精深。② 故而,中国优秀传统文化理所当然是"中华民族多元一体文化"的主要组成部分,而不同民族的多元文化又是不同民族人安身立命之所,也因此,以体现现代性为特点的"中华民族多元一体文化"为我国56个民族全体民族人民族团结的根基。"多元"指向我国统一的多民族国家56个民族的56种民族文化各具文化特色,在共同所属的中华民族大地上,荣辱与共、互相依赖、相扶相携、相融共生、求同存异、和而不同,既能够清晰、正确地认识、掌握本民族文化,也能够公正、客观地看待他民族文化,并能够在接纳、欣赏、尊重中向他民族学习,让本民族文化更加先进;"一体"则指56个民族文化均是世界文化的一部分,需要以"世界多元一体文化"为背景,以"中华民族多元一体文化"为方向,植根中华民族优秀传统文化、社会主义先进文化,走进新时代、面向未来,共谋发展。

就西北地区而言,作为"中华民族多元一体文化"的重要组成部分,凝聚了古今汉族文化,以及以维吾尔族、回族、哈萨克族等少数民族为代表的伊斯兰文化圈和以藏族、裕固族、蒙古族等少数民族为代表

---

① 费孝通:《论人类学与文化自觉》,华夏出版社2004年版,第188页。
② 李宗桂:《试论中国优秀传统文化的内涵》,《学术研究》2013年第11期。

的佛教文化圈，同时也吸收外来文化，并试图将其融凝为一体，使其成为生息于该地区的汉族、藏族、回族、东乡族、裕固族、维吾尔族、蒙古族、哈萨克族、塔吉克族、乌孜别克族、满族、锡伯族、撒拉族、保安族等50多个民族交流、共享的文化平台，并借此来弥合不同民族文化之间的鸿沟，促进民族团结、提升社会凝聚力。亦即，不同民族立足于同为中华民族炎黄子孙这一根基，重塑我国民族国家国境之内的共同感，从而能够求同存异，面对目前异常复杂的国际国内形势，在超越传统中谋求共同发展，全民族共同努力，为实现中华民族伟大复兴的中国梦而共同努力。此亦为西北地区民族团结进步教育的价值取向。

第三节　西北地区民族团结进步教育与文化的关系

如前文所述，体现现代性特点的中华民族文化，以"世界多元一体文化"为背景，以"中华民族多元一体文化"为方向，植根中华民族优秀传统文化、社会主义先进文化，走进新时代、面向未来，在超越传统中谋求共同发展，凝聚古今中华民族传统文化，珍视少数民族非物质文化遗产，也吸收外来异域文化，进而融凝而成了具有56个特定民族心理和多元一体社会特点的中华民族共同文化。这种共同文化特质连接着我国多民族主权国家内的56个民族，让不同民族人产生了"多元一体"的文化共同感与"休戚与共"的文化心理，为我国各民族搭建起了一个彼此共享的文化平台，并借此来弥合不同民族之间的文化鸿沟，促进民族团结、提升社会凝聚力，是为新时代西北地区民族团结进步教育的价值取向。而能够体现西北民族团结进步教育价值的具体场域，非最具现代性特点的学校教育莫属。随着全球化、信息化的迅猛推进，就西北地区学校民族团结进步教育而言，经由民族团结进步教育培养该西北地区经济现代化发展所需要的各类人才；传承民族文化，培养未来民族人清晰的、积极的民族认同、身份认同；传播国家政治文化，重塑未来民族人的政治认同并提升其公民意识、祖国意识，进而培育其正向的国家认同感。也因此体现其"构筑各民族共有精神家园、铸牢中华民族共同体意识的基本途径和载体"① 的作用。

根据教育人类学的理论观点，教育总是特定社会文化的产物，有怎样的文化形态便会有怎样的教育形式。从同一层面来看，教育与文化有着密切的关系，两者间是一种互为依存、相互促进、互为作用的关系，即教育是文化的载体，文化则为教育的源泉。而从两者的具体关系来看，教育与文化则并不对称，具体而言，世界上任何一个民族的文化的保留和延续，均需要教育的传承与发展。然而，教育对于文化而言，却是有选择的，并非所有的、一切的文化都能为教育所承载。教育对文化的这种选择是一种文化特权，带有明显的主观性、强迫性特点。这里的文化特权，意指特定社会占主导地位主流文化的决定权，即是说，在特定社会、特定时期教育为何要选这类文化知识而非其他文化知识、选择了哪些文化知识、选取文化知识的标准是什么，均取决于彼时彼境中占主导地位的主流文化。从我国西北地区的文化样态发展来看，走进现代化之前的西北地区，处于封闭或者半封闭状态，由于教育与文化之间存在天然的不可分割的关系，即教育是文化的载体，而文化则是教育的源泉，故而该地区的民族教育一定会传承与发展本区域所属的民族文化，促进该地区民族意识与民族身份相应的提升。然而，随着时代的发展，全球化、信息化的到来，西北地区以毋庸置疑的姿态渐次走向现代化，故该地区民族教育则通过选择现代性文化，以使不同民族的个体或者群体通过这种教育获得现代性意识和身份。由此可以说，西北地区这种教育的形式与内容是否包含了民族性的特点、是否以民族性的方式接受现代性的知识②，比如民族团结进步教育等，是值得我们深入探讨的问题。因而，本研究设计了经由民族团结进步教育培育国家认同策略的思路与推断：在西北地区走向现代化的过程中，作为体现现代性的学校教育，以统一整合的形式镶嵌于西北少数民族社区中、整合西北地区多元文化且体现现代性的学校教育（本研究以民族团结进步教育为例），在

---

① 万明钢、王婕：《铸牢中华民族共同体意识与学校民族团结进步教育课程建设》，《西北师大学报》（社会科学版）2021 年第 3 期。
② 钱民辉：《多元文化与现代性教育之关系研究——教育人类学的视野与田野工作》，民族出版社 2008 年版，第 259—260 页。

第九章　中观分析：西北地区文化环境与民族团结进步教育的价值取向　❋　167

对文化的选择中，是否在一定程度上对该地区民族文化进行了传播（其为未来民族人国家认同形成过程中必需的内容之一）。为此，本研究设计了访谈中的相关项目，具体调查结果见下文。

访谈资料①中有关民族团结进步教育与文化相关的内容中，部分资料如下：

> 我从民族团结进步教育活动中学到了很多，让我知道了民族要团结，不要打人、不要骂人、要乐于帮助别人。从民族团结进步教育课上，我没有了解到其他民族的文化，我只熟悉我们古尔邦节、我们的服饰、饮食等，因为上课内容中讲其他民族文化的内容很少。(宁夏回族自治区贺兰县某初级中学学生Q访谈)
>
> 民族团结进步教育课上，讲其他民族文化的内容比较少。因为我们的老师是挑内容上的，考试要考的那些部分会讲一下，不考的就让自学。所以，我没有了解更多民族文化的内容。(新疆维吾尔自治区木垒哈萨克族自治县某中学学生W访谈)
>
> 我们的民族团结进步教育课，大多数时候是自学的，老师说，只要把考试要考的那些内容掌握就可以了。上课时，老师会带领我们一起读一下，划出考试重点。我从这门课上学到的少数民族非物质文化遗产方面的内容不够多，56个民族如何团结等内容也不多。(青海省城中区某中学学生Y访谈)
>
> 除了课堂上，我们这里还开展着多种多样的民族团结进步教育活动，比如三进两联一交友、民族团结主体班会、民族团结演讲比赛、民族团结手抄报、民族团结月主题活动，等等，但是，感觉里面包括的民族文化方面的知识不多，有时候会提一下名字，具体内容也不会详细讲。(新疆维吾尔自治区昌吉回族自治州某中学高二学生W访谈)
>
> 西北地区的文化环境多元，也因此影响到教育的方方面面。我个人认为，文化层面的内容需要涵养，在潜移默化中形成，不能只

---

① 本部分相关的访谈资料，有一部分来自作者博士论文的调研结果。

依靠教育、民族团教育达到目标。(新疆维吾尔自治区昌吉回族自治州某中学校长 W 访谈)

以上内容在一定程度上说明了西北地区学校教育与民族文化的传承与发展情况。这是西北地区教育现代化发展过程中存在的客观问题。事实上，随着西北地区经济现代化、社会现代化的实现，该地区的教育也逐渐走向现代化、信息化，有了长足的进展，但与之并存的现象与问题亟待关注，主要体现为：第一，西北地区教育现代化，为西北地区培养了经济现代化所需要的各类人才，但民族文化传承问题与现代教育的关系割裂；第二，学校教育不能有效地传授作为少数民族知识结晶和生存智能的少数民族文化，这极大地冲击了西北地区民族文化走向现代化的进程；第三，西北地区多民族多文化的历史与社会现实，需要该地区学校教育体现多元文化的内容与价值。另外，学校教育现代化的过程中，倾向于传承现代科学知识、普适性知识，而明显轻视、遗忘了西北地区的地方知识、本土知识的价值。我们深知，本土知识与地方知识是各个少数民族在特定地区与自然的相互作用过程中所形成的认识，是各少数民族的文化。[1] 从教育与文化的关系来看，特定民族的文化与该民族的教育是一脉相承的，即是说，民族文化是民族教育的内容与源泉，而民族教育则是民族文化传承与传播的主要渠道与途径。由此可以推知，民族教育之根须植于民族文化土壤中。[2] 我国是一个拥有 56 个民族的统一的多民族国家，西北地区是不可分割的组成部分，它作为一个拥有藏族、回族、东乡族、裕固族、维吾尔族、蒙古族、哈萨克族、锡伯族、撒拉族、保安族、塔吉克族、乌孜别克族、满族等 50 多个少数民族的多元文化地区，只有将民族教育之根植于丰厚的多民族文化土壤中，方可经由民族团结进步教育促进民族文化的有效传承与发展，引导西北地区青少年社会化过程的顺利进行，也才能使不同民族之间互相促进、相得益彰，促进该地区社会能够整体向前发展，加快实现中华民族伟大复

---

[1] 王鉴：《西北民族地区多元文化与教育问题研究》，《当代教育与文化》2009 年第 1 期。
[2] 王鉴：《当前民族文化与教育发展所面临的主要问题及对策》，《民族教育研究》2010 年第 2 期。

兴的中国梦。

第四节 文化指向下西北地区民族团结进步教育的价值取向

一直以来，我国西北地区民族团结实现的途径是各类有利于西北地区经济、文化等的政策倾斜。[①] 这有利于在短时间内促进西北地区社会方方面面的发展。因为从横向来看，由于历史发展过程中的阶级性、局限性，少数民族因较晚接触商品经济与西方社会，在现代化进程中相对处于后发位置。故而，有目的、有计划、有指向地制定各项倾斜、扶持政策，使得我国西北地区在经济、文化、教育等领域快速地发展起来，效果显著。然而，这一系列举措，大多属于技术路线，是"空降"而来的，大多属于以现代化为标志的外来物，与少数民族赖以生存的文化关联不大，游离于民族赖以存在的民族之魂——"文化"（少数民族非物质文化遗产包括在内）之外。在很大程度上说，这类方式仅是在西北地区少数民族生活方式中强制性地嵌入了"发展""团结""凝聚"等外在规约，故一直以来效果不太显著。深层的原因是，由于我国统一的多民族国家建构中的主客观原因与需要，长久以来我国对汉族和少数民族采取二元分治的方式，使得我国民族政策中的部分条例、项目与现代化进程中的客观事实、客观要求相脱节。而从民族教育实践来看，作为民族团结教育灵魂的中华民族文化，处于被忽视的地位。这极不利于我国民族团结的有效提升。因为社会制度乃是"外在的"，社会制度之孤立的内容本是无灵魂的泥偶，所以社会制度不能造就公共人生；而个人情感乃是"内在的"，人于其间栖居，摆脱社会制度的束缚。[②] 故而，新时代我国西北地区民族团结进步教育价值取向为：以文化为视域，达成以文化为基础、以文化为手段、以文化为目的的现代民族教育旨归。

新时代以文化为基础、以文化为手段、以文化为目的的民族团结进

[①] 邵晓霞：《文化视角下的民族团结教育实现问题》，《甘肃社会科学》2012年第2期。
[②] ［德］马丁·布伯：《我与你》，陈维纲译，生活·读书·新知三联书店1986年版，第61—63页。

步教育，实质上发挥着作为西北地区现代教育对文化整合的功能。事实上，文化对于一个民族的认同和整合是至关重要的，任何民族对于自己所属文化的重视程度均反映在其教育经历中，因为任何一个民族历史文化的延续均需要民族成员对本民族文化的学习与掌握，并且世代相传。由此可以推知，当下我国西北地区教育现代化过程中要重视作为以统一整合的形式镶嵌于少数民族社区并整合着西北地区文化的民族团结进步教育，其功能之一体现为：传承民族文化、体现文化的内容与价值，这体现在两方面。

一方面，民族团结进步教育需要传承民族文化。因为文化对特定民族的认同与整合至关重要，对文化的重视体现于其教育的整个发展过程，故特定民族文化的延续需要本民族成员对自己所属民族文化的学习与掌握，且需要代代相传。① 与此同时，随着时代的进步任何民族文化都需要在传承中得以创新与发展。从人类社会文化发展的进程来看，任何一个民族的民族文化都是人类文化宝库中不可缺少的一部分，是重要的组成部分之一，当然相应地，由于每个民族的民族文化都是特定民族在特定的时空中，在与所置身其中的自然环境、地理环境、人文环境的相互作用、相互影响下，通过长期的行为选择及心理积淀，经由实践的模塑而成的具有独特民族特点的文化模式。也就是说，每个民族的民族文化都是伴随着一个特定民族的历史发展，特定民族人通过累积、创造而成，具有独特本民族特点②的文化样态。这种独特的文化特征，不仅是特定民族的象征和标志，也反映了特定民族在特定的时空里，以本民族独特的民族心理特点、民族思维模式以及民族行为方式，经由特定时空的模塑而成的民族文化系统，对于置身其中的人们来说，不论对其生存、生活样态，还是社会化过程，都具有不可替代的重要价值。由是说，特定民族的个体或者群体其社会化过程与其所置身社会文化环境有着密切的关系。对于特定民族人而言，社会化过程是指在特定文化环境

---

① 钱民辉：《多元文化与现代性教育之关系研究——教育人类学的视野与田野工作》，民族出版社 2008 年版，第 252 页。
② 王鉴：《当前民族文化与教育发展所面临的主要问题及对策》，《民族教育研究》2010 年第 2 期。

中适应所接触文化的程度，其所置身的社会文化也会影响不同民族主体对所置身环境中的社会文化的适应。由此也可以推知，任何一个民族主体如果与其所置身环境中的社会文化形态相疏离，其社会化进程必然受阻。① 由此可以推知，一是，作为特定民族文化的民族主体，都需要承担起传承、维护、发展与创新本民族文化的使命与任务；二是，西北地区特定民族主体的社会化过程需要与其所置身的社会文化形态相关联，否则不仅会影响到其自身的生存与发展，也必将波及特定民族的延续与发展。也因此，在西北地区学校教育走向现代化的当下时代，民族团结进步教育必须传承民族文化。

另一方面，民族团结进步教育需要体现我国多元一体文化的内容与价值。特定民族文化之于特定民族的认同与整合，起着至关重要的作用，而一个特定民族的社区或者区域，对文化的重视便主要体现于该特定西北地区教育的整体发展过程之中，因为不论是哪个民族文化的延续与发展，都需要经由本民族成员对自己所属民族文化的了解、学习、掌握、分析、辨别、鉴别中，才能得以传承、创新与发展。而与此同时，在全球化的当下社会，全球范围内单一民族的国家极为少见，不同国家、不同区域的人们之间的交往互动日益频繁，也因此独立的文化无法生存，封闭性、半封闭性的少数民族社区也荡然无存。当下时代，随着不同少数民族之间的交往日益加强，这种交往体现在生活领域，也出现在商品贸易、生产市场等方面。同时，由于社会的进步、时代的发展，尤其是全球化的迅速推进、信息技术日新月异的发展与更新，不同民族之间交往的范围越来越大，往往会突破地域、国界进行交流互动，这也意味着多民族、多文化间的交流、融合、发展已然成为人们的日常话题。

我国西北地区一直以来都是一个多民族多文化共存，不断冲突、不断融合发展的社会，在不同的历史时期，不同民族不同文化之间的关系呈现出不同的特点：在大一统时期，往往表现为各民族的多元文化与主流文化和谐发展，而每每到了社会动荡时期，主流文化与各民族的多元

---

① 邵晓霞：《民族地区英语课程与教学多元化：理论诉求与实践重构》，《青海师范大学学报》2019 年第 3 期。

文化则各自竞相发展。历经漫长的民族发展史，到目前为止，该地区主要形成了以维吾尔族、回族、哈萨克族等少数民族为代表的伊斯兰文化圈和以藏族、裕固族、蒙古族等少数民族为代表的佛教文化圈。同时，这两大文化圈在与主流社会、全世界多元民族文化社会的和谐共处中发展向前。故而可以说，新时代我国西北地区的民族团结进步教育体系中需要体现我国"多元一体"文化的内容与价值，既要包括西北地区所有民族的文化和智慧，也要体现主流民族社会与国家的文化和社会，与此同时还要反映世界范围内多元的不同民族与不同国家的文化和社会。①

从文化视角看，作为以统一整合的形式镶嵌于西北少数民族社区中的民族团结进步教育，需要整合该地区包含 50 多个少数民族的以伊斯兰文化圈和佛教文化圈为核心的文化。教育价值体现在传承民族文化、体现文化的内容与价值之中，从西北地区的社会现实来看，处于民族文化、地域文化、主流文化等文化交织的环境中，随着全球化、信息化、现代化时代的到来，更是遭遇了前所未有的冲击与震荡，固有体系被打破，新时期新型的文化体系亟待重建。而西北地区民族团结进步教育及对该地区青少年国家认同的教育，离不开新型的文化体系。文化在一个民族的认同和整合过程中起着极为重要的作用，而且一个民族历史文化的延续需要通过教育世代相传。因为教育与文化有着天然不可分割的特殊关系，即教育是文化的载体，而文化则是教育的源泉；特定的文化决定教育的内容与方向，而教育则对人类文化的统一性与多样性起着整合作用。② 由此推及，在新时代西北地区新型的、多元的文化体系构建过程中，作为该地区最突出的体现现代性的现代教育方式——民族团结进步教育，需要实现于符合时代诉求的先进的新型文化体系中。因此，从文化视角观之，经由民族团结进步教育培育青少年国家认同，实施文化引领是必由之路。这也是文化指向下我国西北地区民族团结进步教育的

---

① 王鉴:《当前民族文化与教育发展所面临的主要问题及对策》，《民族教育研究》2010 年第 2 期。

② 钱民辉:《多元文化与现代性教育之关系研究——教育人类学的视野与田野工作》，民族出版社 2008 年版，第 34 页。

第九章 中观分析：西北地区文化环境与民族团结进步教育的价值取向

价值取向。

从文化视角下西北地区民族团结进步教育价值取向来看，需要民族团结进步教育以中华民族文化"多元并存"这一社会现实为基点，确定为走进现代化的西北地区培养具有清晰的、积极的、正向的民族认同与国家认同的各类人才的目标；以国家核心价值（中华民族一体文化）与民族特色相融合的民族文化为内容；以文化（包括中华优秀传统文化、各民族文化、社会主义先进文化、国家政治文化等）传承与传播为目的，培育新时代西北地区各类民族文化精神的承载者、创新者。具体而言，西北地区民族团结进步教育目标的制定中，需要考虑培养具有国际视野、具备现代民族文化素养之国家未来建设者和接班人，他们能够客观、公正地地审视自己所属民族文化，且能够了解、理解、尊重、接纳并欣赏所接触的异文化；并在此基础上，拓展其文化视野、提升其民族观，让其具备祖国意识、全球视野的跨文化能力，可以与来自全国各地乃至全球范围内持有不同价值观的不同民族人打交道，且能够以开放的、积极的、正向的心态参与各种社会事务，成为我国合格的未来公民。

就民族团结进步教育内容的选择与组织来说，需要考虑以中华民族多元一体文化为核心内容，即民族团结进步教育要体现中华民族共同文化价值。从新时代我国的社会实际来看，能够体现中华民族共同文化价值的文化内容，既包括中华民族优秀传统文化，也包括社会主义先进文化，还包括国家政治文化。中华优秀传统文化是中国传统文化的组成部分。中国传统文化（与常见称之为"中国文化"的内容直接相关），指的是中华民族历经数千年漫长的发展过程所积淀的、创造的、不断发展的、打上中华民族的烙印的文化。这一文化，根据文化学家关于文化结构的见解，它的构成包括物质文化、制度文化和思想文化等不同层面。而中国政治文化历来是"文化中轴的政治文化"，本质上反映中国社会的社会结构和人伦关系，梁漱溟先生、张岱年先生、王亚南先生等大家都将中国政治视为与文化水乳交融的东西。[1] 因而，中国政治文化是构

---

[1] 王沪宁：《转变中的中国政治文化结构》，《复旦学报》（社会科学版）1988 年第 3 期。

成中华民族共同文化价值的重要组成部分,也应是构成民族团结进步教育的主要内容之一。总体而言,中国文化是一个丰富的有机整体,源远流长、博大精深。其中,思想文化是中国文化的核,[①] 须得是西北地区民族团结进步教育所要传承的重要内容之一。而社会主义先进文化以中华优秀传统文化为根基。因为任何先进文化,都是既有文化的延续与发展,换而言之,社会主义先进文化,是对中华优秀传统文化的传承、变革与创新。也因此,西北地区民族团结进步教育作为新时期传承民族文化的主要途径,在教育内容的选择与组织上,中华民族优秀传统文化是必需包括的内容。西北地区民族团结进步教育的内容需要满足西北少数民族文化的传承与发展诉求。西北地区包括藏族、回族、东乡族、裕固族、维吾尔族、蒙古族、哈萨克族、塔吉克族、乌孜别克族、满族、锡伯族、撒拉族、保安族等50个少数民族所属的民族文化体系,都是需要传承的主要文化内容。以民族团结进步教育为途径,将中华民族共同文化价值与西北地区不同民族特色文化有机整合,让它们在彼此依赖、相互促进、和谐与共、相融共生的多元文化环境中发展、繁荣。

　　对于西北地区民族团结进步教育的实施而言,在方式方法的选用上,需要与新时代民族团结进步教育目标、教育内容相匹配,体现文化指向,即实施文化引领,通过民族团结进步教育传播、传承文化,通过文化意识和价值观的再生产而影响未来民族人。如上文所述,由于教育有文化选择的特权,在我国民族教育领域,并非一切文化(包括各少数民族文化、主流文化、异域文化等等)都能为教育所承载。教育对文化选择的这种特权,带有明显的主观性的特点,也就是说,特定地区的教育选取哪类文化知识、选择了那些文化知识的原因、选取文化知识标准,均由当时社会占主导地位的主流文化决定。

　　着眼于西北地区的民族团结进步教育要体现以文化为基础、以文化为手段、以文化为目的的现代民族教育旨归,需要选用既能体现中华民族共同文化价值(中华民族一体文化,包括中华优秀传统文化、社会主义先进文化、国家政治文化等),又能满足西北少数民族文化(即50

[①] 李宗桂:《试论中国优秀传统文化的内涵》,《学术研究》2013年第11期。

多个民族的民族文化组成的多元文化）的传承与发展诉求的文化内容，培养具备现代民族文化素养的，能够客观、公正地看待自己所属民族文化，且能够了解、尊重、接纳、欣赏他文化，与来自不同文化背景的持有不同价值观的人打交道，并能够以开放、积极的心态参与各种社会事务的合格公民。这一目标的实现，在教育实施过程中，我们要采取理解的、尊重的、宽容的、民主的教育方式，搭建平等对话的交流平台，去培养不同民族青少年的公共理性，试图摒弃狭隘的大汉族主义。因为教育的目的不是告诉后人存在什么或者会存在什么，而是晓喻他们如何让精神充盈人生，如何与"你"相遇。① 此处的"你"，我们可以理解为与"自我"及与自我相区别的他者，在本书中即指不同民族青少年所属民族的个体或者群体，以及其他民族的个体或者群体。故而在教育措施上，需要创建一个和谐、包容、尊重、鼓励多元并存的教育环境，民族团结进步教育主体可以置身其中，进行平等对话，通过交流、分享、共享、相互理解、相互帮助、共同进步。

---

① ［德］马丁·布伯：《我与你》，陈维纲译，生活·读书·新知三联书店1986年版，第60页。

第十章　微观分析：西北地区青少年国家认同的特点分析及建议

第一节　引言

认同是心理认知现象，它出于自我，是一种自觉而持久的感情，具有心理依附、情感归属、比照差异、并付诸行为实践等特点。它是认同主体以他物为参照，于差异中求趋同的过程，包含了认同主体的情感、观念、信仰及其理想，包括诸多成分复杂的心理结构系统，可分为认知成分和情感成分。前者指向一个国家的公民对自己存在其中的国家、自己所属人群的知识与看法；后者则关涉一国之民对自己所属的国家、人群的情绪、情感及评价等内容。[①] 认同是如此复杂的心理认知现象，不可以通过外界强加而成，相应地国家认同的形成是要靠作为一国之民的国家认同主体的自觉意识，并在对国家公共社会实践活动的参与中方可发展而成。对于青少年学生而言，只有通过将有关国家认同教育与其自主自觉意识的唤醒、参与国家公共生活的实践相结合，才能形成内在的可持续的国家认同。[②] 作为国家认同主体的青少年学生其认知水平（包括思维能力等）、成长环境、受教育环境等因素均会影响到他们的社会化进程，也一定会影响他们国家认同感的形成过程。因为学生的国家认同从"认知"到"情感"，再到"行为"，是一个有序的、渐进的、复

[①] 佐斌：《论儿童国家认同感的形成》，《教育研究与实验》2000年第2期。
[②] 韩震：《现时代的教育变革与国家认同》，《中国高校社会科学》2014年第2期；韩震：《教育如何促进国家认同？》，《人民教育》2015年第20期。

杂的过程，是伴随着中小学学生的成长，在其社会化的过程中逐渐发展起来的，特定地区、特定时代的青少年学生个体的国家认同形成过程，一定受制于诸多因素，比如其所置身的自然环境、地理位置、社会环境，等等，青少年社会化的过程不可避免地受制于上述因素的影响。

然而，不论置身于何种环境、哪个时代，对于任何个体或者集体而言，都有最核心、最重要的影响因素。对于我国西北地区的青少年学生而言，其社会化过程也会受到其所置身的民族环境、文化环境，当然也包括自然环境、地理位置等的影响，他们的国家认同形成过程也同样如此，一定有最直接、最核心的因素影响着该地区未来民族人的国家认同的整体趋势。

根据本研究的调查结果（具体见第七章内容），我国西北地区中小学生国家认同在学段上、家庭所在地上均体现出极为显著的差异，具体体现如下。

其一，从不同学段来看，小学、初中、高中三个学段的中小学生国家认同情况的差异体现在：三者整体上独立样本 T 检验的数值为 $P=0.000$，$P<0.001$，差异性极为显著；从不同维度的数据结果来看，国家意识方面（$P=0.000$，$P<0.001$）、政治认同方面（$P=0.000$，$P<0.001$），以及文化认同方面（$P=0.000$，$P<0.001$）三个维度上均存在着极为显著的差异。

其二，从不同生源地（城市与乡村之别）来看，西北地区城市和乡村中小学生国家认同情况的差异：两者总体的独立样本 T 检验的数值为 $P=0.000$，$P<0.001$，差异极为显著；而不同维度的数据结果显示，国家意识维度（$P=0.000$，$P<0.001$）、政治认同维度（$P=0.000$，$P<0.001$）以及文化认同维度（$P=0.000$，$P<0.001$），三个维度上均存在极其显著性差异。

此外，从不同类型的学校来看，汉族学校、民族学校、民汉合校三类学校的中小学生国家认同情况的差异：三者独立样本 T 检验的数值为 $P=0.000$，$P<0.001$，差异性极为显著；与此同时，三个维度的数据结果显示为，国家意识方面（$P=0.000$，$P<0.001$）、政治认同方面（$P=0.000$，$P<0.001$）以及文化认同方面（$P=0.000$，$P<0.001$）三个维

度上均存在显著性差异。

本章内容将选择调研样本中青少年的家庭所在地因素（在本研究中即指学生生源地）、所在学段因素进行深入地分析与探讨。在此基础上，结合西北地区城乡教育一体化及西北地区城乡教育二元结构对青少年国家认同培育的影响，以及经由民族团结进步教育培育国家认同的内容导向（包括公民内容重构、思想政治教育重建以及文化引领等方面），对西北地区民族团结进步教育对中小学生国家认同培育问题进行深入探讨。

第二节 西北地区青少年国家认同在学段、生源地方面的差异及成因

一 不同学段的青少年国家认同的表现水平差异及其成因分析

在本研究中，总样本涉及西北地区的青海省、甘肃省、新疆维吾尔自治区、宁夏回族自治区四个省区的82所学校，总共发放问卷20000份，有效问卷为18334份，有效率达到91.67%。从学段来看，小学阶段有6051人，占比33%，初中阶段有6090人，占比33.2%，高中阶段有6193人，占比33.8%。可以看出，所选样本的学段比较均衡，小学、初中、高中三个学段的学生样本量占比基本持平。具体如表10-1所示。

表10-1　　　　　西北地区青少年所在学段统计

变量名称		人数	占比（%）
学生所在学段	小学	6051	33.0
	初中	6090	33.2
	高中	6193	33.8

为了探明不同学段的中小学生国家认同表现水平的差异，对西北地区不同学段的青少年国家认同情况进行了单因素方差分析，结果（具体见第七章表7-3）显示：从总体来看，小学、初中、高中学生在国家

第十章 微观分析：西北地区青少年国家认同的特点分析及建议 179

认同水平上表现出极为显著的差异（P=0.000，P<0.001），从国家认同的三个维度来看，国家意识（P=0.000，P<0.001）、政治认同（P=0.000，P<0.001）、文化认同（P=0.000，P<0.001）也体现了显著的差异性。从具体得分情况来看，在国家意识维度，小学生得分为4.63分，初中生得分为4.60，高中生得分为4.71分；在政治认同维度，小学生得分为3.66分，初中生得分为3.36，高中生得分为3.27分；在文化认同维度，小学生得分为4.69分，初中生得分为4.63，高中生得分为4.60分。从总体上看，小学生在政治认同维度得分最高，高中生在国家意识维度得分最高，而初中生在三个维度的平均得分均处于中间状态。图10-1更能直观地反映出这一趋势，具体如下。

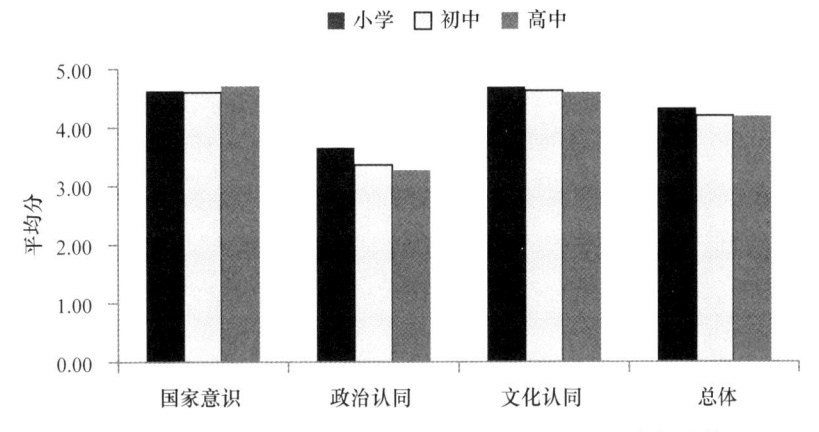

图10-1 不同学段的青少年国家认同的表现水平和变化趋势

从图10-1可以看出，不同学段的中小学学生在国家意识、政治认同、文化认同方面存在着显著性差异。具体来说，在国家意识方面，高中生的均值最高，其次为小学生，最后是初中生。在政治认同和文化认同方面，不同学段的学生的表现水平从低到高依次为：高中生、初中生、小学生。

西北地区中小学生国家认同水平所体现出的学段方面的规律，我们认为可能的原因主要有以下三个方面。

第一，教育环境的变化与中小学生国家认同的差异密切相关。这里的教育环境，我们主要分析西北地区基础教育阶段民族团结进步教育的考试安排及学校课程内容情况，同时结合中小学生直觉发展、认知水平、思维能力等方面的变化，在一定程度上说明为何中小学生的国家认同度呈现这样的变化趋势。在我国基础教育阶段，学生从小学阶段到高中阶段，学业压力逐渐增大。从小学到初中阶段来看，小学升初中后，升学压力逐渐增大，初中升高中的竞争则更为激烈。也因此，与小学生相比，初中生的学业负担增大，学习内容也逐渐增加。从小学生的学业任务相对简单、考试压力也不大，民族团结进步教育活动也不会成为他们的负担；到了初中，中考压力加大，开设的课程内容也有相应的变化。从新疆维吾尔自治区的情况来看，民族团结进步教育课程是中考内容的一部分，分值为30分。而调研结果显示，大多学校主要"根据中考中民族团结教育课程的考点内容及分值来确定教学内容""中考中民族团结教育内容30分全部来自课本，所以这一本书也就够了"。到了高中阶段，民族团结教育课程成了水平考试，不计入高考总分，只在高二时进行水平测试。在这样的情况下，高中阶段对民族团结教育的重视程度可想而知了。以下是对西北地区某学校的访谈。

> 我觉得我们这里很重视民族团结进步教育的，学校里和学校外到处都在宣传，比如，学校附近的警卫厅天天放民族团结进步教育的歌曲，听着听着我们都会唱了。（宁夏回族自治区固原市某小学学生M访谈）

总结以上内容可以推知，西北地区对民族团结进步教育，由小学阶段的没有明确的考试任务，到初中阶段30分的中考分值要求，再到高中阶段高二的水平测试，对其重视程度由比较宽松的要求到有点重视，再到没时间重视。而从民族团结进步教育内容来看，是根据不同学段学生一般性的综合水平分层次、有序设置的，故会出现一定程度上不匹配的情况。

第二，民族团结进步教育（包括思想政治教育）还受到相关国家认同教育内容安排的影响。与教育环境密切相关的国家认同教育的内容设置也要考虑。根据教育部办公厅、国家民委办公厅联合印发的《学校民族团结教育指导纲要（试行）》中的有关民族团结教育的内容标准，具体内容见图10-2。

● 小学中年级阶段（三、四年级）

民族知识启蒙教育	内容标准
	①了解我国是一个由56个民族组成的统一的多民族社会主义国家； ②知道中华民族是由56个民族共同组成的大家庭，中华民族是我国56个民族的总称； ③初步了解56个民族的基本特征； ④了解自己所属民族的分布区域、人口数量，以及语言、文字及主要的文化特点和风俗习惯等； ⑤形成民族团结的基本意识。

● 小学高年级阶段（五、六年级）

民族常识教育	内容标准
	①了解56个民族的地域分布及居住特点； ②了解各民族的主要风俗习惯； ③了解各民族语言文字特点； ④知道各民族著名人物； ⑤了解各民族在文化艺术、科技等方面的特色与成就； ⑥知道中华各族人民凭借勤劳、勇敢和智慧，共同开拓了祖国的疆土，发展了祖国的经济和文化； ⑦了解各民族之间应当平等相待以及各民族人民需要和谐相处，共同进步； ⑧形成"促进民族团结、维护国家统一、反对民族分裂"必要性的基本认识。

● 初中阶段（七、八年级）

民族政策常识教育	内容标准
	①了解党和国家制定的坚持民族平等、维护民族团结、实行民族区域自治、培养少数民族干部和各类人才、发展民族地区经济和科教文卫事业、各民族有使用和发展本民族语言文字的权利、各民族有保持和改革本民族风俗习惯的权利、依法保障少数民族宗教信仰自由等民族政策的基本内容； ②知道党和国家制定上述政策的历史背景和取得的巨大成就； ③正确认识与对待党和国家的民族政策，在日常生活中，能遵循并运用民族政策分析和解决实际问题，进一步树立和巩固促进民族团结、维护国家统一、反对民族分裂的意识。

● 高中阶段（普通高级中学十、十一年级）

民族理论常识教育	内容标准
	①学习和掌握我们党关于民族问题的基本理论，具备一定的理论素养； ②从中华民族的历史演变、现状和特点，了解我国现阶段民族问题的特点及其原因，牢固树立马克思主义民族观； ③初步了解世界各国多民族国家盛衰兴衰的历史和现状，在比较中进一步认识我们党和国家民族政策的优越性，坚定中华民族伟大复兴的信心。

图10-2 民族团结进步教育课程内容标准

从图10-2中有关民族团结进步教育的"内容标准"可以看出，从民族知识启蒙教育，到民族常识教育，再到民族政策常识教育，最后到民族理论常识教育，基本都是较为宽泛地介绍一些相关的民族知识，未能从公民教育、思想政治教育的视角设置教育内容（再者课程实施过程中课程计划也很难全面落实），且与学生的生活实际不完全契合。事实上，就这一问题而言，以往的学校教育教学中，倾向于单纯讲解一些相关的抽象概念，如民族政策、中华民族伟大复兴、热爱祖国、热爱中国共产党、践行社会主义核心价值观、履行责任等，也就是说，仅单纯讲解它们的含义，而未能将这些概念和价值观融入知识教育的叙事之中。从我国的教育实践来看，就算对于一直强调要加强的思想政治教育而言，其路径和方法也需要极大地改善，那便是：将价值观融入青少年学生的正常的生活叙事与知识叙事之中去，改变简单地重复主流价值观的概念本身的教育方式。① 纯概念内容相对更为抽象、难懂，故而在很大程度上影响了教育效果。

由图 10-2 中的内容可以看出，从民族知识启蒙教育，到民族常识教育，再到民族政策常识教育，最后到民族理论常识教育，是由浅入深、由简单到复杂进行安排的。然而，由于民族团结进步教育实践中的一些现实问题，不同学段的学生所学的内容未能与这种设置与期待同步。再者，就经由民族团结进步教育培育中小学生的国家认同而言，有关国家认同的内容偏少。故而，随着学段的升高，更依赖于学生整体感觉来判断的"国家意识"随之增加，相比较而言，文化认同、政治认同需要结合更具体的内容、信息，深入学生的日常的生活叙事、知识叙事之中，才可能提升中小学生国家认同的培育效果。

第三，学生自身成长、发展的变化带来的不同。就这一点上，从本质上来说，与前面的教育环境、国家认同内容的安排等紧密相关。随着学段的升高，中小学学生的年龄也在增长，他们的认知结构、思维水平等也会随之发展变化。对于"祖国意识"这一维度而言，因其是一个比较概括、宏观的概念，因而容易做出判断，而文化认同、政治认同方面，需要根据具体信息与内容，通过分析、辨别、逻辑推理等过程，方可作出判断。就小学生而言，他们的特点是情绪、情感外露，独立思考能力较弱；和小学生相比，初中学生具有一定的独立思考能力，但思维依然比较片面；而高中生认知思维具备了一定抽象逻辑性。② 也因此，根据不同学段学生的特点，在很大程度上能够解释他们在国家认同表现水平上的变化趋势。以下是西北地区几所中小学生有关国家认同感的访谈资料信息，在一定程度上与问卷调查所得研究结果可以达到信息互相印证的作用，具体访谈信息如下。

---

① 韩震：《现时代的教育变革与国家认同》，《中国高校社会科学》2014 年第 2 期；韩震：《教育如何促进国家认同？》，《人民教育》2015 年第 20 期。
② 刘志军：《高中生的自我概念与其学校适应》，《心理科学》2004 年第 1 期。

第十章 微观分析：西北地区青少年国家认同的特点分析及建议　183

我们民族团结教育活动中不太涉及关于中国政治体系、中国共产党组织、国家机关、人民政协组成等方面的内容，政治课中有这些。不过，我处于迷茫期，对于这种概念的理解不够深刻。感觉对这种概念的理解，要结合具体的一些例子，我们生活中的，学校学习中的，等等。（甘肃省张家川回族自治县某高二学生 D 访谈）

我们学校开展的民族团结进步教育活动和平时的课堂上都不太关注这些内容，中国政治体系、中国共产党组织、国家机关、人民政协等内容比较抽象，课堂知识不能熏陶我们理解这些。我认为需要通过参加一些活动，比如党的政策和制度是怎样起作用的、是如何让我们国家强大的，那样的活动才有意义。我自己是这么想的。（甘肃省甘南藏族自治州某高二学生 N 访谈）

对于中国政治体系、中国共产党组织、国家机关、人民政协内容，是政治考试时要考的吧，民族团结进步教育活动中讲到的内容不是很多。我不太清楚，平时没有太关注。（新疆维吾尔自治区昌吉回族自治州某八年级学生 D 访谈）

我知道，老师开班会时讲过的。平时我妈妈经常教我唱"没有共产党就没有新中国"的歌。我也知道中国共产党、人民政协、党和国家领导人等内容，电视新闻中经常听到。（新疆维吾尔自治区木垒哈萨克族自治县某小学五年级学生 L 访谈）

我是一个中国人，虽然我是少数民族人。我了解社会主义制度是我国的根本制度，我是知道社会主义核心价值观的，我都能背下来，你看我们学校门口、教室墙上都贴着，能看见。（新疆维吾尔自治区昌吉回族自治州某小学四年级学生 Z 访谈）

社会主义核心价值观深入人心，根深蒂固，再加上民族团结进步教育活动的开展，我很了解。（新疆维吾尔自治区昌吉回族自治州某七年级学生 T 访谈）

我感觉通过民族团结教育的课堂，民族团结教育活动，比如民族团结比赛、民族团结主题班会、手抄报、民族团结月主题活动等，没有学过我们国家的社会制度等内容，并没有让我们完全掌握中国政治体系等这些内容。这些内容很抽象，老师需要引导我们，给我们讲具体的例子,每一条制度都有什么用,怎么用的等。我一直有这感觉。我很喜欢政治工作。(甘肃省临夏回族自治州某高中高三年级学生 A 访谈)

以上访谈是从诸多访谈资料中挑选了小学、初中、高中三个学段学生对国家认同的较有代表性的理解和看法,在一定程度上能看出来三个学段的学生认识与理解中的差别,是符合其思维水平、理解能力、认知水平特点的。这也在很大程度上解释了为何问卷调查数据显示西北地区青少年国家认同水平所体现的差异。

二 不同生源地青少年国家认同的表现水平差异及其成因分析

在本研究的 18334 份有效问卷当中,从学生的家庭所在地(即生源地)来看[①],来自城市的学生有 5567 人,占比 30.4%,来自县城的学生有 5132 人,占比 28.0%,来自乡镇的学生有 1021 人,占比 5.5%,来自农村的学生有 6614 人,占比 36.1%。具体如表 10-2 所示。

表 10-2　　　　　西北地区青少年家庭所在地区统计

变量名称		人数	占比(%)
(学生)家庭所在地	城市	5567	30.4
	县城	5132	28.0
	乡镇	1021	5.5
	农村	6614	36.1

从表 10-2 的数据结果来看,城区的学生有 10709 人,占调研总人数的 58.4%,乡村人数为 7635 人,占调研总人数的 41.6%。如上文所

---

① 本分类参照国家统计局统计上划分城乡的规定(http://www.stats.gov.cn/tjsj/pcsj/rkpc/6rp/indexch.htm):城镇包括城区和镇区。城区是指在市辖区和不设区的市、区、市政府驻地的实际建设连接到的居民委员会和其他区域。镇区是指在城区以外的县人民政府驻地和其他镇,政府驻地的实际建设连接到的居民委员会和其他区域;乡村是指本规定划定的城镇以外的区域。由于研究的需要,结合西北地区的实际情况,本研究中的城市和县城相当于城区、农村和乡镇相当于乡村。

述,正如"认同"的含义一样,国家认同出于自我,也是一种自觉且持久的感情,是要靠国家认同主体的自觉意识与公民参与逐渐发展而来。对于青少年而言,这种自觉意识,是伴随着其成长,通过接受相应的教育、参与国家公共生活的实践,在其社会化过程中逐渐发展而来的。也因此,乡村的学生与城区的学生,有着完全不同的成长经历,其社会化过程也完全不同,故而其国家认同意识也会体现出较大的差异。为了探明来自不同地区的青少年国家认同的差异,本研究分别对城市学生(包括地级城市和县级城市的中小学生)和乡村学生(包括乡镇级中小学和村小的学生)国家认同表现水平的三个维度进行了独立样本T检验,从研究数据结果(具体见第七章表7-5中小学生国家认同情况的地区差异)来看,城市地区与乡村地区的中小学生国家认同度呈现出显著性差异($P=0.000$,$P<0.001$)。尤为值得注意的是,城市学生在国家意识、政治认同、文化认同三个维度的平均得分均高于乡村学生的平均得分。具体来看,在国家意识维度,4.72(城市学生)>4.55(乡村学生);在政治认同维度,3.48(城市学生)>3.35(乡村学生);在文化认同维度,4.68(城市学生)>4.57(乡村学生)。这种差异值得进一步深入分析与探讨。

城市中小学、乡村中小学学生国家认同发展情况在不同维度上的表现水平与发展趋势如图10-3所示。

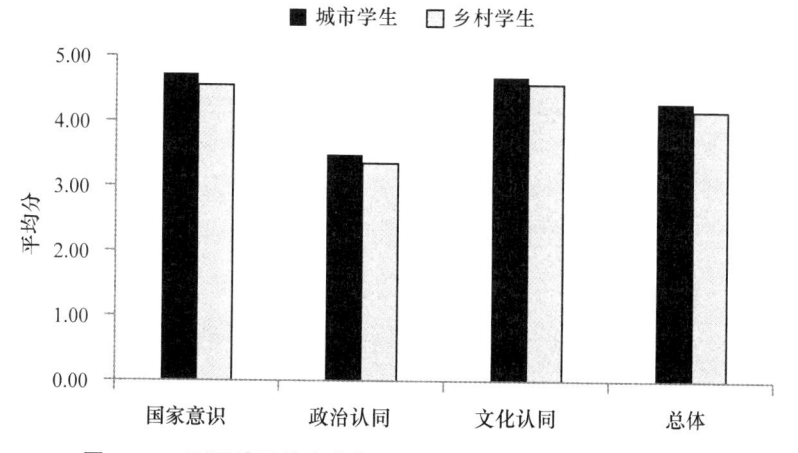

图10-3 不同地区的青少年国家认同的表现水平与变化趋势

从图10-3的数据结果来看，乡村学校的中小学生在国家意识、文化认同、政治认同三个维度的平均得分均低于城市学生的平均得分。

我们知道，从乡村与城市的区别总体来看，在经济资本、文化资本、社会资本等方面都存在极大的差异。正是这些差异，影响着青少年学生成长、社会化过程的方方面面，也造成了城乡学生在诸多方面的差距。

从学界一系列有关城乡学生对比的研究结果可以一窥端倪，我们仅以部分学科（如英语）方面、语言生活方面、行为习惯方面、心理健康方面、家庭社会资本方面以及大学生比例方面对城乡学生的对比研究结果进行对比分析。有研究者以渭南市220名高中学生为研究对象，对其英语阅读策略运用情况进行了调查，结果发现：农村学生与城市学生在元认知策略、认知策略及社交情感策略三个维度存在显著性差异；农村高中学生运用三类阅读策略的水平均低于城市学生。[1] 有研究者以湖南省永州市某中学及长沙市某中学的初中生为研究对象，对农村学生和城市学生数学焦虑情况进行了调查研究，结果发现：农村初中生总体数学焦虑程度明显高于城市初中生的焦虑程度；从数学知识焦虑、负性评价焦虑、生活情景焦虑、数学考试焦虑四个维度来看，农村初中学生的焦虑程度均高于城市初中学生。[2] 也有研究者对地处湘南的永州为例，调查了城乡中小学生语言生活方面的差异，研究结果显示：城市学生日常语码选择以普通话为主，农村学生则以方言为主。[3] 另有研究者通过对城乡学生行为习惯的研究对比发现：在文明行为方面，城乡学生间差异均不显著；在独立生活能力的表现方面，农村学生比城市学生较强；在人际交往能力的表现方面，城市学生比农村学生表现强，两者之间的差异达到非常显著的水平。[4] 也有学者以贵州省农村和城市1500多名

---

[1] 焦娇娇：《城市与农村高中生英语阅读策略使用现状的对比研究》，硕士学位论文，延安大学，2017年。

[2] 高晓兰：《农村与城市初中生数学焦虑现状对比研究》，硕士学位论文，湖南师范大学，2016年。

[3] 贡贵训：《城乡中小学生语言生活差异调查研究——以湖南永州为例》，《辽东学院学报》2015年第4期。

[4] 朱德全：《城乡中小学生行为习惯的比较研究》，《青年研究》1996年第5期。

中学生为例，调查了他们的心理健康情况，结果表明：农村中学生心理健康总体水平低于城市中学生的心理健康总体水平。[1] 有类似的研究对农村大学生学生与城市大学生心理卫生状况进行了比较研究，结果证明：农村大学生比城市大学生在心理卫生方面存在更大的隐患。[2] 还有研究者调查了城乡学生家庭社会资本差异及对学业成就获得的影响，发现：城市家庭社会资本"内圈"网络质量明显高于农村；城市学生与教师交往获得资源的频次与比例明显高于农村学生。[3] 有研究者指出，根据国家教育科学"十五"规划课题的研究结果来看，我国城市人口中的高中、中专、大专、本科、研究生学历所占比例分别是农村人口相应学历的3.5倍、16.5倍、55.5倍、281.55倍、323倍；而从目前全国范围来看，城乡大学生的比例分别是82.3%和17.7%。[4] 由此可知，乡村地区和城市地区的差异，造成了所属地区学生受教育水平的差异。

从以上研究的数据可知，从总体来看，较之城市学生，农村学生不论是在接受教育过程中的语言能力方面、语言生活方面、行为习惯方面、心理健康方面，还是在家庭社会资本方面均处于明显的劣势。造成这些现象的原因可能为：一方面是一直以来我国农村地区的自然环境、社会环境等方面的客观原因；另一方面是近年来新城镇化建设的大力推进，村落格局大变，乡村文化体系亦发生了很大的变化。从学校教育来看，乡村校园文化引领方面也欠佳。同时，在这种社会结构变化过程中，西北地区的乡村由于受不定因素（如撤点并校、师资流失、走读、留守等）的影响，乡村教育的格局发生极大变化。这导致了西北地区乡村教育水平低下的局面，加之家庭教育缺失，使得西北地区乡村中小学学生所接受的教育质量不高，在其成长过程中，各类教育不到位或者

---

[1] 叶苑：《贵州省农村、城市中学生心理健康状况的比较研究》，《贵州师范大学学报》（自然科学版）2001年第1期。

[2] 周海谦：《来自城市与农村大学生精神卫生状况差异的调查研究》，《青年探索》2004年第5期。

[3] 齐军：《城乡学生家庭社会资本差异及对学业成就获得的影响——基于社会网络分析法的调查分析》，《上海教育科研》2018年第5期。

[4] 杨丽：《从城市学生与农村学生的比例看我国的高等教育公平问题》，《出国与就业》2012年第3期。

缺位，未能在其社会化过程中予以很好的引导；因此可以说，乡村地区的青少年学生的社会化过程未能跟上时代的步伐，未与社会发展同步。故而，同期相比，与成长于城市的同龄、近龄人相比较，乡村地区青少年学生的各个方面都处于较为滞后的状态，他们对国家认同方面的知识的掌握也相对较为匮乏，其国家认同整体水平偏低。

第三节 西北地区青少年国家认同培育的推进措施

根据西北地区青少年国家认同的整体水平（尤其是政治认同维度）在生源地、所在学段上所表现出的显著性差异及其成因分析，本书提出了相应的解决对策，分为以下四个方面。

一 促进西北地区城乡一体化建设，构建国家认同教育支持体系

随着全球化的推进，统一的多民族国家内部的现代化进程也飞速向前发展，我国的新型城镇化建设是对这一发展趋势的响应，城乡一体化建设事业蒸蒸日上，效果显著。西北地区也不例外。调研结果显示：乡村学生在国家意识、政治认同、文化认同三个维度的均值远低于城市学生的平均分，且两者之间存在极其显著的差异。这种差异的成因是多方面的，但西北地区城乡的经济、环境等差异给两者教育带来的影响是主因。有学者指出，在我国，因受制于历史发展、自然地理、经济基础等因素的影响，包括西北地区、边远地区、贫困地区等在内的西部地区，教育观念相对落后、办学条件较差、人均受教育年限较低，教育水平远未达到人民群众的期待。[①] 这一期待，是西北地区乡村教育水平提升的期待，也是西北地区青少年国家认同感提升的希冀。促进西北地区城乡一体化建设、缩小城乡教育差距，构建西北地区国家认同教育支持体系，是西北地区未来民族人国家认同培育与提升的保障。

一方面，加快西北地区的经济发展，促进城乡一体化建设。城乡中

---

① 王嘉毅：《西部教育何时不再"老大难"》，《人民日报》2016年12月1日第018版。

小学生国家认同方面所体现的差异，是青少年国家认同感的差异，根本原因在于西北地区城乡的经济差异。因为西北地区的经济发展水平、生活质量既是关乎西北地区人民大众切身利益的问题，也是关乎其国家认同的问题。正如有学者所指出的，一直以来，人们所追寻建立的认同，以经济为基础，且唯一目标仅是为了促使、增进物质利益而"寻求政治的表达"，故究其实质它们是实用的。[①] 在讨论西北地区青少年国家认同培育的话题时，从西北地区城乡一体化建设中的经济发展视角切入，是有一定意义的。在我国城乡一体化建设的大局势下，着力推进、统一布局西北地区城乡经济，加强西北地区城乡经济，推进城乡之间的经济交流、经济协作，合理布局，协调发展，是该地区青少年国家认同正向地、积极地、均衡地发展与提升的物质基础和前提条件。

另一方面，缩小西北地区城乡教育的差距，加深中小学学生的社会化程度。如上文所述，正是人们寻求建立认同所依赖的经济基础，决定了特定地区教育水平的高低。西北地区的教育作为现代化的标志之一，作为引导青少年社会化过程的主渠道，势必会影响该地区青少年社会化的程度。当然，毋庸置疑，影响因素是多向的。然而，对于人生观、价值观、世界观正在形成阶段的西北地区乡村青少年而言，其所在的西北地区的乡村教育，是其接受教育的主渠道，也是引导他们社会化的主要途径，是其接受国家认同教育的主渠道。缩小西北地区城乡教育差距，完善乡村教育体系，为西北地区国家认同教育提供有力支持，以引导青少年正向的、积极的国家认同感的构建与提升，无疑是很有必要的。

二 推进公民教育机制创新，分学段传递语言体系和生活规范

培养公民是一切教育目标表述的基础，也是国家对教育的基本要求。公民教育就是国家民族化进程中，培养适应特定国家政治和社会结构的未来公民，其目标一定要明确地包含在基础教育的目标之中，其内容也一定要渗透在相关课程之中。[②] 公民教育，从其含义来看，指的是

---

① [英]安东尼·史密斯：《民族主义——理论，意识形态，历史》，叶江译，上海人民出版社2006年版，第147页。

② 万明钢：《论公民教育》，《教育研究》2003年第9期。

有关公民生活方式、社会规则社会规范、文化习惯和价值观养成的教育；在某种意义上说，公民教育首先是国家认同的教育，而且其本真也就是国家认同教育。① 因为从西北地区当下的社会发展来看，单一的民族单一的文化不复存在，封闭性或半封闭性的少数民族社区极为罕见，不同的少数民族之间来往日益频繁，互相之间的接触与依赖性也日渐加强，尤其是在生产、商品贸易、商业投资、旅游产业等方面交互活动增强，从而形成了通用的语言和共享的文化。② 作为我国统一的多民族国家各民族成员通用的语言与文化，既指向各少数民族所属的语言与文化、生活规范、社会规则、共同的价值观等，也指向作为中华民族的全体公民共通的语言与文化。因此培育和提升西北地区中小学生国家认同，需要通过加强公民教育机制创新，传递适切的语言体系和生活规范，进而培养未来民族人的公民共性和祖国意识，最终达成其国家认同培育目标。

通过加强公民教育机制创新促进西北地区中小学生国家认同培育，体现在两个方面。

一方面，在基础教育阶段分学段构建适切的语言体系，普及共同的语言。在我国西北地区，因"大杂居、小聚居"的居住特点，民族语言众多的特点也异常突出。"语言是民族最后的指纹"，它是延续民族传统、塑造民族精神的基础，也是国民之国民性立足的根本。通过语言，我们间接地参与过去人类的经验，而且语言能够将记录过去人类经验与预示未来社会发展的意义凝聚起来，故语言也成为体现教育民族性的根本方式之一。通过公民教育传递适切的语言体系，既体现教育的民族性，也为操持不同语言的未来民族人搭建相互了解、共同理解的桥梁，提高其共通的语言，让他们在畅通无阻的沟通与交流中，融凝其国民共性与"我们感"，形成共有的公民共性，了解同为中华民族人的自豪感，提升其祖国意识。从西北地区中小学生的实际情况来看，他们的

---

① 韩震：《全球化时代的公民教育与国家认同及文化认同》，《社会科学战线》2010 年第 5 期。
② 钱民辉：《多元文化与现代性教育之关系研究——教育人类学的视野与田野工作》，民族出版社 2008 年版，第 252 页。

母语有民族语和汉语两种形式。对于小学、低年级学生,母语为其民族语的,在最初阶段采用少数民族语言授课,然后随着年级的升高,其汉语水平有所长进时,逐渐过渡到用少数民族语言与汉语结合教学(即双语教学),最后达到完全能够用汉语普通话教学的程度,并形成西北地区中小学适切的语言体系。因为对置身于我国西北地区的中小学生而言,少数民族语言和国家通用语汉语普通话在其成长过程中、社会化进程中所起的作用同等重要。因为语言是一种社会现象,其存在与发展取决于它的社会功能。具体而言,其功能除了作为人们之间交流的工具之外,它也是一种认知的工具以及人们思维的工具,与此同时,它还代表了一种文化资源和民族权力;语言作为文化资源和民族权力的这一功能集中表现在民族语言群体的认同功能上。[1] 我们必须认识到,民族与语言相伴相生,特定的语言是特定民族极为重要的组成部分,也是特定民族固有的特征。对于任何一个民族而言,共同的语言将全体民族成员紧密地连接在一起,又因为语言与文化极其紧密的关系,共同共通的民族语言也形成特定民族的文化归属和民族认同,得以形成民族国家。可以说,特定的语言是特定民族成员自我认同的重要因素,也是传递特定民族间文化的重要途径与方式,是维系特定民族认同的基础之一。[2] 如若特定的民族文化主体疏远了自身所存在其中的文化形态,其社会化进程必然受到阻滞。[3] 事实上,自从人类社会形成民族以来,民族语言就成为保持民族一体感与认同感的标志。[4]

对于西北地区的青少年(尤其母语为少数民族语言的)而言,其成长过程中、社会化进程中需要通过操持自己所属民族语言来保持自己所属民族的一体感与认同感。同时,作为我国未来社会的建设者和接班人的青少年,掌握国家通用语言汉语普通话,也是其社会化过程中极其重要的内容。因为对于一个现代化国家而言,统一规范的国家通用语言

---

[1] 黄行:《论国家语言认同与民族语言认同》,《云南师范大学学报》(哲学社会科学版)2012年第3期。

[2] 周庆生:《语言与认同国内研究综述》,《语言战略研究》2016年第1期。

[3] 邵晓霞:《民族地区英语课程与教学多元化:理论诉求与实践重构》,《青海师范大学学报》2019年第3期。

[4] 陈新仁:《全球化语境下的外语教育与民族认同》,高等教育出版社2008年版。

在现代化民族国家建设中充任着极其重要的作用,"国家通用语言文字承担着重要的国家社会生活的语言交际和信息传播功能"。[1] 作为一个置身于现代社会的未来民族人、我国民族国家之未来公民,若掌握不了国家通用语言文字就没有办法平等、充分地参与国家社会生活。[2] 换而言之,只有掌握了国家通用语言汉语普通话,也才能更好地参与国家的社会生活、民主生活,方能很好地使用、实现并保护自己作为一国之民所拥有的政治权利,也才能在国家公共领域发挥作为现代民族国家公民的作用。这也正是国家认同形成的必由之路。因此,需要根据不同学段学生的特点,在西北地区通过加强民族团结进步教育、推进公民教育机制创新,建立适切的中小学生共同共通的语言和共同共通的话语体系,引导、培养其公民共性和祖国意识。

另一方面,在基础教育阶段通过分学段经由公民教育传递生活规范,培育未来民族人的国家认同。公民的生活与生活经验是其国家认同形成的依托。而生活规范则主要包括有关生活常识、社会规范等方面的内容。具体而言,生活常识指的是作为一国之民的个体在日常生活中所需要的一切常识,比如生理方面的常识、健康方面的常识、自然变化方面的知识、交通规则知识、安全防范知识等;社会规范则指作为一国之公民的个体在社会生活中的基本规则与规范,比如遵守公共秩序、遵守交通规则、爱护公共财物、遵守公共秩序、遵守社会公德等。学校作为青少年社会化过程形成的主阵地,需要分学段,根据不同学段学生的年龄特点、心理特点、认知特点、认知风格、知识储备、思维水平等的不同,通过学校课堂教育、社会实践活动等不同的培育形式,让他们在成长过程、社会化进程当中很好地掌握生活常识与社会规范常识,从而让其在具体、生活化的场域中塑形为中华人民共和国未来合格的公民。换而言之,需要通过创新公民教育机制,以传递主流价值观与文化范式影响、塑造与培养未来民族人的国民人格,改变一直以来仅是在教育教学

---

[1] 黄行:《论国家语言认同与民族语言认同》,《云南师范大学学报》(哲学社会科学版) 2012 年第 3 期。

[2] 黄行:《论国家语言认同与民族语言认同》,《云南师范大学学报》(哲学社会科学版) 2012 年第 3 期。

场域，单纯讲解、简单重复"遵守社会公德""遵守公共秩序""热爱祖国""民族团结""爱岗敬业"等主流价值观概念的灌输路径与方法，关注西北地区不同文化主体的发展需求（包括其性别上的差异）。如此，通过有计划、有目的、分阶段的形式多样的公民教育，将相关概念与价值观融入未来民族人的知识教育、生活叙事，将国家认同教育与未来民族人的自主意识相结合，引导其参与国家公共生活实践，在亲身参与、切身体会、自觉理解与感悟中体验归属感与爱国情怀，感受中华人民共和国公民独特的国民气质与品格，参悟中华民族的共同的文化特征，进而主动接受主流价值观与相通的文化范式，让全体未来民族人形成共有的价值观、责任感、道德意识与行为规范，助其形成共同的国家认同感。

三 加强思想政治教育，传递社会主义核心价值观

思想政治教育自人类进入文明时代以来，便成为一个国家或者期望能够掌握国家政权的社会集团的主流思想或意识形态，尤其是人生观、世界观、核心价值观的基本载体与实现形式之一，究其实质，即是特定社会、国家、阶级或者社会集团以特定的道德规范、思想政治观点、法制观念，尤其是核心价值观，将所属成员有目的、有组织、有计划地培养、教化和塑造成符合其需要的承继者和接班人。[①] 经由思想政治教育，有组织、有目的、有计划地传递社会主义核心价值观，重塑其政治认同，培育青少年正向的、积极的国家认同感，将其培养、教化成为合格的中华人民共和国未来公民，是培育未来民族人国家认同的可行路径。即是说，要凸显并加强民族团结进步教育的思政教育力度。这涉及两方面的问题。其一是社会主义核心价值观对中小学生国家认同培育的内容问题；其二是经由思想政治教育传递社会主核心价值观的途径问题。具体而言，一方面，作为新时期中华民族的未来民族人，中小学生能够理解、接受并自觉践行"社会主义核心价值观"，是其作为中华民族未来合格的公民，主要的责任与担当之一。因为社会主义核心价值观

---

① 张澍军：《论思想政治教育的历史定位与运行特征》，《教育研究》2015年第4期。

"承载着一个民族、一个国家的精神追求",[1] 它"体现了社会主义意识形态的本质要求,体现了社会主义制度在思想和精神层面的质的规定性……是实现中华民族伟大复兴的中国梦的价值引领"。[2] 党的十九大明确强调:社会主义核心价值观是"当代中国精神的集中体现,凝结着全体人民共同的价值追求……发挥社会主义核心价值观对国民教育……的引领作用,把社会主义核心价值观融入社会发展各方面……从娃娃抓起……"[3]。

社会主义核心价值观的理解、接受与自觉践行,是青少年国家认同培育的必须内容。同时,要将思想政治教育作为主要培育途径之一。从上文可知,国家认同的根本在于认同主体对特定国家共同理想、奋斗目标的认同。通过有目的、有计划、有组织的思想政治教育,将中华民族的核心价值观、道德规范系统以及新时期我国独立、民族复兴、社会发展等奋斗目标传递给青少年,为其构建一个共同的精神家园,以塑造其正向的、积极的认同感。经由思想政治教育,"根据少年儿童特点和成长规律,循循善诱……让社会主义核心价值观的种子在学生们心中生根发芽",[4] 重塑青少年的政治认同,进而达至培育其国家认同的目的,是青少年国家认同培育的必然路径。

四 实施文化引领,传承中华文化

全球多元文化背景下,统一的多民族国家民族文化历经着极大的变化,也面临着诸多的挑战。西北地区本就处于民族文化、地域文化、主流文化等多元文化交织的复杂环境中,随着信息化时代的到来,更是遭遇了现代化、全球化的浪潮前所未有的冲击与震荡,固有的文化体系被打破,新时期新型的文化体系亟待重建。该地区青少年的国家认同教育,离不开新型的文化体系,因为教育与文化有着天然不可分割的特殊

---

[1] 习近平:《青年要自觉践行社会主义核心价值观——在北京大学师生座谈会上的讲话》,《人民日报》2014年5月5日。
[2] 靳玉军:《论社会主义核心价值观教育的实践要求》,《教育研究》2014年第11期。
[3] 习近平:《决胜全面建成小康社会 夺取新时代中国特色社会主义伟大胜利——在中国共产党第十九次全国代表大会上的讲话》(单行本),人民出版社2017年版。
[4] 《习近平:从小积极培育和践行社会主义核心价值观》,人民网,2014年5月31日。

关系，即教育是文化的载体，而文化则是教育的源泉；特定的文化决定教育的内容与方向，而教育则对人类文化的统一性与多样性选择中起着整合作用。① 由此推及，指向青少年国家认同培育的教育，需要在符合时代诉求的新型文化体系中实现。因此，从文化视角观之，中小学生国家认同教育，实施文化引领是必由之路。西北地区的青少年，是未来社会的建设者与承担者，他们是社会主义国家未来的主人。

青少年国家认同教育所需要的文化引领，既关乎社会主义先进文化，也指向中华民族优秀传统文化。一方面，需要通过教育传播社会主义先进文化，为中小学生精神建设、文化自信打下基础。党的十八大报告曾明确提出"要坚持社会主义先进文化前进方向，树立高度的文化自觉和文化自信"。② 文化自信，是更基础、更广泛、更深厚的自信。③ 党的十九大进一步强调："文化自信是一个国家、一个民族发展中更基本、更深沉、更持久的力量……推动中华优秀传统文化创造性转化……发展社会主义先进文化……为人民提供精神指引。"④ 具有科学性、时代性、人民性的社会主义先进文化，是新时期体现中国社会主义制度优越性的重要方面，也是增强了国人文化自信的精神依托，故理应成为未来民族人国家认同教育的内容之一。另一方面，需要通过教育传递中华优秀传统文化，奠定统一的文化传统，形成共同的文化与价值观。社会主义先进文化，以中华优秀传统文化为根基。因为任何先进文化，无一例外，都是对既有文化的延续与发展。换而言之，社会主义先进文化，是对中华优秀传统文化的传承、变革与创新。我们深知，中华民族几千年的历史长河中形成的中华优秀传统文化，不仅是凝聚中华民族的精神纽带，也"积淀着中华民族最深层的精神追求，代表着中华民族独特

---

① 钱民辉：《多元文化与现代性教育之关系研究》，民族出版社2008年版，第34页。
② 胡锦涛：《坚定不移沿着中国特色社会主义道路前进 为全面建成小康社会而奋斗——在中国共产党第十八次全国代表大会上的讲话》（单行本），人民出版社2012年版。
③ 徐茂华：《论坚定"文化自信"的三维向度》，《吉林党校报》2017年9月15日第3版。
④ 习近平：《决胜全面建成小康社会 夺取新时代中国特色社会主义伟大胜利——在中国共产党第十九次全国代表大会上的讲话》（单行本），人民出版社2017年版。

的精神标识"①，且是人类文化史上的瑰宝。它作为社会主义文化建设的根基，彰显了中华文化的个性特征和独特品格，是中华民族人文化自信的源泉。由是观之，中华优秀传统文化经由"化人"之道，即通过文化意识和价值观的再生产而影响未来民族人，提升其文化自信，进而达到培育其国家认同的目的。

---

① 徐茂华：《从把握"三性"入手增强社会主义先进文化自信》，《人民日报》2017年4月28日。

第五编 特因探析

第十一章　文化共生对民族团结进步教育、国家认同培育的影响

第一节　引言

一　"共生"溯源

"共生"这一概念，最早由德国真菌学家德贝里（Anton de Bary）于19世纪70年代末提出。德贝里指出，共生是指"不同生物密切生活在一起"①的生物现象。《现代汉语词典（2002年增补本）》中"共生"一词的解释为：两种不同的生物生活在一起，相依生存，对彼此都有利，如果分离，两者都不能独立生存，这种生活方式叫作共生。②

很显然，"共生"的概念起源于生物领域，指向生物之间的同栖同生。研究者们指出，共生暗示了不同种类的一种或者多种生物体之间的某种物质联系，以及某种程度的永久性的物质联系。③德国学者赫尔曼·哈肯将共生现象描述为："在激烈的生存斗争中有一个特别有趣的现象是共生，不同物种相互帮助共同生存……使大自然形成高度复杂的协同系统。"④德贝里和哈肯的观点都是基于对生物学现象的认识，强

---

① 洪黎民：《共生的概念发展的历史、现状及展望》，《中国微生态学杂志》1996年第4期。
② 中国社会科学语言研究所词典编辑室：《现代汉语词典》（2002年增补本），商务印书馆2003年版，第441页。
③ 朱启松、黄致真：《经济全球化与中国文化产业的发展》，《西南师范大学学报》（人文社会科学版）2004年第4期。洪黎民：《共生的概念发展的历史、现状及展望》，《中国微生态学杂志》1996年第4期。沙飞：《经济全球化与中国的文化安全》，《特区经济》2007年第11期。
④ 曲洪志：《经济全球化与中国文化建设》，《北京科技大学学报》（社会科学版）2002年第3期。

调生物物种之间的一种互利关系，即不同生物物种相依生存，对彼此都有利。此外，生物领域对于"共生"内容的研究，具有代表性的人物与观点体现在共生进化论方面，比如进化共生学说的奠基人、苏联的范明特、科斯基、科左波林斯基等；再比如提出对内共生概念的布克纳；还有，微生物学家Stanier和Rogery在其合著《微生物世界》中指出，"共生"的重点在于两种生物作为伙伴或搭档间的代谢互补和能量转换关系。勒瑞和刘威斯则分别于20世纪50年代、70年代对于共生概念、同住现象概念、互惠共生概念、寄生概念以及其他有关不同物种生物体间关系等概念进行了界定[①]，初步赋予了"共生"社会意义；美国昆虫病理学泰斗斯坦豪斯于20世纪70年代将寄生与共栖均归于"共生"的概念；20世纪80年代，美国生物学家玛格丽从生态学的角度，指出"共生"是不同生物种类成员的重要组成部分在不同生活周期的联合；也有学者指出共生包括各种不同程度的寄生、共生及共栖。[②] 共生的概念在生物学领域逐渐成熟起来。

从相关研究来看，一般意义上的"共生"，是由共生单元、共生模式和共生环境等三个要素组成的，其中，共生单元是形成共生体的基本物质条件、是基础，它指构成共生体或共生关系的基本能量生产和交换单位；共生模式指共生单元相互作用的方式，它也反映共生单元之间的物质信息交流关系与能量互换关系；而共生环境则指共生单元之间的关系是在一定环境中产生和发展的，包括共生单元以外的所有因素。[③] 可见，要达成"共生"，既需要具备形成共生体基本物质条件的共生单元，也需要有反应共生体之间相互作用相互结合形式的共生模式，还需要有共生体之间相互结合的形式赖以存在的共生环境，缺一不可。其

---

① 尹博：《基于文化共生理论的渝东南学校民族文化教育发展研究》，博士学位论文，西南民族大学，2015年，第35页。
② 洪黎民：《共生的概念发展的历史、现状及展望》，《中国微生态学杂志》1996年第4期。成竹：《基于共生理论的滇越国际旅游合作研究》，博士学位论文，云南大学2015年，第28—42页。
③ 袁纯清：《共生理论——兼论小型经济》，经济科学出版社1998年版，第7—11页。成竹：《基于共生理论的滇越国际旅游合作研究》，博士学位论文，云南大学2015年，第28—42页。

第十一章　文化共生对民族团结进步教育、国家认同培育的影响　201

中，共生单元是基础，共生模式为关键，而共生环境则为外部条件。①事实上，"共生"是自然界与人类社会的普遍现象，是合作、协同、互惠、互利的生存方式。②

随着共生研究的逐渐深入以及社会科学的发展，于20世纪50年代（以勒瑞和刘威斯于20世纪50年代、70年代所提出的共生概念、寄生的概念、同住现象的概念、互惠共生的概念以及其他有关不同物种生物体间关系等概念为起点）后，"共生"的概念、思想、方法理论超出生物学领域，在社会学、哲学、物理学、管理学、建筑学、民族学、文化学、教育学、区域经济学、旅游学等学科领域得到了广泛运用和实施。③

共生理论在我国的应用研究有二十年的历史。早在1998年，有研究者就应用共生理论的原理与方法研究了小型经济，并分析指出，共生不仅是一种生物现象、一种自然状态、一种生物识别机制，它也是一种社会现象、一种可塑状态、一种社会科学方法。④胡守钧则从系统论的角度，对社会共生性进行了分析，提出共生是不同的个人密切地生活在一起，共生是人的基本存在方式，并指出"社会共生论是一种关于人如何存在的哲学"，在人类社会的各个领域都存在着共生关系，因此可以说，人类所谓的发展，是共生关系的优化，努力达到和谐共处，个人和组织、社会和国家也都是这样。⑤吴飞驰则指出，共生可分为生物学的共生与人类社会的共生两种类型，生物学的共生指生物学性的不同类属之间的关系，而人类社会的共生则指在人类生物学性的基础上，具有不同质的社会思想、不同价值观、不同文化与身体的个体和群体之间的关系，其本质特征体现为：本源性（即每一个生命的存在都是一种关

---

① 袁纯清：《共生理论——兼论小型经济》，经济科学出版社1998年版，第9页。
② 孙景峰：《经济全球化对全球文化的影响——兼论中国文化发展战略》，《思想战线》2002年第3期。
③ 孙景峰：《经济全球化对全球文化的影响——兼论中国文化发展战略》，《思想战线》2002年第3期。
④ 袁纯清：《共生理论——兼论小型经济》，经济科学出版社1998年版，第74—75页。
⑤ 胡守钧：《社会共生论》，《社会科学论坛》2001年第1期。胡守钧：《提倡共生促进和谐》，《探索与争鸣》2005年第3期。

系的存在，互为存在，因此人的存在亦为共生共存）、普遍性（即共生现象是在自然界、人类社会的最常见的存在方式）、自组织性（即共生单元之间都有其内在的存在方式）、层次性（即共生体之间是有高低层次的，高低竞存，低高相系，层层共生）、共进性（即世间的所有共生体共融共存、共同进步、共同发展）、开放性（即共生体并非由单向的、同质的单元构成的封闭系统，是需要通过物质信息交流、能量互换的）、互主体性（即异质者的"我"与"他"共在，彼此互依、共生共存，互为存在主体）。①

从以上内容我们可以看出，共生现象最初在生物学领域指向不同的生物生活在一起，相依共存，互为存在，互为依赖，一旦分离，任何一种生物都不能独立生存；此后共生单元、共生模式和共生环境等三要素提出；逐渐过渡到对人类社会本源现象存在的分析，和依据共生理论对当下时代与社会的分析与讨论，比如吴飞驰指出的当下先进的信息化、网络化时代使得人们之间往来互动频繁、联系紧密，成为一个不可分割的整体。在此背景下，全球经济一体化使得全球范围内国家之间、区域之间、团体之间、社会机构之间愈来愈紧密合作的世界经济格局，体现了极强的共生理念；与此格局联系紧密的世界政治军事格局的新形势（比如地区冲突、核威慑、资源匮乏等），需要体现人类共生共存理念。② 这也恰好体现了当下全球治理的理念。事实上，在科学技术高度发达的现代社会，人们之间的交流越来越密切，知识越来越丰富，人们和生产工具的联系越来越密切，人与人之间、人与物质之间渐次形成了一个互相依赖、不可分割的共同体。③ 与此概念、含义密切相关，西方的一些社会学家提出了用"共生方法"的理论来设计人类社会生产体系的理念，其核心是强调一切事物或生命相互依存和共同发展的共生关系，崇尚世界的多样化和互利性。也就是说，"共生"的外延早已不再局限于生物领域、生物世界与自然界，而是拓展至人类社会。根据共生

---

① 吴飞驰：《关于共生理念的思考》，《哲学动态》2000年第6期。
② 吴飞驰：《关于共生理念的思考》，《哲学动态》2000年第6期。
③ 郑晓军：《民营企业共生机理及模式研究》，博士学位论文，武汉理工大学，2007年，第7页。尹博：《基于文化共生理论的渝东南学校民族文化教育发展研究》，博士学位论文，西南民族大学，2015年，第35页。

的本质特征——本源性、自组织性、普遍性、共进性、层次性、互主体性、开放性①，共生本质是协同合作、互惠共生，是自然界、人类社会的普遍现象，不同共生体存在于一个和谐的共生环境中，方可共生共存、互为依赖。换视角而言，不同类型（不同文化背景、不同民族身份、不同肤色、不同价值观等等）的人们，只有在一个和谐的社会里，才可以异质共存、相扶相携、共同进步、共同发展。这种和谐既指向人类社会，也指向自然界。因为社会和谐包括两个大的方面：其一，人与自然关系的和谐，即人类既利用自然，同时又需要保护自然；其二，人与人关系的和谐，即人们在合理的制度、规则之内分享经济、政治、文化等各种资源。②

总体来看，根据社会共生论的观点，人类社会的共生包括经济共生、政治共生、文化共生、人与自然共生等方面，根据本研究的需要，即我国统一的多民族国家的西北地区青少年国家认同培育问题，下文将重点讨论文化共生这方面的内容。

二 文化共生

所谓文化共生，是指诸种文化主体在合理的度之下分享资讯、自由创造并且传播精神产品所形成的文化和谐关系，包括传统文化与流行文化共生态、外来文化与本土文化共生态，等等。③从中可以看出，文化作为人类社会特有的现象，涉及人类社会的各个领域，比如经济领域、政治领域、科学领域、伦理道德领域、宗教领域、教育领域、艺术领域等。当然，这里的文化仅指狭义的文化，亦即精神文化，是指表现某种价值观念的文化。因为广义的文化指向人类创造的一切文明成果，包括物质文化与精神文化。研究领域常见的有关文化共生的界定有以下几种。

所谓文化共生，是指多元文化环境下，传统文化与现代文化、国家文化与地方文化、外来文化与民族文化之间的相互影响、相互作用、和

---

① 吴飞驰：《关于共生理念的思考》，《哲学动态》2000年第6期。
② 胡守钧：《提倡共生促进和谐》，《探索与争鸣》2005年第3期。
③ 胡守钧：《社会共生论》，《社会科学论坛》2001年第1期。

谐与共以实现文化的共同进步、共同繁荣。①

所谓文化共生，是指不同民族、不同区域间的多元文化相互尊重、相互交流、兼容并包与协调发展的文化形态。②

所谓文化共生，是指不同区域、不同民族、不同时代的健康进步文化之间的相互交流、相互尊重、多元共存、兼容并包和协同发展的文化形态。③

从以上界定中的核心词来看，出现频率最多的是"多元文化""文化多元""和谐""共存""相互""兼容"，等等。也因此可以说，文化共生秉承着共生的特点，体现了不同文化单元间互为依赖、共生共存、互惠共生的特点。同时，文化共生也体现了文化的特点，即"差别"、"差异性"。当然，客观而言，作为人类共同的社会特有的现象，文化之间一定是有共同性的，但差异性、差别确是文化的标识。正如有学者所指出的："文化只是不同于他者的东西。"④ 由此可知，我们需要理解，文化共生作为兼有"文化"与"共生"特点的一个集合概念，势必集中体现两者的特点。有学者指出，文化共生所要体现的是多元文化异质共存理念，具体而言，是指不同族群不同文化异质共存、相互交流、兼容并包的文化形态⑤。此处的"异质""共存""相互""兼容""并包"等，是文化共生的特点，同时也正是"文化"与"共生"两者各自独有的特点。

纵观人类社会的发展史，任何一个社会历史时期都具有其特定的、突出的时代特征。我们生存的当下时代，是全球化时代、信息化时代，从我们所置身的社会来看，最突出的特点就是，它加速了国与国之间、地区与地区之间、个体与个体之间、群体与群体之间的往来互动，突破

---

① 周炳群：《文化共生与民族地区文化发展》，《广西民族大学学报》（哲学社会科学版），2008年第6期。
② 王淑婕、顾锡军：《安多地区宗教信仰认同与多元文化共生模式溯析》，《西藏研究》2012年第3期。
③ 邱仁富：《文化共生与和谐文化探幽》，《学术探索》，2007年第11期。
④ [美]乔纳森·弗里德曼：《文化认同与全球性过程》，郭健如译，商务印书馆2003年版，第101页。
⑤ 孙杰远：《文化共生视域下民族教育发展走向》，《教育研究》2011年第12期。

第十一章　文化共生对民族团结进步教育、国家认同培育的影响　❋　205

了以往因时空阻隔，不同国家、不同地区、不同人们处于相对封闭、各自为政的局限，使得国家与国家之间、地区与地区之间、人们与人们之间借助科技信息手段，实现了全球范围内经济、文化、政治、社会、教育等各个领域的频繁的交往活动。也就是说，当下时代，人们之间的社会交往跨越了国家、民族和地区的界限，实现了全球性的交往。这便是当下全球化时代的最重要的特征：社会交往。[①] 也正是由于全球化时代为人们所置身的社会各个领域带来这种日益频繁的社会交往，在全球化不断推进的过程中，也势必会促进不同文化之间的频繁交流，使得文化以多样、多元的样态存在。因此也可以说，当下时代也是一个文化多元、价值多样的多元化时代。

全球多元文化发展背景下，我国作为一个拥有56个民族的统一的多民族国家，由56个民族文化融凝而成中华民族体现了鲜明的多元特点，其中主体民族是汉族，是凝聚结合的核心。在中华民族文化漫长的发展史上，形成了以汉族文化为主体，其他55个少数民族保持着各自民族文化的特征。[②] 我国拥有56个民族文化体现的文化多元性，是全球多元文化的组成部分。事实上，多样性文化的共同存在（即文化共生），为人类社会文化实现类似于生物学意义上的"杂交优势"创造了必要的条件，与此同时，因为人类社会发展过程中多样的社会文化发展提供了多样的可能与选择。[③] 从我国拥有56个民族的"多元一体文化"格局来看，也是极其符合"文化共生"这一特点的。纵观中国统一的多民族国家的民族、民族国家发展史，"多元一体"文化格局是中华民族的文化样态。从中华民族的发展史来看，早期分散活动于中国境内的四面八方，在中华民族的大地上，在不同的自然环境、地理环境中，适应着不同的气候、环境，但共同创造着中华民族的伟大历史与中华民族文化。从形成的初期来看，中华民族的家园坐落于亚洲东部、西起帕米

[①] 兰久富：《全球化过程中的价值多样性》，北京师范大学出版社，第1—2页。
[②] 陈连开：《中华文化的基本特点及其在现代化进程中的弘扬》，《广西民族研究》2001年第2期。
[③] 何志魁：《西部大开发中贡山县独龙族怒族传统文化保存的教育策略初探》，硕士学位论文，西南师范大学，2001年，第24页。尹博：《基于文化共生理论的渝东南学校民族文化教育发展研究》，博士学位论文，西南民族大学，2015年，第6页。

尔高原，东到太平洋西岸诸岛，北有广漠，东南是海，西南是山，构成了四周有自然屏障，内部有结构完整的体系，形成一个地理单元。这便是中华民族的生存空间。生存于这片土地上的人们，早期在黄河中游形成了一个有若干民族集团汇集和逐步融合的核心，即为华夏；之后，以其为核心，吸收分散于周围的异族，并逐渐扩展自己的领域到黄河和长江中下游的东亚平原之后，形成了汉族；汉族形成以后，继续通过吸收他民族壮大自己的队伍，而且从领地上也逐渐渗入其他民族的聚居区，形成凝聚和联系的网络，奠定了以此疆域内多个民族联合而成不可分割的统一体的基础，成为一个自在民族实体，并经过民族自觉成为中华民族。中华民族从华夏族团的形成，到汉族的形成，再到以汉族为核心凝聚其他民族而成的中华民族（即多元一体的）的形成，经历了极其漫长的历史。[1]

中华民族历经了从黄河中游至下游形成华夏中心，交融、汇集为新时期文化，发展至黄河和长江中下游的东亚平原形成凝聚核心，再到以汉族为凝聚核心形成中原地区民族大混杂、大融合的局面，直至形成拥有56个民族的中华民族。根据此发展规律，中华民族多元一体文化发展的基本形式与发展轨迹可以总结为：多元化的起源、多区域的发展，并在汇聚中不断辐射四面八方。在中华民族形成过程中，不论是中原地区民族大混杂，还是与北方民族的融合，无一例外均体现出这一明显特点：即其他民族不断给汉族输入新的血液，而汉族也同样充实了其他民族。[2] 这是中华民族文化发展过程中典型的文化共生现象。具体而言，中华民族文化，在西起帕米尔高原，东到太平洋西岸诸岛，北有广漠，东南是海，西南是山形成的四周有自然屏障、内部有结构完整的体系这一共生环境中，由起源多元、发展多区域，在不断汇聚中辐射四方的56个民族文化为共生单元，融凝而成了中华民族文化这一共生文化模式。其中，56个民族单位是"多"元，中华民族是"一"体，[3] 在中华民族漫长的发展史上，这种多元与一体显在与潜在的交替状态中，在

---

[1] 费孝通：《文化与文化自觉》，群言出版社2010年版，第52—82页。
[2] 费孝通：《文化与文化自觉》，群言出版社2010年版，第68页。
[3] 费孝通：《中华民族的多元一体格局》，《北京大学学报》1989年第4期。

"一"与"多"两者矛盾与辩证关系中发展向前的,即是说,中华民族文化某一时期的"多元"文化发展是为下一时期的"一体"文化发展打基础,而某一时期的"一体"文化发展样态又是下一时期"多元"文化样态发展的条件。① 在中华民族文化的发展过程中,56 个民族的民族文化异质共存、多元共生、相互尊重、相互交流、兼容并包、互相促进、协调发展。而作为"中华民族多元一体文化"的组成部分,我国西北地区共生有汉族、藏族、回族、东乡族、裕固族、维吾尔族、蒙古族、哈萨克族、塔吉克族、乌孜别克族、满族、锡伯族、撒拉族、保安族等 50 多个民族的民族文化,伴随着中华民族文化的发展过程,凝聚了古今汉族文化以及以维吾尔族、回族、哈萨克族等少数民族为代表的伊斯兰文化和以藏族、裕固族、蒙古族等少数民族为代表的佛教文化。同理,这些民族文化之间也相互作用、和谐共存、平等交融、共融共存,兼容并包成为中华民族文化的重要组成部分,共生共存、共同发展、共同进步。

文化共生与西北地区的民族环境、文化环境相适应,是西北地区和谐社会的本质体现和内在要求,也是西北地区和谐社会建设的重要精神支撑。② 文化共生与西北地区的这种关系会影响西北地区社会发展的方方面面。因此,与文化关系紧密的西北地区民族团结进步教育的发展,势必会受到该地区文化共生状况的影响。

第二节 文化共生理念视域下主体文化认同的提升

"共生"最初作为生物领域的现象,强调的是生物体之间相互依存、相互帮助、共同生存、协同发展的关系,最终指向"共存"和"共赢"。当文化共生理论被引入社会学、教育学及民族学等领域,它强调的是人与自我、人与自然、人与社会以及不同民族之间、不同教育要素之间的异质共存、和谐共处。文化共生理论秉持多元文化异质并存

---

① 王鉴、秦积翠等:《解读中国民族团结进步教育》,《贵州民族研究》2007 年第 1 期。
② 周炳群:《文化共生与民族地区文化发展》,《广西民族大学学报》(哲学社会科学版),2008 年第 6 期。

的理念，指向不同民族、不同区域、不同时代的传统文化与现代文化、国家文化与地方文化、外来文化与民族文化等之间的相互影响、相互交流、异质共存、兼容并包、和谐与共、协调发展。由此可以推知，文化共生视域下民族教育的发展路径，便是强调作为共生体的不同教育要素（教育目标、教育对象、教育内容、教育方法、教育评价、不同民族的教师、不同民族的学生、本民族与他民族、本民族文化与他民族文化、西北地区的传统文化与现代文化等）在民族教育过程中的异质共存，关注教育过程中各种关系的和谐与相融；在这一过程中，也需要注重协调三方面的文化关系，即本民族文化传统与现代化发展过程中所产生的文化选择与文化适应、本民族文化与他民族文化相互关系中的态度取向以及特定文化场域中民族个体对外部文化格局的文化选择与文化认同。① 这些文化共生关系会影响民族团结进步教育的发展方向。

不论是个体与个体之间，还是民族与民族之间真实的团结并非凭空而产生的，而是建立在某种真实的认同之上，在民族团结实现过程中，这种真实认同或者认同的对象中最主要的应该是体现在不同民族集体记忆的文化上。② 换而言之，民族团结在本质上是特定民族文化的映射。我国的民族团结进步教育，从认知逻辑层面而言，其本质为中华民族文化认同教育；从过程逻辑层面而言，其本质为各民族文化交流交融；而从实践来看，其实质为文化教育。③ 因此可以说，文化共生视域下的民族团结进步教育，实现的关键点为文化——这一集体记忆认同。对于我国的民族团结进步教育主体而言，体现其集体记忆认同的文化的构成是由来自56个民族的中华民族文化，体现为"多元一体"的格局，这便是体现56个民族集体记忆的民族文化认同，因为对少数民族文化的认同是构成中华文化认同的基本要素，④ 也是民族团结能够实现、维持并得以继续的重要基础。⑤ 可以看出，在我国，文化共生视域下民族团结进步教育目标的实现，也就是解决共生于56个民族的文化组成的、体

---

① 孙杰远：《文化共生视域下民族教育发展走向》，《教育研究》2011年第12期。
② 韦兰明：《民族团结教育逻辑论纲》，《民族教育研究》2019年第3期。
③ 韦兰明：《民族团结教育逻辑论纲》，《民族教育研究》2019年第3期。
④ 陈丽明：《增强中华文化认同的几个关键点》，《中国民族报》2017年8月25日7版。
⑤ 韦兰明：《民族团结教育逻辑论纲》，《民族教育研究》2019年第3期。

现为"多元一体"文化场内不同文化主体记忆认同问题，亦即中华民族文化认同问题。与此同时，需要厘清我国民族文化和中华民族文化认同的关系问题。因为从民族文化构成及总体格局（即"多元一体"格局）来看，民族团结进步教育主体既是不同民族文化认同主体，亦是中华民族文化认同主体，所以他们的身份认同既关系到56个民族的文化认同，也关系到中华民族的一体文化认同，因此都需要予以重视。从现代民族国家的发展与建构来看，民族文化认同是中华民族认同的基础，也就是说，文化共生视域下我国民族团结进步教育需要通过教育达到各民族主体在认同本民族文化的基础上促进不同民族主体对中华民族文化的认同。换而言之，文化共生视域下的民族团结进步教育，就是要促进来自我国各民族的国家认同主体间的文化交往、交流、交融意识及其跨文化能力。

一方面，通过民族团结进步教育，提升不同国家认同主体的文化交往、交流、交融意识，促进其民族文化认同。文化共生视域下的民族团结进步教育，其目标为促进、加强不同民族之间的交往、交流、交融，而不同民族间的交往交流交融，对本民族文化的认同是基础。我国民族团结进步教育思想体系和理论架构，已经臻于成熟。习近平总书记在中国共产党第十九次全国代表大会上指出："深化民族团结进步教育，铸牢中华民族共同体意识……"[①] 由此可以看出，各民族交往交流交融是民族团结的基础，是中华民族共同体意识形成的条件，而各民族交往交流交融的前提基础，是不同民族人对民族文化的认同。

这里的民族文化认同分为两个层次：其一，不同民族人对本民族文化的认同。对于来自不同民族的民族团结进步教育主体而言，自己所属民族文化是其从"生物人"转变为"文化人"的母体，是成长过程、社会化过程中的营养汲取之泉，是其文化基因。也因此，不论来自哪个民族，每个文化主体都会受其所置身的环境的影响，相应地也会受到存在其中的特定民族文化的影响。故而，对于任何民族的个体或者集体而言，对本民族文化的认同，都是其社会化过程中的最基础的部分。换而

---

① 习近平：《决胜全面建成小康社会　夺取新时代中国特色社会主义伟大胜利——在中国共产党第十九次全国代表大会上的报告》（单行本），人民出版社2017年版。

言之，特定民族的民族人，对民族文化的掌握与认同，是其成长为"社会人""文化人"的必经阶段。事实上，对于特定民族人而言，由于本民族文化是其所属民族在特定的时空中通过长期的行为选择及心理积淀，经由实践的模塑而成的具有独特民族特点的文化模式，具有本民族独特的民族心理特点、思维模式、行为方式等，故与其社会化过程有着密切的关系，也因此，较之其他不同民族的文化，本民族文化更容易唤醒、激活特定民族人心中关于团结、合作、互助、亲社会的认知图式，更易让其产生丰富的积极情绪体验。[1] 这也是文化共生视域下民族团结进步教育的起点。其二，不同民族人所置身地区（或区域）的民族文化认同。西北地区拥有多个民族，生活于此的不同民族人在交往交流交融的往来互动中，发挥、挖掘并利用不同民族独特的民族文化智慧，在团结、互助、相扶相携中推动着该地区的社会向前发展。也因此，该地区的特定少数民族个体在成长、社会化过程中，不仅受本民族文化影响，也受到该地区的其他民族文化的影响。这也是我们以文化共生为视域讨论问题的原因。也因此，对于置身于多民族文化交织环境中的特定民族人而言，其社会化过程中不仅要达成对本民族文化的认同，也要实现对所置身的地区（区域）的文化认同。对于任何民族身份的个体或者群体而言，地区（区域）民族文化认同是其本民族文化认同的进一步扩大与拓展，是特定民族人将本民族文化认同提升至中华民族认同必经阶段，也是我国民族团结进步教育目标实现的必然路径。[2]

另一方面，通过民族团结进步教育，促进不同民族国家认同主体的文化意识，达到中华文化认同的目的。在我国每个民族人有自己的民族身份，属于本民族的成员，同时也是中华民族的一员。故而，在认同本民族文化以及所在地区（区域）的民族文化的同时，也要认可、认同中华民族文化，方可真正完成其作为中华民族成员的社会化过程。在全球化的当下时代，中华民族文化是体现为"多元一体"格局的文化。体现现代性为特点的"中华民族多元一体文化"是民族团结的根基，它是以主体民族汉族文化为基体，以55个少数民族文化为依托，在时

---

[1] 韦兰明：《民族团结教育逻辑论纲》，《民族教育研究》2019年第3期。
[2] 韦兰明：《民族团结教育逻辑论纲》，《民族教育研究》2019年第3期。

第十一章 文化共生对民族团结进步教育、国家认同培育的影响 ❋ 211

代、社会发展过程中，经由借鉴、吸收时代因子、外来文化发展而成的新时代56个民族共同认可的"中华民族多元一体文化"。其中，"多元"指我国多民族文化各自保持自己所属民族的特点与文化特色，彼此依赖、相互尊重、和谐与共、荣辱与共、相融共生，在对本民族文化清晰的了解与掌握的基础上，能够客观、公正看待异民族文化，也能够在尊重他文化的同时，借鉴与学习异民族文化的优势与长处；"一体"则指各民族文化均以"世界"为背景、以"现代中华民族文化"为方向，植根中华民族优秀传统文化的中华文化，具体体现为，各民族文化之间在长期的交流、往来互动中，通过互相借鉴、扬长避短、共融共生中，形成了源于56个民族各自的文化且又超越不同民族文化的文化系统，且"经常以政策、制度、法律、规范、道德、伦理等形式，并通过语言、文字、艺术、节日、遗迹等物质或非物质的载体表现出来，代表并彰显着国家的形象、气质与精神"[①]。这也是我国民族团结进步教育的核心指向：即以当下时代为大背景，以马克思主义民族观为参照，以中华民族"多元一体格局"理论为指导，遵循中国共产党的民族理论与民族政策，经由教育传承国家政治文化及民族文化中核心价值观的过程，促进我国各民族间以平等对话的方式进行沟通、了解、交流、合作，进而求同存异，即秉持各自民族不同民族见地的不同民族人，在祖国未来的发展目标上达成共识，并在对政治、经济、文化、教育、科技等各个领域里"重叠共识"（即共同的仪式、共同的社会规则、一致接受的规范等）的寻求中达成和谐团结的局面，从而构建一种各民族间互惠互利、荣辱与共且对全体民族人所属国家有共同认同的机制，并能够真正体现"各民族互相离不开"的民族教育理念及教育方式。

在文化共生视域下，通过民族团结进步教育，一方面，我国的每个民族人，接受以"多元一体"格局存在的我国共生民族文化的教育；另一方面，民族的成员在交往交流交融中，其跨文化意识、跨文化观念及其跨文化能力得以提高，进而达到不同民族人从对本民族文化的认同，发展为地区（区域）文化认同，最后达到对中华文化的认同。

---

① 韦兰明：《民族团结教育逻辑论纲》，《民族教育研究》2019年第3期。

第三节 文化共生理念视域下的国家认同培育

全球化的到来，使得人们的生活方式、工作方式、学习方式、思维模式等方面都发生了剧变，民族国家作为世界范围内政治活动的主要行动者，其内外生态、结构和功能也发生了极大的变化，同时引发了民族国家内部民众对自己所属国家的国家认同危机，全球化引发的这种认同危机为民族国家的统一、安全稳定带来了巨大的挑战，因为国家认同是民族国家合法性及其构建的首要前提。[1] 可以说，国家认同问题，成为全球化时期统一的多民族国家最主要的挑战。从统一的多民族国家多文化共生的环境来看，与国家认同问题相伴相随的是不同民族个体和群体的民族认同问题。如前文所述，对于文化共生视域下统一的多民族国家的不同民族人而言，其社会化过程须得经历从对本民族文化的认同，到地区（区域）文化的认同，再到对自己所属的国家文化即中华民族文化认同的过程。对于文化共生视域下经由民族团结进步教育对国家认同的培育而言，其轨迹是一致的，即从本民族文化认同（即为民族认同）到对中华民族文化认同（即为国家认同）。文化认同是民族认同的本质，所以文化也成为民族认同与国家认同之间调谐的纽带，在这一过程中，追求进步的文化共生则成为两种认同（民族认同与国家认同）调谐的基本原则。[2] 也因此，统一的多民族国家青少年的民族认同与国家认同，需要以文化共生为视域，通过民族团结进步教育（培育的方式有多种，包括公民教育、思想政治教育等，本研究主要讨论民族团结进步教育）的各种形式，如学校民族团结教育课堂教学、民族团结进步教育社会实践活动等。此外，因为"民族团结教育不仅是民族教育，更是国民教育"[3]。也因而，文化共生视域下基于民族团结进步教育的国家认同培育，便是基于中华民族文化共生，以民族团结进步教育为途径，促进我国青少年作

---

[1] 王卓君、何华玲：《全球化时代的国家认同：危机与重构》，《中国社会科学》2013年第9期。
[2] 孙杰远：《文化共生视域下民族教育发展走向》，《教育研究》2011年第12期。
[3] 韦兰明：《民族团结教育逻辑论纲》，《民族教育研究》2019年第3期。

为中华人民共和国国民身份的认同的形成的教育。

从我国西北地区的民族发展史来看,自古以来,该地区就是一个多民族社会,是众多少数民族世居的地区。从历史上来看,吐蕃、回鹘、突厥、羌、氐、柔然、匈奴、党项、鲜卑、吐谷浑等地区都是少数民族生活的范围。从目前的情况来看,这些区域依然生活着藏族、回族、东乡族、裕固族、维吾尔族、蒙古族、哈萨克族、塔吉克族、乌孜别克族、满族、锡伯族、撒拉族、保安族等近50个少数民族。由于民族与文化是一一对应的,故而每个族群都对应于自己所属的文化,[①] 由此可以说,西北地区自古以来就呈现出50多种民族文化和谐共生的局面。共同生息于中华民族这片大地上的50多种民族文化之间异质共存、多元共存、相互尊重、相互交流、兼容并包、互相促进、相互同化、协调发展,形成了文化共生的局面。我国国家认同的培育,需要通过加强文化共生视域下民族团结进步教育对多民族共同价值观的引领,同时构建文化共生视域下民族团结进步教育强化青少年国家认同的培育目标体系。这主要体现在两个方面,具体如下。

一 通过民族团结进步教育,培育文化共生视域下青少年的共同价值观

作为置身于拥有56个民族的统一的多民族国家的不同民族人来说,他们既是具有特定民族身份的特定民族人,也是这个统一的多民族国家的一国之民。故而,在这种民族与文化一一对应的多民族、多文化环境下,在其成长过程中、社会化过程中,需要经由教育教化、引导,在参与国家公共生活实践的过程中,去体验、去感悟,进而达到对其作为中华人民共和国之公民共同价值观的培育。正如有研究者所指出的,对于中国下一代公民的中华民族意识的培养、中华民族精神的塑造以及和谐民族关系的建构,都是从青少年学生接受教育的主阵地——学校教育开始的,而这种教育则主要依靠学校民族团结教育的形式来实现,[②] 与此

[①] 苏慧:《社交媒体对西北少数民族文化传播的影响》,硕士学位论文,北京邮电大学,2015年,第9页。
[②] 刘云:《民族团结教育实践模式研究》,博士学位论文,中央民族大学,2015年,第9页。

同时,"学生是各民族之间交往交流交融机会最多的人群,也是未来社会最有可能流动的人群,学校是民族团结教育的重要阵地"①。

故而可以说,学校民族团结进步教育的课堂教育活动以及各类民族团结进步教育实践活动,为我国拥有不同民族身份、成长于不同文化环境的青少年搭建了一个互相了解、互相交流、互相学习、彼此分享的平台,让他们在这种交流共享中,能够更好地理解本民族文化,也能够以更客观、更理性的民族文化观审视他民族文化,进而以更宽厚、更包容的心态理解、接纳、欣赏各民族文化,并达到对本民族文化、自己所置身的地区(区域)文化的接纳与认同;与此同时,在其更广阔的文化视野、文化意识形成的基础上,客观地辨析、鉴别,并认识到自己所属民族文化以及自己所接触的他文化的基础上,才能够更理性地判断"他"文化与"我"文化之差、"他国"文化与"我国"文化之别。在此基础上,也才能为自己所属哪个民族、所归哪一国家有更客观的认识,对自己有更适切的定位。在此基础上,特定民族人方可在自己所置身的文化环境中,通过自主适应,建立起一个不同民族文化主体共同认可的基本秩序及一套不同民族文化能够和谐与共的共处守则。② 在这种情况下,文化认同主体获得了理性的、客观的文化认同,从而也形成了其清晰的、积极的民族认同与国家认同。因为特定民族文化主体的文化认同度越高,其民族关系会越稳定,越不易从文化上受外界的离间,也因此不同民族主体之间发生的摩擦与冲突便会仅是人际间的,而不会上升至民族间的矛盾,也更容易得以解决。③

二 构建文化共生视域下民族团结进步教育强化青少年国家认同的培育体系,培育其正向的、积极的国家认同意识

(一)确定文化共生视域下民族团结进步教育的目标

文化共生视域下民族团结进步教育的主要目标,是促进不同认同主体之间的接触、交往,加强不同文化之间的交流交往、沟通,提升他们

---

① 万明钢:《交往交流交融是民族团结的前提和基础》,《中国民族教育》2015年第12期。
② 费孝通:《论人类学与文化自觉》,华夏出版社2004年版,第188页。
③ 黄相怀:《以文化认同促进民族团结》,《学习时报》2012年2月6日第3版。

的跨文化意识、跨文化能力。换而言之，经由民族团进步教育达到对不同民族国家认同主体文化教育的目的，进而促其国家认同的提升。因为民族团结教育旨在夯实中华民族共同体思想基础，而其本质是文化认同教育。[①]

因此可以说，文化共生视域下我国民族团结进步教育的目标，便是经由教育，传承不同民族人所属的民族文化以及所置身地区（区域）的区域文化，以加强、促进不同民族的民族认同、地区认同；与此同时，亦需传承、传播不同民族人共属的中华民族文化、国家政治文化等，加强其"共同感"，以促进不同民族国家认同主体之中华文化认同，也从而达到国家认同培育的目的。

（二）整合文化共生视域下民族团结进步教育的内容（文化）资源

在我国统一的多民族国家，要达成经由民族团结进步教育培育青少年国家认同的目标，文化共生的价值取向便落脚到民族团结进步教育的内容上。也就是说，旨在培育青少年国家认同的民族团结进步教育的内容，既要强调不同民族主体所属的民族文化内容，又要关注其所置身的地区（地域）民族文化内容，还须注重中华民族文化内容。因为不论来自哪个民族、哪个地区、哪个国家，特定民族个体既是特定民族人，又属于某个地区的一分子，亦为特定民族国家的一员。然而，从我国民族团结进步教育的实践来看，教育内容的政治性、政策性、理论性较强，从教育活动来看体现为两种倾向：其一，将民族团结进步教育内容生硬地灌输给教育对象，给教育对象造成了很重的负担；其二，教育者根据自己的喜好、专长而选择一部分内容进行传授，往往挂一漏万，无法满足教育主体的实际需求。[②] 另有研究的调查结果显示，从我国西部的一些学校，民族教育内容均以国家法定教材和课程设置为主要参照标准，开展课堂教育教学活动的，而为数不多的部分乡土教材内容，与当地少数民族文化相关的内容并未纳入学校教育体系。[③] 这导致民族团结

[①] 韦兰明：《民族团结教育逻辑论纲》，《民族教育研究》2019年第3期。
[②] 徐柏才：《论民族团结进步教育的实施路径》，《中南民族大学学报》（人文社会科学版）2013年第1期。
[③] 孙杰远：《文化共生视域下民族教育发展走向》，《教育研究》2011年第12期。

进步教育内容与教育主体的生活实际相脱离，脱离了其生活世界，也意味着与其所属的民族、所置身的地区（区域）、所存在的国家民族文化相去甚远，不利于民族团结进步教育的实施。当然，也与我国统一的多民族国家文化共生视域下教育主体的培育需求极其不相符。也因此，对于我国西北地区青少年国家认同的培育而言，需要以文化共生为视域，整合该地区50多个不同民族各自的民族文化内容，同时，也必得大力传承中华民族文化。如此，方可在传承不同民族主体民族文化、地区（区域）文化内容的同时，形成其民族认同，提升其中华民族文化认同，进而实现其国家认同的培育。

（三）文化共生视域下民族团结进步教育的实施路径建构

文化共生视域下，经由民族团结进步教育培育青少年的国家认同，需要紧密结合我国的实际情况。从我国西北地区教育的存在形式来看，有学校民族团结进步教育、社会民族团结进步教育，以及其他类型的民族团结进步教育类型，这些民族团结进步教育都伴随着我国西北地区50多个民族（包括汉族在内）的民族文化发展。故而，文化共生视域下民族团结进步教育培育国家认同的实施，需要结合西北地区的经济、文化的综合发展而全面展开。

一方面，以文化共生为视域，寻找"共生空间"，促进西北地区的社会、经济、文化等领域的协调发展。文化共生视域下民族团结进步教育在培育我国西北地区青少年国家认同的过程中，需要保证该地区经济的发展与文化的发展同步。因为教育与文化和经济等有着密切的关系，具体体现为：特定社会的教育与文化服务于特定社会的经济，前者是后者观念形态上的反映。我国西北地区文化共生视域下经由民族团结进步教育培育国家认同，需要促进该地区不同民族文化、地区（区域）文化和谐共生，以及社会经济的整体发展；合理开发、传承并保护该地区的民族文化资源，以达到通过民族团结进步教育将该地区民族传统文化与现代文化相融合，更有效为当地经济的发展与文化建设服务的目的；当然，在这一过程中也培养了青少年的民族意识、国家意识。同时，经由民族团结进步教育，加强西北地区文化与其他西北地区、非西北地区文化之间的交往、交流、交融，以促进西北地区文化的创新与发展，即基于西北地区，面向国内其他地区，走向世界各地。在这一过程中实现了对该地区青少年从其民族文化认同，到地区（区域）民族文化认同，再到中华民族文化认同的培育与提升。

另一方面，以文化共生为视域，促进民族团结进步教育实现"共生教育"的效果，培育青少年的国家认同。从前文可知，文化共生视域下的民族团结进步教育，亦即通过强调教育中不同要素（包括教育对象、教育目标、教育内容、教育环境等教育主体、教育客体）之间的多元共生、彼此依赖、异质共存，关注民族教育过程中各种文化关系的相融共生、和谐与共。也就是说，在民族团结进步教育的实施过程中，需要在人、社会、自然构成的场域中，建构促进共生教育，从较大视域来促进人与自然的共生、不同民族文化的共生。具体而言，通过加强学校民族团结进步教育、家庭民族团结进步教育、社会民族团结进步教育之间的协调、立体式的发展，从而加强青少年多民族共同价值观的形成。

第四节　小结

综上所述，文化共生视域下的民族团结进步教育与国家认同培育，是将生物学领域的共生现象（即不同的生物生活在一起，相依共存，互为存在，互为依赖，协调发展这一现象），借用于对当下时代人类社会本源现象存在的分析，并用以解决因信息化、全球化导致的不同民族之间、不同文化之间、不同国家之间的新问题。而文化共生视域下我国西北地区的民族团结进步教育，便是在强调各种教育要素之间、各种文化关系之间多元共生、彼此依赖、异质共存、相融共生、和谐与共的前提下，为民族团结进步教育青少年的国家认同创建一个和谐的、开放的、多元共生的教育场域，搭建一个不同民族人和谐相处、彼此依赖、相互沟通、相互交流、平等对话的平台与桥梁。换而言之，文化共生视域下我国民族团结进步教育培育未来民族人国家认同问题，指向协调民族团结进步教育相关的所有要素包括教育目标、教育内容、教育对象、教育环境等教育主体、教育客体之间的关系，让其在与存在其中的社会经济、文化等的协调发展中，促进不同民族的教育主体所属的民族文化认同、所置身的地区（区域）文化认同，进而达到对存在其中的中华民族文化认同的培育与提升。

总而言之，文化共生视域下经由民族团结进步教育培育国家认同，需要通过搭建一个统一的多民族国家认同主体相互交流、平等对话的平台，构建一个多文化和谐与共、异质共存、多元共生、相融相生的教育场域，经由培养未来公民的中华民族意识、塑造其中华民族精神的主阵地——学校教育。民族团结进步教育这种民族教育和国民教育，促进教育过程中各因素之间异质共存、相互交流、兼容并包，从而促进不同民族文化之间能够和谐发展，在交往交流交融中融荣共生，也促进青少年的跨文化意识，进而提升其跨文化能力，促进其作为祖国一员共同价值观的形成，最后上升至对中华民族文化的认同，达到国家认同培育的目标。

第十二章　新媒体传播对西北地区青少年国家认同的影响

第一节　引言

统一的多民族国家"国家一体、民族多元"的特点决定了国家认同问题是民族国家的必须重视的问题。这也是全球化带给统一的多民族国家内部主要的、最大的挑战。具体来说，一方面，全球化时代国家的政治支配形式受到削弱，使得一直以来国家作为一国之民认同最终落脚点的情况发生了很大的变化，就是说全球化打破了国与国之间、地区与地区之间的疆域界限，一个人的身份也往往是多重的，也就是说，一个特定的个体可能会有多重国籍等。这无疑为以往作为一个国家公民最终落脚点为国家的这一事实带来了极大的冲击。另一方面，全球化对民族国家根深蒂固的民族传统、文化习俗、宗教信仰、价值理念等也产生了强烈的冲击，这也一定会影响到国民的身份认同。新时期民族国家国民身份与国家认同的变化，为民族国家的建设与发展带来了挑战。因为国家认同既是民族国家的心理基础，也是国家统一和稳定的重要条件。[①]中国自古以来就是一个统一的多民族国家，民族构成极为复杂。因此，维护我国民族团结、实现社会凝聚，巩固和加强国家认同，维护国家稳定与统一，也是新形势下我国作为一个拥有56个民族的统一的多民族国家面临的一个重大课题。

西北地区特殊的地理位置，加之复杂的民族结构，交错杂处的居住特点，使得该地区的民族关系、民族团结问题等异常突出。具体来看，

---

① 周平：《论中国的国家认同建设》，《学术探索》2009年第12期。

西北地区因地处西北边疆，加之其特殊的地理位置、人文特点以及社会历史条件等，自古以来便是多民族共居，是国家认同培育的重点地区。

从信息时代的特点来看，新媒体的传播方式打破了传统的大众传播的方式，潜移默化地改变着人们信息接收、信息加工模式，也彻底改变了人们之间的相处模式、交流方式、思维模式，也给人们的身份认同带来了极大的挑战。就我国的实际情况而言，民族众多，多民族身份相伴的民族认同问题，因其与国家认同的紧密关系，又相互影响、相互作用，故而我国的国家认同建设历来就是十分重要的任务。新媒体时代的青少年学生作为新生一代——"数字土著""数字一代"，他们出生于信息技术快速发展的环境、伴随着信息技术成长，是随时随地与手机等数字化设备无法分离的一代，受信息化、新媒体等影响至深，故其国家认同的形成与培育，不可避免地与新媒体密切相关。因此，分析西北地区新传播媒介的演变，探究新媒体传播是如何影响该地区国家认同的，并构建新媒体时代西北地区国家认同培育的路径，关系到青少年国家认同的发展水平的发展程度，也关乎西北地区的民族团结、社会凝聚。

第二节　西北地区传播媒介演变及其特点

媒介是人们借以了解信息、传播信息、交换信息进而达成共识，最终实现文化共享的重要工具。它作为人类信息传播过程中极其重要的工具，伴随着人类社会的发展演变，其形式也处于不断发展演化过程中。可以说，媒介技术变迁史便是一部浓缩的人类文明史。[①]

回望我国少数民族发展史，传播媒介事业取得了长足的进展，而且，在漫长的民族、国家发展史上，传播媒介起到了不可或缺的作用，具体体现在：宣传党和政府的方针政策、歌颂少数民族的社会进步和历史成绩、记录各少数民族社会经济的发展、见证少数民族文化繁荣与发展史。然而，客观来讲，就我国少数西北地区而言，因主客观原因，其整体发展水平处于后发地位。媒介传播事业的发展也不例外。与汉族传

[①] 韩婷、喻国明：《传播媒介对受众长时记忆的影响研究——基于认知神经传播学的研究范式》，《新闻大学》2019年第1期。

第十二章　新媒体传播对西北地区青少年国家认同的影响

播媒介事业的发展相比，少数西北地区新闻传播事业"历史较短，影响力偏小，地域封闭，传播成本大"。[①]

我国西北地区，从其所处的环境来看，大多数少数民族都居于高山高原地区以及人烟较为稀少的大草原，城市化、现代化发展水平一定会受制于其所处的地理环境、社会环境的影响，整体发展水平较为缓慢。从我国历史发展的时间纵轴来看，就西北地区而言，因在历史发展过程中的局限性，各少数民族较晚接触商品经济，在现代化进程中相对滞后一些，也相应地体现出处于后发地位的特点。相应地，传播媒介事业的发展在西北地区的发展、演变的趋势与特点，也与该地区社会发展是同步的。我国西北地区的传播媒介的发展，从其诞生到发展壮大，再到走进现代化的漫长发展过程，与我国整个社会转型发展的历史同步。西北地区作为中华人民共和国不可分割的一部分，从其整个发展历史过程来看，虽与我国其他地区的发展不总是同步，但一定是同向的，即是说，恰是与中华民族历经的在"多元"与"一体"的交替中，历经数次大的社会转型发展，从传统走向现代的社会转型发展的轨迹相一致，西北地区的社会转型发展也经历了这一过程，即是说，两者的发展是同轨的、同向的。向历史纵深回望，中华民族的发展史上历经了三个大的社会转型发展阶段：第一阶段，慢速发展阶段（1840年至1949年）；第二阶段，中速发展阶段（1949年至1978年）；第三阶段，快速发展阶段（1978年至今）。这种社会转型与少数民族社会发展轨迹是一致的。[②] 少数民族的社会发展也经历了从传统走向现代的社会转型之路，也走过了从工业化到城市化再到现代化的发展之途。[③] 在这一过程中，西北地区的传播媒介也随之发生了从传统走向现代的发展之路。在社会转型的早期，因西北地区尚处于农牧时期，游牧生活为该地区主要的生活方式，故而信息接收和传播的方式主要是靠人力完成。

[①]　南长森：《西北少数民族地区新闻传播与国家认同研究》，博士学位论文，武汉大学，2012年。

[②]　刘祖云：《发展社会学》，高等教育出版社2006年版，第169页。

[③]　[美] 希伦·A·洛厄里、梅尔文·L·德弗勒：《大众传播效果研究的里程碑》，刘海龙译，中国人民大学出版社2004年版，第4页。

西北地区的新闻传播起始于 1840 年至 1949，也就是我国社会转型发展的慢速发展时期。据可查询的史料记载，在最早的媒介如报纸出现之前（即 713 年以前），我国西北地区的新闻媒体传播业基本处于口头传播阶段。[①] 随着社会的发展、时代的进步，到了 19 世纪末 20 世纪初，西北的新闻媒体传播业的报业才开始起步。从新疆地区来看，第一份纸质报《伊犁白话报》问世于 1910 年 3 月 25 日，也是第一份少数民族文字报纸，以汉语、维语、蒙语、满语四种文字出版。随后，西北地区的《伊江报》《自由论坛》《解放报》以及《西藏白话报》等也相继出版。至此，西北地区的媒体传播事业也正式开启。然而，从当时整体的发展状况来看，处于我国社会转型发展慢速时期的西北地区，传媒事业发展也异常缓慢。客观来讲，原因有三。其一，地理位置、自然条件的影响。西北地区地处中国西北部，属于西北内陆地区；从地理环境来看，居于以天山、唐古拉山脉、沙漠、草原地带，土地辽阔、信息闭塞、交通不便，该地区经济发展水平较低，传播事业发展所依托的经济现代化条件难以企及。其二，教育水平的影响。因地理环境等自然客观原因，该地区人烟稀少，经济发展滞后，教育水平偏低，也因此受众文化程度普遍偏低，极大地影响了该地区传播事业水平发展的速度。其三，民族成分、宗教信仰等的影响。

总体来看，西北地区这一时期的媒体传播事业是以报刊为主的单一性传播布局，媒介生态脆弱，具体特点表现为：媒介生态种类单一、媒介内生增值能力差，"媒介—社会"循环内驱力不足，且受众文化程度偏低；同时，因该地区需要通过不同民族语言进行交流，故报刊成本也比较大；再者，对于西北地区而言，因处于东方社会的高语境高传播中，信息传播过程中只有少部分信息经由编码后被清晰地传递出来，而大部分信息要么存在于物质语境中，要么内化于个体身上，故而媒体受众的思想很难达成共识，从而导致了该地区媒介单极化生存和媒介生态的脆弱性。[②] 总体来说，这一时期西北地区的媒体传播事业的发展处于

[①] 白润生：《中国少数民族新闻传播史》，民族出版社 2008 年版，第 6 页。
[②] 南长森：《西北少数民族地区新闻传播与国家认同研究》，博士学位论文，武汉大学，2012 年，第 28 页。

第十二章　新媒体传播对西北地区青少年国家认同的影响

缓慢的、低效的、单级的发展状态。

1949年至1978年，是我国社会整体中速度发展的时期。在这一时期，由于当时的国际国内形式，我国的社会经济、文化、教育等方面均以中等发展速度向前发展。从经济现代化的程度来看，这一时期西北地区处于工业化初期。从具体建设来看，重工业企业与科研基地逐渐建成，工业化发展初具规模阶段；从民族教育情况来看，此阶段该地区民族团结进步教育的创建与发展，正处于"萌芽与发端"阶段；从传播媒介来看，应经济、教育、文化等的发展需要，媒介传播规模和功能也渐次发展起来。从整体发展情况来看，这一时期西北地区的传播媒介事业有了较大的发展，从以报刊为主的单一性传播布局逐渐形成了独立的传播格局，由以往主要以声音传播、口口相传的语言传播方式转变为大众传播媒介——"报纸"为主的传播方式。这标志着我国西北地区的媒介传播事业正式进入大众传播时期。[①] 到了我国社会中速发展的这一时期，西北地区也相应地踏入经济现代化的行列，这一时期西北地区处于工业化初期，即逐渐建成重工业企业与科研基地，是工业化发展初具规模的阶段。

我们深知，特定社会或者区域的工业化是传播事业，如"报业"等发展所依赖的基础条件。也因此，这一时期，西北地区初具规模的工业化发展，为当地传播媒介——报刊业发展提供了必备的工业化条件，故而作为彼时西北地区最主要传播媒介的报刊业也逐渐繁荣起来。比如从新疆地区来看，1949年创办了以汉、维、哈、蒙等几类文字见刊的《新疆日报》，1951年创办的《伊犁日报》（创办之始仅有民族文字版，后来于1957年发展为以汉、维、哈等几种文字出版），《哈密报》（有油印的汉文版和铅印的维吾尔文版两种）也于1951年见刊，于1956年《克孜勒苏报》（有汉文、柯尔克孜文、维吾尔文字版）见刊，1958年《阿克苏报》创刊，等等。至此，新疆的报刊传播事业也逐渐走向壮大。从西藏地区来，1951年，《青海藏文报》见刊，作为全国第一家藏文省级报刊在青藏高原问世。随后，第一批藏族自治州机关报也渐次出

[①] 南长森：《西北少数民族地区新闻传播与国家认同研究》，博士学位论文，武汉大学，2012年，第28页。

版问世。1953年的《阿坎报》与《甘南报》（有汉文、藏文两个版本）、1954年的《甘孜报》；1956年，藏文省级报刊《西藏日报》也于青藏高原见刊，至此初步确立了藏语机关报刊架构体系，与此同时，该刊作为国家的主流媒体进入大众的视野，成为少数西北地区乃至全国范围的藏族自治区、藏民族最重要的民族语言传播媒介。① 总之，与当时的社会发展总体状况同步，我国西北地区的传播媒介、传播事业的发展也经由单一的声音传播、口口相传的人际传播、语言传播渐次走进大众传播。

在报刊媒介传播业发展的同时，西北地区的广播、电视等传播媒介也逐渐发展起来。比如，就广播媒介事业而言，从新疆维吾尔自治区来看，从1949年起建立广播电台，用汉语和维语交替广播，范围仅限于省会城市，到了1989年，全新疆广播人口覆盖率已达至70%；就电视媒介事业而言，自1960年电视台的建立起，期间历经了停办，到1970年复建，到1972年新疆电视台台标正式使用，再到20世纪80年代建成了22座电视台、288座电视录像转播台和电视台转台，以及500多座电视卫星地面接收站，整个新疆维吾尔自治区的电视人口覆盖率达65%以上。总体而言，随着社会、经济的发展，这一时期西北地区的媒介传播事业渐次走向由报刊、广播、电视等形式以党报为中心的多品种、多地域、多渠道、多层次的媒介结构建制和媒介传播格局。这标志着西北地区的媒介传播正式进入大众传播时期。②

总体来说，由于西北地区的自然条件、地理环境较差、气候恶劣，交通不便、信息闭塞、人烟稀少，相应地，社会、经济等发展也较为滞后。故而，这极大地影响了这一时期西北地区的传播媒介事业的发展。从整体发展状况来看，西北地区的传播事业与当时该地区的社会、经济发展同步，即从早期单一的传播媒介——报刊业的发展，到后来广播、电视等传播媒介的逐渐发展，一路走来，都历经了条件设备简陋、专业人才（当时主要是少数民族语言人才）缺乏、受众媒

---

① 周德仓：《中国藏文报刊发展史》，中国社会科学出版社2010年版，第11页。
② 南长森：《西北少数民族地区新闻传播与国家认同研究》，博士学位论文，武汉大学，2012年，第28页。

介素养低等困境，直至走向由报刊、广播、电视等多种媒介形成的多品种、多地域、多渠道、多层次的大众传播时期。回望我国西北地区传播媒介的发展，历来一直都得到党和国家的大力支持，不论是各类政策的优惠倾斜，还是硬件设施的配备与提供上，都给予了充分的帮助与支持。另外，必须提及的是，尽管历经了发展极其缓慢、过程异常艰难的岁月，但客观而言，西北地区的新闻传播媒介事业的发展，对该地区少数民族的多民族语言、多民族多文字、多元民族文化的传承与发展，均起到了极其重要的作用；而且，通过宣传民族团结，在民族众多、关系复杂多样，且为多宗教汇聚之地的西北地区，促进了其经济发展、维护了社会稳定、加强了民族和谐，提升了社会进步。尽管缓慢，但西北地区的传播事业也一直在有力地支持着该地区社会经济、教育、文化等事业的整体向前发展。随着信息化时代的到来、新媒体的出现，为西北地区的方方面面带来了一系列不可估量的影响与变化，使其由"城市化"走向"现代化"。

第三节 新媒体传播对西北地区国家认同的影响

信息化时代的到来，为西北地区的社会发展、经济发展、文化发展、教育发展等方面，都带来了颠覆性的影响与变化，为其步入现代化行列起到了决定性的作用。即是说，信息技术的发展让该地区以不容置辩的姿态进入现代化时期。事实上，随着全球化传播与新媒体技术的迅猛发展，为西北地区的社会结构格局带来了极大的影响与冲击。故而，分析新媒体传播的特点及其对我国西北地区国家认同的影响，具有一定的社会现实意义，也能够为该地区青少年国家认同培育提供一定的启示。

一 新媒体传播及其传播特点

"新媒体"主要指基于现代信息技术或通信技术（如数字技术、网络技术等）的，具有互动性、融合性的媒介形态与信息平台，主要包括手机媒体、网络媒体以及两者融合形成的移动互联网和其他数字媒体形式,①比如数字杂志、数字广播、数字报纸、数字电视、手机短信网络、桌面视窗、触摸媒体等。有学者则更为全面地界定了新媒体的含义,指出新媒体是以互联网、无线通信网、卫星等为传播渠道,依托数字技术、网络技术、移动通信技术,以电视、手机等为输出终端,向广大受众传播音频、视频、语音数据服务、远程教育等集成信息和娱乐服务的一切媒介传播手段与方式的总称。②从新媒体的定义可以看出,它是依托数字技术为技术支撑、以网络为传播媒介的媒体形态。与报纸、杂志、广播、电视传统意义上的四大媒体较之而言,新媒体被称为"第五媒体"。它以时效性强、传播速度快、影响范围广等特点被称为5A媒体(即Anyone, Anytime, Anywhere, Any Media, Any Information)。一般而言,新媒体主要有两种:一种是网络媒体网,即电脑为终端的计算机信息网络;另一种是手机媒体,即以手机、iPad等移动通信工具为终端的移动网络。前者以其全球性、全方位、全动态、全接触,以及经济实惠等优点,成为新媒体中最为重要的媒体形态;而后者则依托移动通信技术的移动互联网服务以及电信网络增值服务,以携带方便、操作简单、延展性强、传播多元等优点已经成为新媒体中广受欢迎的信息传播、接收的新载体和新平台。③

另外,由于手机、iPad等可移动终端的受众很广,极大地推动了新媒体时代微传播(即以微信、微博、移动客户端等新媒体为媒介传播方式)的流行与发展④。微传播使受众能够在泛在环境下,不受时空限制,随时随地经由移动终端进入网络环境,读取信息、查阅资料,并能随时参与互动式传播。从微传播受众的发展趋势来看,其影响力会越来越大。随着我国移动通信技术的加速发展,截至 2017 年,全国移动电

---

① 彭兰:《"新媒体"概念界定的三条线索》,《新闻与传播研究》2016 年第 3 期。
② 宫承波:《新媒体概论》,中国广播电视出版社 2011 年版;许瑶:《新媒体传播与社会主义核心价值观建设》,《武汉理工大学学报》(社会科学版) 2017 年第 4 期。
③ 郭明飞、杨磊:《新媒体传播对我国意识形态安全的挑战及对策》,《湖北行政学院学报》2016 年第 3 期。
④ 唐绪军、黄楚新、刘瑞生:《微传播:正在兴起的主流传播——微传播的现状、特征及意义》,《新闻与写作》2014 年第 9 期。

话用户 14.2 亿户，移动宽带用户（即 3G 和 4G 用户）和手机上网人数分别为 11.3 亿户和 7.5 亿人是 2012 年的 4.9 倍和 1.8 倍。移动互联网接入流量 246 亿 GB，是 2012 年的 28.6 倍。[1] 从这组数据可以推知，手机上网人数之多，亦即微传播受众之广，与传统的大众传媒相比，新媒体影响力极大，且有极强的传播力。

总体而言，新媒体依托新技术而诞生，与传统的报纸、杂志、广播、电视四大传统媒体相比，它作为"第五媒体"，依托移动互联网、电信网络等，以电脑和手机等移动通信工具为终端，凸显了现代信息技术便利、快捷、即时、精准、泛在性并以受众为中心等特点，为人们的思维方式、生产方式、生活方式、工作方式、学习方式等等带来了巨大的影响与颠覆性的变革。

从新媒体的传播特点来看，与传统的四大媒体相比，主要有以下几个凸显的特点。

第一，即时性。新媒体的传播，是依托数字网络技术、移动通信技术，以电视、电脑、手机等为输出终端，以互联网、宽带局域网、无线通信网、卫星等为传播渠道进行的，故而它不受时间、空间等的限制，从信息发布到信息接收，再到信息反馈都即时完成，克服了传统媒体所需要的从信息传递到信息接收周期较长的弊端。

第二，交互性。交互性是新媒体的属性之一。[2] 所谓新媒体传播的交互性，究其实质，指的是媒体传播的双向性和流动性。[3] 从新媒体的特点来看，其依托数字网络技术、移动通信技术进行传播，在这一过程中，信息一旦传播出去，受众即时接受信息，并通过网络媒体如论坛、微博，或更为方便的手机媒体如微信、QQ，随时随地点击阅读，并参与讨论、发表看法、共享观点等。另外，当信息传播者在公共平台发布

---

[1] 国家统计局：《服务业在改革开放中快速发展擎起国民经济半壁江山——改革开放 40 年经济社会发展成就系列报告之十》，2018 年 9 月，http://www.stats.gov.cn/ztjc/ztfx/ggkf40n/201809/t201809101621829.html。

[2] 聂磊：《新媒体环境下大数据驱动的受众分析与传播策略》，《新闻大学》2014 年第 2 期。

[3] 郭明飞、杨磊：《新媒体传播对我国意识形态安全的挑战及对策》，《湖北行政学院学报》2016 年第 3 期。

信息时，受众会继之以倍速进行再传播，尤其如果通过很知名的网络媒体中的门户网站如"搜狐""优酷"等进行发布，因其影响力会更大、受众数量会更广，信息会在共享中剧速传播。而与此同时，信息传播者也能即时收看受众的信息反馈，并做出综合评判、预估舆情未来的走向，并及时调整未来预发布的信息内容，以更加符合广大受众的需求。由此可知，新媒体传播克服了传统媒体传播过程中受众被动接受信息的弊端。在传统媒体传播信息的过程中，由于信息都是由传播者单向传播给受众的，不仅所需的传播周期很长，而且传播者与受众之间的双向交互也没法实现。

第三，超媒体性。与传统的媒体相比，新媒体传播是依托数字技术、移动通信技术等，通过无线通信网、宽带局域网、卫星、互联网等传播渠道，集合了网络媒体、数字电视、手机媒体等诸多新兴媒体而成的一种集合媒体形式。正因为新媒体是一个集合的构成，它集静态的传播形式与动态的传播形式于一体，也就是说，新媒体传播依托数字技术、移动通信技术等，它不仅是集中了音频、视频、图像、文字于一体的"超文本"式的传播，同时也是融合了报纸、广播、网络、电脑等功能为一身的"多媒体"式的传播。[1] 这种"超文本"式与"多媒体"相融合的超媒体传播方式实现了多种媒体形式自由组合转换,[2] 使得信息传播的载体形式灵活、多样。

第四，个性化。与传统媒体单向传播过程中"点对面"式的传播方式截然不同，新媒体实现了"点对点"的传播方式。这克服了传统媒体不能为单个或部分受众提供特定的、个性化的信息资源的弊端。新媒体依托数字技术以及大数据分析，在快速了解舆情的情况下，能够为不同需求的受众提供个性化的信息推送服务。也就是说，信息传播者可以同时实现对个体受众或者集体受众推送、传播满足不同受众需求的特定信息。而受众则可以经由新媒体来检索、选择自己所需要的、所关注的信息，也可以通过定制，更精准地获悉自己更需要、更关注、更青睐

---

[1] 郭明飞、杨磊:《新媒体传播对我国意识形态安全的挑战及对策》,《湖北行政学院学报》2016年第3期。

[2] 郑萌萌:《新媒体传播社会主义核心价值观研究》,《传媒》2014年第8期。

的信息，进而实现推送、接受个性化的信息推送服务。在新媒体传播过程中，门户对消息的控制极大程度上被削弱，也就是说，每个受众都可以拥有一个属于自己的私有的、可信赖的传播载体，而且受众自身就是消息源。① 换而言之，受众个体可以利用微信、微博、QQ等新媒体传播方式，传播自己所感兴趣的、关注的信息，同时也可以发表自己的观点与看法、表明自己的立场与态度等。

新媒体的这种传播方式极大地加速了现代社会价值、思想观念、文化意识等的分化多元，这势必在一定程度上加大国家认同培育的复杂性。

二 新媒体传播对我国西北地区国家认同的影响

新媒体的问世，为人们的工作、生活、学习以及思维方式、行为方式等带来了颠覆性的变化与影响。这种变化与影响，既包括新媒体为人们带来便利、高效等，也包括了它带来的一些不利影响。从新媒体传播的特点来看，因其具有即时性、可交互性、超媒体性以及个性化等特点，使得人们的意愿表达扁平化、时空传导无限化、身份认可虚拟化、沟通路径多节点、互动关系平等化、社会价值多元化。② 新媒体传播的这些特点，在信息传播中过程中对人们的思想意识形态、文化价值判断、身份认同、民族认同、国家认同等方面产生了极大的影响，这为国家认同的形成增加了困难。而对于西北地区而言，一方面，新媒体为该地区的人们生活、工作、学习等方面带来了极大的便利，而且多渠道、立体化的信息传播，也使得国家最新的信息第一时间广而告之，而且个性化的信息传播特点使得信息传播与接收过程更人性化，这是新媒体传播为西北地区带来的显性的益处；另一方面，我们不得不正视的是，新媒体传播的方式，也加速了该地区现代社会价值、思想观念、文化意识等的分化多元。总而言之，新媒体传播对于西北地区广大受众的国家认同的形成而言，既是机遇，又是挑战。

从新媒体传播的特点来看，它使得人们的意愿表达扁平化、时空传

---

① 徐振祥：《新媒体的价值影响与大学生思想政治教育》，《中国校外教育》2008年第8期。
② 刘大宁：《社会主义核心价值体系大众化的策略研究》，《人民论坛》2013年第8期。

导无线化、互动关系平等化、沟通路径多节点等特点，为西北地区国家认同培育带来了机遇。

首先，新媒体传播的即时性有助于提高西北地区国家认同教育的时效性。新媒体传播所具有的即时性的特点，有助于提高国家认同推动的时效性。从我国西北地区所处的自然条件、地理环境来看，大多数少数民族都居于高山高原地区以及人烟较为稀少的大草原，交通不便，信息闭塞，其教育、经济、文化等发展速度缓慢、发展水平低下。与此同时，西北地区社会整体发展滞后，导致该地区文化投入不足，其传统媒体的一些功能逐渐消失殆尽，文化宣传阵地也严重缩水，这使得该地区与全国其他地区的交流不够，导致当地一些民众对党和国家的发展战略、民族宗教政策等方面的内容不是十分了解。[1] 近年来，在党中央和政府的大力扶持与资助下，全国范围内信息化全覆盖，加快了西北地区走向现代化的步伐。《中国教育现代化2035》的出台与实施，更是为西北地区走向现代化的实施提供了的政策保障。在西北地区快速走向现代化的过程中，新媒体的普及和受众的范围也剧速推进。我们知道新媒体传播所具有的特点，克服了传统媒体传播中从信息发布到信息接收过程中周期较长的弊端。因为新媒体传播不受时空的限制，即时完成。也因此，可以通过网络媒体、手机媒体，将有关党和国家的最新方针政策、国内时事要闻、不同民族国家的文化特色等方面的最新消息，第一时间向西北地区的广大受众传播；而与此同时，他们也可以即时参与讨论、发表自己的观点与看法，表明自己的态度与立场。在这种参与、讨论、共享、分享、辨析、鉴别中更加了解自己所属民族的特色以及自己存在其中的国家的特点，在处理国际事务中所持有的态度以及所发挥的作用、在保护国民利益的过程中所起的作用等等，进而形成客观、公正的民族观，促进其国家意识的提升、国家认同的发展。

其次，新媒体传播的交互性有利于推动西北地区国家认同教育的大众化。新媒体传播具有的交互性特点，即信息传播者与受众之间是双向的、流动的等特点，具体体现为信息发布者通过网络媒体或者手机媒体

---

[1] 李娟：《新媒体传播对我国西北民族地区国家认同的影响研究——以甘肃省为例》，《西北师大学报》（社会科学版）2017年第2期。

第十二章 新媒体传播对西北地区青少年国家认同的影响

发布消息，推送有关国家方针政策、政治文化等方面的信息，而受众在接收到信息后，即时阅读、点评，并经由转发再转发而实现传播再传播。与此同时，信息发布者则可以即时查看受众对信息的反馈，进而根据舆情的整体情况进行综合分析判断，对信息内容的难度、呈现方式等加以调整，以提高信息传播的有效性。另外，值得一提的是，就该地区的国家认同培育而言，由于有关国家认同方面的内容，对普通受众而言，较为抽象难懂，加之以往传统媒体比如报刊、广播等的传播方式，往往体现的是一种单向的"自上而下""点对面"或者"精英化"的表达与传达方式，在很大程度上是一种"灌输"的方式，普通受众无法参与表达自己的观点与看法，尤其是西北地区，因特殊的自然条件、地理环境，复杂的社会环境，加之受众的受教育水平、文化程度普遍偏低等因素所限，情况更不理想。但凭借新媒体传播具有交互性这一特点，其提供的交流共享平台，可以使西北地区的广大受众可以参与其中，发表自己的观点与看法，讨论、辨析，这有助于推动我们国家的制度建设，有利于该地区国家认同的提高。因为形式多样、传播便捷、生动鲜活的新媒体，为各民族交往交流交融提供了虚拟空间，有助于实现各民族在融媒体创设的场域中相互嵌入、彼此沁入。[1] 在这种凭借新媒体技术创设的、各民族共享共融的平台上，他们以公民身份参与国家公共社会生活实践，通过讨论、分享，表达自己的观点与看法，在亲身体验、感受、感悟中，深刻地领悟到自己作为一国之公民的责任感与义务感，也才能逐渐形成一国之民共有的价值观、认同感。

再次，新媒体传播的超媒体性有益于推动西北地区国家认同提升的渠道立体化。新媒体传播的超媒体性，将传播媒体的传播功能与现代媒体的传播功能集于一体，即就是说，新媒体传播既是"超文本"式的传播，亦为"多媒体"式的传播，它实现了多种媒体形式自由组合转换。这种立体化的传播方式极大地丰富了信息传播的载体。对于西北地区信息传播而言，由于当下时代信息化的普及，新媒体传播克服了以往传统主流媒介，如报刊不能即时送达的弊端，也在一定程度上摆脱了西

---

[1] 严庆、谭野：《在融媒体时代深化民族团结进步教育》，《贵州民族研究》2019 年第 3 期。

北地区受众教育水平、文化水平普遍偏低而导致文字阅读效果不佳的困境，或者广播、电视等传统媒介传播过程中单向的、自上而下的传播方式的不足。新媒体这种传播媒介图文并茂，声音、视频一应俱全。这种多渠道、立体式的传播方式，将国家认同方面的内容以直观、形象的方式呈现，即以人们喜闻乐见的形式呈现，使得该地区的广大受众易于接受，也为国家认同意识渗入西北地区人们生活的方方面面提供了适切的契机。如前文所述，将国家认同中的热爱祖国、敬业、文化自信等抽象概念与价值观融入人们正常的生活叙事与知识叙事中，更有利于他们的国家认同的形成与提高。

最后，新媒体传播的个性化有助于推动西北地区国家认同提升方式的人性化。新媒体"点对点"的传播方式，实现了针对不同的受众提供个性化信息推送的服务。也就是说，信息发送者可以对个体受众或者集体受众推送传播者认为适切的、有用的新闻信息，而受众则也可以通过新媒体定制，获取自身认为更适切、更需要、更关注、更感兴趣、更有价值的信息，并即时发布自己的观点和看法。这就避免了以往传统媒介传播过程中的"点对面"的不足。在"点对面"的传播过程中，受众仅被当作一个整体接收信息，他们的个性无法体现，也因此宣传效果不佳。这种情况在对西北地区国家认同的宣传教育过程中更为凸显。西北地区是有其特殊性的，比如该地区受众的复杂的民族身份、不同民族背后多样的民族文化交织的多元文化环境等。我国是一个拥有56个民族的统一的多民族国家，若所传播的有关国家认同培育与提升所需要的民族文化、国家政治文化内容千篇一律，势必会导致西北地区受众的参与宣传的积极性不高。而新媒体传播的个性化特点，其"点对点"的传播方式，在很大程度上能够克服这一弊端，能很好地体现"人性化"的特点。换而言之，新媒体的个性化信息服务促使信息传播者报道时的视角由一直以来对上的"仰视"、对下的"俯视"，转变为网上的"平视"，实现了信息传播者与受众之间一对一的沟通，[①]也就是说，信息传播者与受众形成双向互动的交流模式，使得互动关系平等化。信息发

---

① 郑萌萌：《新媒体传播社会主义核心价值观研究》，《传媒》2014年第8期。

布者可以根据西北地区的民族构成、文化特色等传播具有针对性的、适切的信息，而受众也可以根据自己的需要定制自己所需的、更有价值的有关国家认同的信息内容。在这一过程中，受众也更能体会到自己的与众不同，自己被重视以及自己的价值。毋庸置疑，在这种被认可、被重视的参与中，他们的责任感、国家认同感更有可能会得到提高。

第四节 新媒体时代西北地区国家认同培育的路径建构

伴随着经济全球化的扩大和我国社会改革向纵深的推进，新媒体技术在西北地区以势不可挡的速度在向前发展，影响到该地区社会、经济、文化、教育等发展的方方面面，对我国主流意识形态的影响更是深远。因为这种影响，关乎我国民族团结、社会凝聚以及国家的安全与稳定。也因此，只有顺势而为，科学、客观地认识新媒体传播的特点，并有效地加以利用，通过制定有利于新媒体空间高效运行的、有效的、适切的国家通用语言规划，加强新媒体监管、确立新媒体网络法规，打造我国西北地区特色新媒体宣传平台、完善国家认同教育体系，弘扬国家发展的主旋律，顺利推进西北地区国家认同的提升是必由之路。

一 制定新媒体运作中的国家通用语言规划，提升西北地区的国家认同意识

认同是心理认知现象，出于自我，是一种自觉而持久的感情，具有心理依附、情感归属、比照差异、并付诸行为实践等特点，包含了认同主体的情感、观念、信仰及理想，它是主体以他物为参照，于差异中求趋同的过程。它包括诸多成分复杂的心理结构系统，可分为认知成分和情感成分。前者指向一个国家的公民对自己国家、人群的知识与看法；后者则关涉到公民对自己国家、人群的情绪、情感及评价等内容。[①] 认同的形成，从"认知"到"情感"再到"行为"，是一个有序的、渐进

---

① 佐斌：《论儿童国家认同感的形成》，《教育研究与实验》2000年第2期。

的、复杂的过程。因而一国之公民其国家认同,不是依靠强迫获得的,而是通过自觉意识与公民参与发展而来的。[①] 这首先需要通过加强西北地区新媒体空间国家认同意识的引领,通过国家通用语的规范使用来实现。新媒体传播,是依托现代信息技术或通信技术等,通过卫星、互联网、无线通信网等传播渠道,是以特定语言为语言媒介,凭借网络媒体、数字电视、手机媒体等诸多新兴媒体而实现信息传播的媒体形式。也因此,根据我国西北地区的实际情况,即语言的整体情况,制定新媒体运作过程中国家通用语言规划,提升西北地区受众参与国家社会与生活的能力。因为我国的国家通用语是汉语普通话,它承担着重要的国家社会生活的语言交际和信息传播功能,我国公民如果不掌握国家通用语言文字,就无法平等和充分地参与国家公共社会生活。[②] 国家需要有共同的语言和共同的话语体系,作为国家通用语的汉语普通话,是整个国家保持信息渠道一致的共同语言,作为中华人民共和国的一员,不论属于哪个民族,只有掌握了作为国家通用语的汉语普通话,才能更好地参与国家公共的民主生活,也才能借此很好地运用、实现并保护自己的政治权利,在国家公共领域发挥自身作用。[③] 通过制定西北地区新媒体运作中国家通用语规划,让该地区的受众能够充分掌握并规范使用国家通用语,并能够以平等的公民身份充分地参与到国家公共社会生活中,体验到充分的归属感与爱国情怀,进而提升其国家认同意识。

二 确立西北地区新媒体网络法规,治理西北地区网络生态

信息时代新媒体环境下受众的国家认同意识提升,需要一个健康的、积极的、良好的法制化网络生态环境。西北地区的新媒体网络环境复杂,加之新媒体传播的特点,网络生态环境治理是必要的措施。党的十八届四中全会明确了依法治国的策略方向,也明确了有效力的法律法规是保

---

① 韩震:《教育如何促进国家认同?》,《人民教育》2015 年第 20 期。
② 黄行:《论国家语言认同与民族语言认同》,《云南师范大学学报》(哲学社会科学版) 2012 年第 3 期。
③ 韩震:《全球化时代的公民教育与国家认同及文化认同》,《社会科学战线》2010 第 5 期。

证制度建设的前提保障。依法治理新媒体网络环境，让西北地区复杂的新媒体网络环境治理有法可依，明确行政权力机构、新媒体自身、广大受众各自的责任、权利和义务等，是行之有效的治理途径。一方面，根据西北地区新媒体网络环境的特点，制定相关的新媒体管理法律法规条例。有针对性地构建由法律、行政法规、司法解释共同组成的系统的新媒体管理法规体系，[1] 进而通过规范的、系统的新媒体管理法规，有效地对西北地区受众量极大的微博、微信、QQ 等新媒体平台进行热点检测、分类筛选、辨析总结、分而治之。可以通过监管新媒体动向、处理新媒体危机并引导新媒体舆情方向，提高新媒体监管力度是这些措施的前提。另一方面，需要根据西北地区的新媒体网络环境，依法推行隐匿式实名制。通过建立法规制度，推行隐匿式实名制，也就是说，在任何一个媒体平台，任何个体想要成为合格的网民或者受众，需要对其民族身份、住址信息、职业类型、受教育程度等等信息登记、建档，对其真实的个人身份信息进行管理。这样既可以保护广大受众的个人隐私，也可以对企图通过新媒体传播不良信息者进行有效的监管，从而在很大程度上达到净化西北地区新媒体网络环境、优化网络生态的效果。

三 打造具有西北地区特色的新媒体平台，大力宣传社会主义核心价值观，维护党和政府声誉

信息时代，置身于泛在化环境中，新媒体、新信息等已然与人们片刻不离，是人们精神交往的重要工具。这对于西北地区民族成分众多、民族文化多元、多宗教汇聚一堂的广大民众的国家认同而言，是一个巨大的挑战。然而，不论怎样，面对信息技术为社会带来的不可逆的、颠覆性的变化与影响，我们都应顺势而为，合理地加以利用，让其充分发挥积极的、正向的作用。因此，针对新媒体传播在西北地区的特点，我们需要打造具有西北地区特色的新媒体平台，通过大力宣传社会主义核心价值观、维护党和政府的声誉，消除不良影响，提升该地区国家认同意识。

---

[1] 郭明飞、杨磊：《新媒体传播对我国意识形态安全的挑战及对策》，《湖北行政学院学报》2016 年第 3 期。

一方面，构建符合西北地区受众需求的主流媒体平台，宣传、弘扬社会主义核心价值观。一直以来，我国传统主流媒体凭借其敏锐的洞察力、强大的传播力以及广泛的影响力在倡导、引领我国社会思潮方面发挥了不可或缺的重要作用。[1] 通过新媒体时代主流媒体传播和宣传社会主义核心价值观，为西北地区的广大受众予以精神的引领与指导，从而提升其国家认同意识。因为社会主义核心价值观，是社会主制度文化的本质体现，也是社会主义国家利益的集中体现，凝结着我国全体公民共同的价值追求，它对我国民族国家广大民众的国家主流价值观念、意识形态等能够起到很好的引领作用。也因此，充分发挥新媒体传播的超媒体性、个性化等特点，通过网络媒体和手机媒体，打造具有西北特色网络传播平台，推送相关信息，宣传社会主义核心价值观，为国家树立共同的道德理想与奋斗目标，西北地区广大受众在认同作为中国公民的共同理想和奋斗目标的基础上，达到国家认同。

另一方面，根据西北地区的社会发展需求，利用新媒体建造绿色通道、打造"官—民"交流平台，体现西北特点。在这一平台上，充分发挥主流媒体的传播力、号召力及影响力，展示党和国家为民着想的诚意与执行力，从而达到维护党和政府声誉的目标。通过新媒体网络，即时回应民众的诉求，并让官方政务信息公开化、透明化；同时，完善新媒体新闻发布机制，凭借新媒体传播的特点，及时公开官方的信息，设置体现国家主流价值的议题，引导舆情的正确方向。唯其如此，该地区全体民族人的祖国意识才会逐渐提升，进而形成健康的、正向的、积极的国家认同感。

---

[1] 郑萌萌：《新媒体传播社会主义核心价值观研究》，《传媒》2014 年第 8 期。

第六编 体系建构

第十三章　西北地区青少年国家认同培育的策略体系研究

第一节　引言

教育具有社会属性，其社会性价值是针对教育对于经济、政治、文化等子系统构成的社会大系统的意义而言的，这些子系统的构成，则须当由"社会化"的人去创造、去发展。而人的社会化过程，便是接受教育的过程。任何人都属于特定的社会，从他们从出生到长大成人的过程中，需要通过接受各类教育，掌握人类先进的文化成果，形成促进社会存在与发展的智慧与能力，从而才能够担当起一个社会、一个国家建设的责任。这也即是教育的社会意义及价值。[①] 从教育的社会属性及社会意义观之，接受了怎样的教育，便造就怎样的人。因为受教育者在特定的社会接受特定的教育，教育的基本内容便是让受教育者掌握自己所置身的当下社会所需要的价值观、文化范式、思想意识、道德观以及社会行为规范等。换而言之，受教育者接受教育的过程，便是培养其对特定社会或者国家的秩序、价值观、道德标准等认同的过程。由此可知，教育与认同，两者之间存在着内在的联系。事实上，一个国家教育的最主要的意义及功能，便是经由制度性安排强化一国公民的国家认同。[②]

对我国统一的多民族国家公民的认同而言，既涉及民族认同，又指

[①] 檀传宝：《教育是人类价值生命的中介——论价值与教育中的价值问题》，《教育研究》2000年第3期。

[②] 韩震：《教育如何促进国家认同？》，《人民教育》2015年第20期。

向国家认同。有研究者指出，特定民族人的民族认同的形成与提升目标是经由民族社会化和民族教育的引导而达成，较之而言，其国家认同、中华民族凝聚力以及不同民族之间的民族团结则主要凭借教育的引导而得以实现。[①] 而民族团结进步教育，作为我国统一的多民族国家未来民族人社会化教育中的一部分，与国防教育、法制教育、公民道德教育一起构成了国民教育的基本内容，[②] 是通过教育的手段把生活在一个有着悠久历史文化的多民族生存的命运共同体的人们引向和谐生存的境遇。[③] 新时期，体现"民族团结"和"民族进步"之合意的"民族团结进步"一词，应而得以凸显。"进步"一词，体现了新的历史条件下，走进新时代的我国民族团结面临着客观形势和民族工作的新要求，那便是：思想观念上的先进性、各民族在经济社会方面的改观与发展、民族关系处理有效、凸显"进步"的时代价值等；"民族团结"和"民族进步"的关系体现为：民族团结是民族进步的保证，民族进步则是民族团结的基础。[④] 由此可见，走进新时代，我国西北地区经由民族团结进步教育培育青少年国家认同，应当是以马克思主义民族观为理论根基、以中国共产党的民族理论与民族政策为理论方向，以中华民族"多元一体格局"理论及其发展史为资源和载体，将民族团结进步教育置于我国新时代的社会场域之中，通过学校课堂教育教学、实践教育与活动教育等的宣传教育，促进我国 56 个民族的民族团结，使各民族共同进步，以建成一个全体公民共同认可的国家，也为中小学生国家认同的提升创造条件。从心理学角度看，学校是青少年学生社会化的主要场所，学校教育是青少年学生社会化的重要途径，基础教育阶段是青少年

---

① 戚甫娟：《加强学生民族团结和"四个认同"教育研究》，《青年研究》2007 年第 2 期。
② 谭玉林：《我国民族团结教育理论与实践研究》，博士学位论文，中央民族大学，2011 年，第 29—30 页。
③ 刘子云：《民族团结教育实践模式研究》，博士学位论文，中央民族大学，2015 年，第 89 页。
④ 严庆：《对民族团结进步中"进步"的认知与现实价值审视》，《中南民族大学学报》（人文社会科学版）2016 年第 9 期。

学生将外在社会规范内化为自己信念和行为的关键时期。① 故而，一方面，民族团结进步教育通过学校教育传播国家政治文化，对青少年的社会化过程加以引导，提升其公民意识、祖国意识；另一方面，传承民族文化，提升中小学生的民族意识以重构其爱国主义价值观，从而为其国家认同的培育创造条件。与此同时，由于认同出于自我，是一种自觉且持久的感情，它是集情感、观念、理想、信仰于一体的综合体，其培育过程也极其复杂，并非仅凭接受有关国家认同的知识教育可以实现的，也不能通过强迫所获得，还需要作为一国公民的国家认同主体的自觉意识和参与国家公共社会生活实践的体验与感悟。所以说，国家认同的培育，是一个渐进的、漫长的、复杂的过程，故而，经由民族团结进步教育培育中小学生的国家认同，需要考虑多方因素，构建一个科学的、合理的培育模式与策略体系。

如前文所述，国家认同的培育，是一个有序的、渐进的、复杂的过程。对一国公民而言，只有先明晰了自己存在其中的国家之国民身份，能够很确定地感受到自己所属国家与自身存在的密切关系，方可将自己归属于特定的国家、渐次形成国家意识，进而能够做到捍卫国家主权与民族利益、为民族利益、国家利益挺身而出，并对自己所属国家的未来与发展自觉担负起一个公民应负的使命与职责。对于青少年而言，需要通过民族团结进步教育，调动他们的自主自觉意识，引导其参与到国家公共生活的实践中来，从而体验到归属感与国家意识。然而，从眼下西北地区中小学有关国家认同培育的实践现状来看，培育过程及有效性的效果不够理想，存在着一些不足之处，主要体现为：偏重于知识传授、偏重于知识储存、偏重于课程体系，② 这与国家认同形成的特点及其培养所需要的策略不太相符。另外，由于国家认同培育是一个极其漫长且复杂的过程，它伴随着国家认同主体的成长、社会化过程，故而，经由民族团结进步教育培育青少年国家认同，首先需要明晰培育策略的价值指涉，方可制定出适切的、有效的培育策略。

---

① 张家军：《小学生公民素养的调查研究》，《华东师范大学学报》（教育科学版）2017年第6期。
② 欧阳常青、苏德：《学校教育视阈中的国家认同教育》，《民族教育研究》2012年第5期。

第二节　国家认同培育策略的价值指涉

信息化时代的加速到来，为人们带来了无与伦比的便利，信息技术也成了人们工作学习、交流互动，尤其是精神交往的工具。这也使全球范围内不同民族国家一直以来的格局发生了翻天覆地的剧变，打破了不同国家疆域的限制。也就是说，处于世界不同地区的民族国家往来互动日益频繁，从而加速了不同民族文化间的交流与融合，也催生了不同文明之间冲突与碰撞。这导致了不同民族国家国民身份认同以及国家认同等问题日益突出。我国是一个统一的多民族国家，存在着同样的问题。西北地区综合形势较为复杂，青少年国家认同培育问题更为凸显、面临的困难与挑战也更大。一个国家公民的国家认同，不仅仅指向特定国家的人民对自己存在其中的国家之国族身份的确认以及对自己所属国家历史文化传统、国家政治文化、社会核心价值观、道德价值观、理想信念等的认同，也指向通过比较，在明确与他国特征界限的基础上，将自我视为本国公民并形成的对于本国的归属感，秉持一种有关本国与世界关系的理性态度，[①] 能够明辨"他国"与"我国"之差异，进而形成中华人民共和国境内的共同感与"我们感"（we-ness），健康的、清晰的、积极的国家认同随之形成。对于青少年而言，他们正处于知识、心智、情感、能力等方面的形成及发展过程当中，所以他们的国家认同培育，需要通过其接受教育的主阵地——学校教育与宣传的引导与影响，也就是说，经由学校教育对青少年的社会化过程加以引导，形成健康的、积极的、正向的身份认同与国家认同。然而，这一过程中青少年始终是主体，需要体现其作为现代"人"的整体发展需求。也因此，在对西北地区经由民族团结进步教育培育青少年国家认同策略的考量中，需要将民族团结进步教育置于我国新时代的社会场域，以和谐共融为目标、以人文关怀为旨归、以文化引领为渠道、以公民身份认同为承载，对西北地区青少年的社会化过程加以引导，以促进其国家认同的形成与提升。

[①] 饶舒琪：《全球化背景下的国家认同教育：合法性与应有内涵》，《教育学报》2018年第6期。

第十三章　西北地区青少年国家认同培育的策略体系研究　243

一　以和谐共融为目标

根据功能主义理论的观点，社会结构中的每个组成部分都对社会整体的生存与发展发挥着一定的功能，有助于保持社会均衡和社会发展。教育，作为组成社会整体的一部分，是社会发展过程中不可缺少的重要组成部分，而学校教育作为教育发展的主要延续场所，[1] 担负着使个体社会化的主要功能。概括而言，教育的基本功能包括：维护和传递社会的文化（包括价值、信念与知识等）；新知识的传递、发现及创新；以及人才在社会中的定位或甄选。[2] 教育的社会化功能是指教育能够让不同的社会成员获得相同的价值准则、态度与信念，并使他们按照特定的社会规范行事，这是一个必不可少的社会秩序稳定的条件。[3] 教育通过为受教育者传授社会共同的道德标准与价值观念，使其获得走向未来的社会生活中所必需的责任感、必备品格与关键能力，从而促成人的社会化。[4] 从中可以看出，教育作为社会整体的组成部分，在促进社会均衡与发展过程中起着极其重要的作用。在这一过程中，教育体现了其"育人""化人"的本质与追求。事实上，教育只有遵循了科学的、合理的理念，才能产生社会期待的效果。一般而言，科学的、客观的科学的教育理念必须正确地反映教育本质的特征，并且能够正确地引导教育发展的目标与过程。[5]

对于西北地区经由民族团结进步教育培育青少年的国家认同而言，指向置身于全球化时期、信息化时代、社会转型期等交织的社会环境中，且指向多民族共居、多宗教汇聚的西北边疆的青少年，他们

---

[1] 高曼曼：《民族地区中小学综合艺术课程研究》，博士学位论文，中央民族大学，2009年，第11页。
[2] 谢维和：《教育活动的社会学分析：一种教育社会学的研究》，教育科学出版社2000年版，第46页。
[3] 纪河：《学校教育社会学》，河海大学出版社2003年版，第8—22页。
[4] 张俊豪：《功能主义理论及其对教育的适用》，《湖北民族学院学报》（哲学社会科学版）2004年第6期。邵晓霞：《民族团结进步教育课程的理论与实践研究》，中国社会科学出版社2015年版，第60页。
[5] 王继辉：《全球化背景下大学生国家认同感的培养》，硕士学位论文，哈尔滨工程大学，2009年，第28页。

的社会化过程更需要体现涂尔干所说的教育的"化人"功能:教育作为一种社会现象,其根本功能在于将个人同化于社会,同时将社会内化于个人,从而起到促进个人和社会稳定的双重功能与作用。具体而言,即指通过教育,实现个人的社会化并形成个人的集体意识的功能,进而使特定的社会成员具有充分的同质性,拥有共同的价值观念、态度与行为,从而奠定建设社会的共同基础。① 教育最终目标指向个人和社会和谐共融。故而,经由民族团结进步教育培育青少年国家认同的过程,便是通过教育解决人与人、人与自身、人与社会的团结、和谐问题,因为国家认同的终极指向是团结,是和谐。而对于我国青少年国家认同培育而言,即是经由民族团结进步教育,引导、教化他们汲取融凝了中华民族博大精深的传统文化,蕴含着丰富的"各美其美,美人之美,美美与共,天下大同"处世智慧,② 让他们具备独立、坚强、圆融的性格,以在未来我国民族国家建设中能够胜任促进国家稳定发展、民族凝聚向前的重任。具体而言,西北地区经由民族团结进步教育对青少年国家认同的培育,便是凭借教育,搭建一个"全球"与"地域""传统"与"现代"之间对话的平台,消弭横亘于不同地区、不同民族之间的鸿沟,为青少年创建一个轻松愉快体验的环境,培养他们能够理性区分"他—我"差异的辨析能力,发展其求同存异、和谐共融的处世能力。

二 以人文关怀为旨归

认同就是在人与人、群体与群体的交往中所发现的差异、特征及其归属感;国家认同则指特定国家的公民对自己所属国家的历史文化传统、社会核心价值观念、社会道德价值观念、社会制度、社会道路、国家主权等的认可与遵从,它是一种重要的国民意识,是维系一国存在和发展的重要纽带,是一种认同主体的主体意识。③ 对于国家认同的主体

---

① [法]埃米尔·涂尔干:《社会学方法的规则》,胡伟译,华夏出版社1999年版,第5—109页。
② 费孝通:《文化与文化自觉》,群言出版社2010年版,第456页。
③ 贺金瑞、燕继荣:《论从民族认同到国家认同》,《中央民族大学学报》(哲学社会科学版)2008年第3期。

而言，国家认同意味着其对自己所属国家的亲近感、归属感。归属感，作为一种社会心理，是一个介于外界环境和人的行为之间的一个中间变量，是指个体或者群体对自己所属地域或者所属文化群体的认同、喜爱和依恋。① 人类所需要的这种对自己所属地域或者所属文化群体的认同、喜爱及依恋，指向人生的意义，需要通过对生命的关怀，在尊重、肯定以及精神需要的满足中获得，即人文关怀。人文关怀，即以人为本的社会理念与思潮，指的是一种普遍的人类自我关怀，往往体现为"全人"的价值、人格、命运以及尊严的关切、维护与追求，也表现为对作为对"独立的人"的主体、需求、地位、生存状态、生活条件、生活质量的关注，其核心是以人为本，肯定和塑造全面发展的理想人格。②

经由民族团结进步教育对西北地区青少年国家认同培育，以人文关怀为旨归。具体而言，就是指通过民族团结进步教育，注重青少年作为"全人"的发展。因为任何个体的存在都是一个整体性存在，包括人的完整性和生活的完整性。③ 这需要在民族团结进步教育培育青少年国家认同的过程中体现：一方面，关注每个国家认同主体的完整性，即是说，需要将每个民族个体看作一个身体、情感及精神和谐发展的整体。换而言之，民族团结进步教育在培育全体青少年国家认同的同时，也要凸显各个少数民族文化主体的发展需求，使不同民族的国家认同主体从自身的情感、精神及需要出发，对自己作为特定民族国家的国族身份能够有明确的、清晰的认识，并确认自己与所属国家的存在的密切关系，从而更有效地促进并提升其正向的国家认同意识。另一方面，也应该关注每个作为国家认同主体的未来民族人生活的完整性。因为人的完整性植根于生活的完整性，而生活无疑指向人与自然、与社会、与世界的交往。西北地区的每个青少年都是中华民族大家庭的一员，其社会化过程必定是在与不同民族成员、社会、自然的交融中行进的。民族团结进步教育培育中小学生国家认同这一过程也体现了各民族青少年作为"整

---

① 米庆成：《进城农民工的城市归属感问题探析》，《青年研究》2004年第3期。
② 黄正泉、王健：《人文关怀：思想政治教育之魂》，《现代大学教育》2007年第3期。
③ 钟启泉：《现代课程论》，教育出版社2000年版，第1—6页。

体的人"的发展理念。此外,新时代我国的民族团结进步教育,是置于我国新时代的社会场域之中的,对西北地区青少年国家认同的培育,是针对该地区全体未来民族人的,因为他们作为我国统一的多民族国家未来的建设者和接班人,国家认同情况直接关系到我国未来民族的走向,也关乎我国民族国家统一、稳定,以及民族团结、社会凝聚的程度。当然,与此同时,每个未来民族人作为中华民族大家庭的一员,均需有平等的权利及义务参与其中,从而形成对祖国的认同、爱国情怀,也从整体上提升了中华民族的向心力、凝聚力,方可确保国家稳定、国家统一及民族团结。这一目标需要国家认同主体在国家公共生活实践的参与,通过亲身感受、体验、感悟,进而达到。

三 以文化引领为渠道

经由民族团结进步教育培育青少年的国家认同,实质上是发挥教育的功能,在青少年接受学校教育的过程中,引导他们的社会化过程,通过对其生命的关怀,在尊重、肯定以及满足其精神需要的过程中,达到塑造人、转化人、培养人、发展人、完善人的目的,从而最终达成对自己所属国家的历史文化传统、道德价值观、理想信念、国家主权等的认同。在一个拥有56个民族的统一的多民族国家,通过民族团结进步教育培育一国之民的国家认同,需要植根于深厚的民族文化之土壤中。因为在拥有56个民族的大家庭里,民族团结进步教育培育不同民族人国家认同的实质是要处理不同民族文化间的理解、认同问题,即我国各族人民通过在不同领域的社会交往活动,就那些与自己所属民族文化相异的社会历史文化、道德价值观念、社会价值规范、风俗习惯等方面的不同观点与看法,通过平等的对话进行交流、沟通,在了解、理解、接纳、包容、内化的基础上,扩展自己的文化视野、提升自己的民族意识,从而重建自己的民族观,进而通过对比、比较、辨析、鉴别,综合分析形成适切的价值判断与社会行为准则,作为"自己所属文化—内群体文化"与"他文化—外群体文化"中行为的参照系与标尺,进而形健康的、积极的、正向的国家认同意识。事实上,这是教育的社会化功能的发挥。具体而言,即民族团结进步教育通过传输社会规范和价值的传输来实现其社会功能，具体体现为传递和维护（复制）文化的功能，以及对新知识的创新、发现和传递功能，以及对社会系统的整合问题，① 从而实现对成员的"育人""化人"的目的。

西北地区处于中国传统文化、民族文化、异域文化交织的多元文化环境中，民族团结进步教育培育青少年国家认同的过程，便是传承该地区的民族文化、传播国家政治文化的过程。原因在于，青少年国家认同培育的过程，便是通过传播政治文化和民族文化，引导作为国家认同主体的青少年学生顺利完成其社会化的过程。具体而言，包括两方面的内容：一方面，需要通过继承和发扬以儒家文化为核心的优秀传统文化，进而构建中华民族的核心价值观，发扬和继承以爱国主义为核心的团结统一的中华民族伟大民族精神。② 因为中国多元一体的民族存在与发展的漫长历史，融凝了博大精深的传统文化，蕴含着丰富的"各美其美，美人之美，美美与共，天下大同"的处世智慧，③ 这些智慧构成了全球多元文化背景下西北地区青少年国家认同建设和培育的思想基础。故而，吸收、借鉴中国传统文化中的处世智慧对统一的多民族国家之国家认同建设和未来民族人国家认同培育具有不可或缺的现实意义。另一方面，需要坚持和发展面向现代化、面向世界、面向未来同时也是民族的、科学的、大众的社会主义先进文化，培育和践行社会主义核心价值观，提升、增强各个民族的向心力、凝聚力，使中华文化成为中华民族的精神归属与和谐社会建设的"社会植被"。④ 通过学校教育传播国家政治文化，对青少年的社会化过程加以引导，提升其公民意识、祖国意识；与此同时，传承民族文化，提升青少年的民族意识以重构其爱国主义价值观，从而为他们国家认同的提升创造条件。

---

① ［英］T. 帕森斯：《社会系统》，自由出版社1951年版，第58—60页。
② 周艳、巨生良：《和谐社会：三种机制协调运作的系统社会》，《重庆邮电大学学报》（社会科学版）2009年第1期。
③ 费孝通：《文化与文化自觉》，群言出版社2010年版，第456页。
④ 周艳、巨生良：《和谐社会：三种机制协调运作的系统社会》，《重庆邮电大学学报》（社会科学版）2009年第1期。

第三节　国家认同培育的策略体系

一　加强以课堂教育为基础的民族团结进步教育，提升青少年对国家认同的意识

学校课堂教育是民族团结进步教育的较为传统的载体，也是我国一直以来民族理论、民族常识以及民族政策教育的主阵地、主渠道，对民族团结进步意识提升起到了举足轻重的作用。[①] 在培育青少年国家认同的过程中，通过课堂教育，将民族团结、国家凝聚等内容渗透于不同年级段学生的课堂教学的各个环节。也就是说，在课堂教学设计过程中，需要体现以学生为本的教育理念，注重中小学生理性思维能力和批判性思维能力的培养，课堂活动多采用以问题为导向的启发式教学及依托信息技术的翻转课堂教学模式，让学生通过思考、讨论、分享中获得有关国家认同的知识。小学中年级阶段（三、四年级）的民族知识启蒙教育中，通过学习，小学生基本掌握中华人民共和国是一个由56个民族组成的统一的多民族国家的社会主义国家、自己所属民族的特点（包括语言、文化、文字等）等内容，涵养其民族团结与国家认同的基本意识。小学高年级阶段（五、六年级）的民族常识教育中，则通过了解我国56个民族的特点及其主要的风俗习惯、中华优秀传统文化内容，不同民族的著名人物代表、各个民族所取得的成就以及中华民族各族人民相扶相携，共同创造了伟大的祖国的今天的辉煌，进而形成维护祖国、热爱祖国与国家认同的基本认识。初中阶段（七、八年级）的民族政策常识教育中，学生通过了解党和国家制定民族政策的背景、具体内容及取得的成就，并能将党和国家的民族政策运用到实际问题的解决中，从而树立维护国家统一、民族团结的意识。高中阶段（普通高级中学十、十一年级）的民族理论常识教育过程中，则通过民族团结进步教育，学生掌握中国共产党关于民族问题的基本理论，以马克思唯物主义观审视我国作为一个统一的多民族国家进退兴衰的过程，从而认识

---

① 徐柏才：《论民族团结进步教育的实施路径》，《中南民族大学学报》（人文社会科学版），2013年第1期。

到国家民族政策的优越性,并坚定中华民族伟大复兴的信心,进而确立起对社会主义政治制度的认同。

如此,中小学生才能在一定程度上获得有关国家、民族、中国共产党等方面的知识,确立国家认同的基本认识及意识。当然,由于国家认同出于自我,是一种自觉而持久的感情,包含了认同主体的情感、观念、信仰及其理想等,形成过程极其复杂。故而,仅通过学校课堂教育掌握和了解相关知识是远远不够的,还需要国家认同主体的自主自觉意识,参与国家公共社会活动实践,通过亲身体验、感悟,从而获得对国家认同的深层次的认识。

二 巩固以实践活动为平台的民族团结进步教育,形成青少年对国家认同的感悟

国家认同作为一种自觉而持久的感情的形成,需要在了解并掌握相关知识的基础上,必须通过自觉意识与实践参与,在以公民身份参与国家公共生活的实践参与中,方可形成内在的可持续的国家认同。予置身于多民族共居、多宗教汇聚的西北边疆地区,且处于全球化时期、信息化时代、社会转型期等交织的社会环境中的青少年来说,其国家认同的形成不仅需要获悉有关祖国意识、民族文化、政治文化方面的知识,且须得在西北地区复杂、多元的社会环境中,通过参与社会实践活动,在体验和感悟中实现,在西北地区多民族的、多文化的、多宗教的社会环境下,作为国家认同主体的青少年通过参与国家公共社会实践活动、民族团结进步教育活动等,在了解、认识、体验、理解、辨别、鉴别过程中逐渐形成。因为从根本上说,国家认同问题,主要体现在国家主体的内在体验层面,也因而,国家认同教育绝不能仅是停留在口号宣讲上、理论知识的传授中,它必须要与国家认同主体的实际利益及内心体验相结合。[1]

对于西北地区青少年国家认同培育而言,需要巩固以实践活动教育为平台的民族团结进步教育。具体而言,由学校组织西北地区的青

---

[1] 吴玉军、吴玉玲:《新加坡青少年国家认同教育及其启示》,《外国中小学教育》2008年第8期。

少年参加各类民族团结实践活动,深入乡村、社区,听西北地区革命军人、老革命家讲自己的一些亲身经历以及当下生活发生的翻天覆地的变化。一方面,青少年在亲身参与、亲眼见证中,感受到自己所置身的西北地区今昔对比的不同,会对中国共产党领导下我们国家所取得的成就有更为深刻的认识,从而增加他们的国家自豪感;另一方面,青少年也在社会实践活动中,认识到西北地区存在的一些尚待解决的问题,通过与同伴讨论,分享自己的观点与看法。与此同时,教师给予即时的指导,学生则会通过辨别、辨析,在批判性思维中形成客观、公正的认识与正确的价值判断,从而增加自身作为中国公民的责任感与国家责任感。比如新疆维吾尔自治区组织学生参加的民族团结月活动。新疆维吾尔自治区自1983年开始举办的每年一次的民族团结月,并于2009年12月29日,《新疆维吾尔自治区民族团结教育条例》的审议通过,将每年的5月定为新疆的民族团结月,每个民族团结月都有特定的主题。因此,学生通过参与各类民族团结进步教育主题活动,深入了解当前我国民族团结情况、国家面临的民族问题,进而深刻领会到党和国家对于维护民族团结、社会凝聚、国家统一中所制定的各类制度、政策的优越性,思考自己作为中华人民共和国的一员,应该怎样做才能使祖国的未来发展更加美好。与此同时,组织学生参加各种日常仪式、纪念活动,培养学生的爱国主义情感,进而提升其国家认同意识。因为政治认同感的意识往往通过信仰的体系、仪式和象征而得以实现。[①] 就青少年而言,由于他们处于自我意识逐渐增强,理性思维能力迅速增长的阶段,对学校课堂教授的相关知识具备了一定的分析判断能力,但其认知能力尚处于未完全成熟时期,且因当下新媒体传播等因素的影响,信息更新剧速,且碎片化的信息接收与阅读产生的浅层次学习,使得他们并不能对祖国发展史、党和国家的制度政策等有全面的认识和了解,故而需要在参与学校组织的各类国家公共生活实践活动、公民实践活动以及民族团结进步教育实践活动中才能深入体会。也因此,"仪式""象征"类的社会实践活

---

① [英]德里克·希特:《公民身份:世界史、政治学与教育学中的公民理想》,郭台辉等译,吉林出版集团有限责任公司2010年版,第258页.

动教育极为符合中小学生的年龄特征、心理特点、认知方式等。比如，新疆乌鲁木齐市第 131 小学举行的校园首届传统文化节启动仪式，通过文化节目表演，展示了中华民族传统文化的博大精深与异彩纷呈，它以青少年学生喜闻乐见的方式传输了热爱祖国的情怀。再比如通过组织学生参观烈士陵园、纪念西北地区的英雄，如反恐英雄黄强等，在庄严肃穆的默哀仪式、历史英雄事迹展览过程中，产生对英雄的仰慕、崇拜之情，进而引导学生反思当下美好生活的来之不易，从而产生爱国热情与祖国意识。再如，学生通过参加国庆节庆典以及升国旗、唱国歌等日常仪式教育活动，可以通过节日的"仪式"感及强烈的气氛，培养青少年作为中华人民共和国之公民的爱国主义情感及其政治认同。

事实上，充分利用以实践活动为平台的民族团结进步教育培育未来民族人的国家认同，在西北地区是极为可行的，我们从一则访谈资料可以窥见一斑，具体如下。

> 我们西北地区民族众多，又居于边疆地区，环境非常复杂。因此，民族团结进步教育工作一直以来是我们自治区常抓不懈的首要工作，它不仅关系到我们国家的民族团结、国家统一的问题，也关系到年轻一代的教育问题，他们的人生观、世界观、价值观，也包括他们的民族观、国家观的形成过程中，教育是重要的途径之一。当然，在我们西北地区，民族团结进步教育的作用更凸显一些，您这几天也看到了，正在进行的民族团结月活动，几乎是全民参与。对于中小学来说，不定时会有民族团结进步教育的各类实地参观活动、报告会、讲座等。（西北地区某自治区教育厅民教处 W 访谈）

三 增强以文化为载体的民族团结进步教育，涵养青少年的民族精神与国家情怀

文化，历来是特定族群（民族）的基本生活方式、思维方式、行为方式、心理特点以及群体认同的重要基础，也因此聚焦于不同民族文

化间互动的涵化,是促进、深化统一的多民族国家民族团结教育研究的重要视角。① 因此,经由以文化为载体的民族团结进步教育培育青少年的国家认同,实质上是实现教育的社会化功能,即通过社会规范和价值的传输,对文化的传递与维护(或者复制),对新知识、新信息的发现、传递与创新,以及对特定社会系统的整合问题。② 西北地区学校民族团结进步教育培育青少年国家认同,凭借对民族文化的选择、传承与传播,进而实现中华民族文化的共生,成为中小学生国家认同形成的依托。这里共生的中华民族文化,既包括西北地区各民族各自的民族文化,也包括中国56个民族共属的中华民族传统文化,还包括社会主先进文化。具体而言,在对学校课堂文化教学与课内外文化体验活动的选择与设计过程中,首先需要考虑的是,以中华民族文化为核心内容,即是说,民族团结进步教育传递中华民族文化内容,体现了中华民族共同文化价值,为青少年国家认同的形成打下基础。而能够体现中华民族共同文化价值的文化内容,既包括中华民族传统文化,也包括社会主义先进文化。中华民族传统文化,一般是指中华民族漫长的发展过程中积淀下来的、不断发展的、创造的且打上自身烙印的文化,它是由物质文化、制度文化、思想文化三个层面内容构成。它是一个丰富的有机整体,源远流长,博大精深,其中,思想文化是其内核,③ 是青少年国家认同培育过程中形成"我们感"的思想基础。而社会主义先进文化,则以中华优秀传统文化为根基,是对中华优秀传统文化的传承、变革与创新,它体现了时代特点,并通过吸收时代因子,为中华优秀传统文化注入新鲜的血液与活力。这样,西北地区青少年在掌握传统文化知识、领悟传统文化精华、汲取社会主义先进文化营养的过程中,涵养了其民族精神、祖国意识。其次需要考虑的是,学校课堂文化教学与课内外文化活动实践活动的设计与组织中,也要体现西北少数民族文化的传承与发展诉求。通过学校课堂文化教学、课内外文化活动实践体验,青少年

---

① 常永才、John W. Berry:《从文化认同与涵化视角看民族团结教育研究的深化——基于文化互动心理研究的初步分析》,《民族教育研究》,2010年第6期。
② [英]T.帕森斯:《社会系统(英文版)》,自由出版社1951年版,第58—60页。
③ 李宗桂:《试论中国优秀传统文化的内涵》,《学术研究》,2013年第11期。

第十三章　西北地区青少年国家认同培育的策略体系研究　253

学生了解自身国作为一个拥有56个民族的民族大家庭，不同的民族文化各自保持自己的文化特色，但彼此依赖、相互促进、相扶相携、和谐与共、异质共存、相融共生。在此基础上，不同民族人能够更清晰地认识、理解本民族文化，同时也能更理性、更客观、公正地看待他民族文化，并在尊重、交流、借鉴、学习中彼此促进、共同发展。如此，将中华民族共同文化价值与西北地区各民族特色有机整合，让不同的文化和谐与共、共融共生。它涵养了青少年的民族精神、重塑了其文化认同并重构其爱国主义价值观。

另外，经由以文化为载体的民族团结进步教育培育青少年的国家认同，意味着还需要传承国家的政治文化，以促进其政治认同。因为政治文化，是指特定的社会成员对自己所置身的社会其政治体系及其过程所秉持的政治态度、情感情绪、价值判断等方面的综合意识取向；在当下它表现为公民参与政治的空前广泛性和真实性，须通过建立起一套系统的、科学的、完整的政治与法律文化体系，如此以保证特定社会公民其民主权利的实现，这样的目标需要通过养育与造就政治文化方可达成。[①] 也因此，对于西北地区青少年国家认同培育来讲，共同的文化、共同的制度都是国家认同形成的基础。在当前中国社会转型的现实中也存在有利于强化国家认同感以及多民族共同文化认同的条件，比如大众传媒和政治民族的发展，使国家政治文化和公共文化得到迅速传播，有利于形成一个公民话语平等交流的公共领域，从而促进国家范围内公民文化、思想和意识共性的增长，消弭不同亚群体之间差异的僵硬界限。[②] 如前文所述，新媒体传播为西北地区受众的国家认同及其形成带来了很大的影响，然而就学校这一培养青少年国家意识的主要阵地而言，充分利用新媒体传播的特点，利用翻转课堂等教学形式，凭借民族团结进步教育这一手段，传播我国社会主义政治制度、社会主义核心价值观等内容，为青少年创建一个作为一国之民能够平等交流的公共领域，培育其共识、塑造其共性，进而重塑其政治认同、提升其公民意

[①] 马庆钰：《中国传统政治文化的发展逻辑》，《政治学研究》1982年第2期。
[②] 韩震：《全球化时代的公民教育与国家认同及文化认同》，《社会科学战线》2010年第5期。

识、祖国意识。

四 构筑以情感交流为桥梁的民族团结进步教育，促进中小学生对祖国热爱的情感

国家认同，即指一国之公民对自己存在其中的国家之历史文化传统、国家政治文化、道德价值观念、社会核心价值观、理想信念、社会制度等的认可与遵从，是一种主体意识。换而言之，国家认同即指国家认同主体对自己所属国家文化群体的认同、喜爱及依恋。而作为培育途径的民族团结进步教育，本质上是"一种以情感为基础和核心的教育"①。也因而，构筑以情感交流为桥梁的民族团结进步教育，培育中小学生的国家认同，是一条适切可行的路径。

从情感交流的角度观之，西北地区青少年国家认同的培育，即是通过民族团结进步教育，培养来自该地区中小学生团结友爱、相互帮助、相互支持的同胞情谊、民族情谊。事实上，互帮互助、团结友爱，本是中华民族的传统美德。与我国的民族发展与民族国家建构的特点相关，我国传统文化属于一种血缘文化，最主要也最明显的特征是重视情感之情；中国传统文化所重视的这种"情"，在中华文化中既是个体道德的本位，亦为协调人伦关系的机制，它是人与人之间产生心意感通的基础，也因此对当代中国公民教育而言，教育的成效取决于良好的道德情感能否在个体生命中安根。② 通过民族团结进步教育能够实现情感交流的目的，达成"认知性、情信意等心理活动的统一性和心理需要的满足性"，③ 从而实现青少年对不同民族同胞的理解、关爱，对民族情感的满足，对祖国的热爱。比如新疆日报刊登的"民族团结一家亲"活动——共圆童心梦"足球小巴郎"进津交流活动，22名来自新疆和田地区的"足球小巴郎"，通过援疆干部的带领，在天津举办的2019足协杯天津对泰州的比赛。他们作为文化交流活动的使者、作为民族团结

---

① 严庆：《赋予民族团结教育润物细无声的品性》，《中国民族报》2010年5月14日第5版。
② 朱小曼、冯秀军：《中国公民教育观发展脉络探析》，《教育研究》2006年第12期。
③ 朱桂莲：《爱国主义教育研究》，中国社会科学出版社2008年版，第144页。

的使者，在这种内容丰富、形式多样的交流活动中，民族团结的种子植根于心田，[①]对祖国热爱的情感也了然于心。其实这一过程，便是经由以情感为基础和核心的民族团结进步教育活动，为不同民族的青少年构筑了一座情感交流的桥梁。在这座友谊之桥上，来自不同民族的学生有更多接触、沟通、交流、合作的机会。也就是说，让这座承载着对话价值的桥梁，担负起促进未来民族人之间相互尊重、平等相待、积极认同的责任。换而言之，在这座充溢着民族情谊之桥上，西北地区各民族以及全国各地不同民族的青少年，拥有平等的话语权，他们能够以平等的方式感知、交流、理解，同时能够以理性、客观、公正、包容的姿态审视西北地区各民族之间存在的客观的现实差距。基于此，在对各个民族的历史事实、现实状况、未来发展的理性反思中，青少年便会逐渐形成积极的、清晰的、反思性的文化身份认同，进而培育并提升其民族凝聚、民族团结、国家认同意识。[②]

第四节 小结

总而言之，在我国进入新时代之际，对于身处西北地区的青少年而言，因其所置身的多民族共居、多宗教汇聚的西北边疆之地，地理位置、人文特点以及社会历史条件等极为特殊，且边界环境复杂。西北地区青少年的国家认同极为重要，当然，其形成过程也更为复杂，国家认同建设需要上升到国家核心价值的层面予以重视。从具体的培育策略来讲，通过发挥"以情感为基础和核心的"的民族团结进步教育——以马克思主义民族观为理论根基、以中国共产党的民族理论与民族政策为理论方向，以中华民族"多元一体格局"理论及其发展史为资源和载体，置于我国新时代的社会场域之中，通过学校课堂教育、实践教育与活动教育等的宣传教育形式，即经由民族团结进步教育传输社会规范和价值来实现其社会功能，具体体现为传递和维护文化的功能，对新知识

---

① 《"足球小巴郎"进津交流》，《新疆日报》，2019年5月30日。
② 邵晓霞：《民族团结进步教育课程的理论与实践研究》，中国社会科学出版社2015年版，第241页。

的创新、发现和传递功能，并能够对社会系统进行整合。[①]

经由民族团结进步教育对青少年国家认同的培育过程中，所采用的策略包括：确立和谐共融的教育目标、实现以人文关怀为旨归的教育意旨、拓展文化引领的培育渠道、架构公民认同的承载方式；进而通过加强以学校课堂教育为基础的、巩固以实践活动为平台的、增强以文化传承传播为载体的、构筑以情感交流为桥梁的民族团结进步教育方式，实现从认识、体验、感悟中达到对青少年国家认同培育的目的。具体而言，凭借置身于我国新时代的社会场域之中的民族团结进步教育，通过学校课堂教育、实践教育与活动教育等的宣传教育。一方面，传承本民族文化知识，让西北地区的青少年认知自己所属的和孕育自己的文化环境，培养对民族的热爱之情，提升青少年的民族意识以重构其爱国主义价值观，以便为其国家认同的提升创造条件。另一方面，传播中华民族共同的传统文化、社会主义先进文化、国家政治文化，对青少年的社会化过程加以引导，提升其公民意识、祖国意识、国家认同。我们必须意识到的是，由于国家认同是一个复杂的、渐进的主体意识过程，只获得相关知识或者仅凭灌输知识，是不能达到培育效果的，也因此，需要让国家认同主体以公民身份参与到国家公共生活实践中来，通过参与文化活动的体验，感受到自己作为一国之民的责任感、感受到自己与所属的国家的紧密关系，其国家认同才可以真正形成。

[①] ［英］T. 帕森斯：《社会系统》，自由出版社1951年版，第58—60页。

第十四章 西北地区青少年国家认同培育的制度化体系研究

第一节 引言

在西北地区，通过学校民族团结进步教育培育青少年的国家认同，是一个关系到我国作为一个统一的多民族国家的民族团结、国家统一的话题；与此同时，我们必须认识到，国家认同培育是一项复杂的、长期的系统化工程，而且是一个需要在国家既有民族政策、民族教育制度、国家教育制度框架内进行的。因而，其实现需要制度化体系的建构与完善予以保障。对于通过民族团结进步教育进行的国家认同培育，制度化体系包括实施制度、保障制度以及考核制度等方面的建立健全，以保障、协调中小学生国家认同培育。这涉及政府层面、教育行政部门以及学校层面，因为教育的实施，需要来自制度、经费、政策、法律等方方面面的支持与保障。

第二节 制度化体系建构的意义

不论哪个国家的公民，对自己所属国家的认同不是与生俱来的，亦不会伴随着个体的成长自然形成，故它需要通过有计划、有目的进行培育、逐渐提升。也因此，就青少年而言，根据认同的形成过程的复杂性，其国家认同的培育，一定是一个漫长且复杂的过程，它伴随着国家认同主体的成长、社会化过程。西北地区的青少年身处的地理位置、人文特点以及社会历史条件是特殊的，且多民族共居、多宗教汇聚之西北边疆地区，多元的文化环境、复杂的民族身份、多样的宗教信仰等，均为该地区青少年国家认同培育的影响因素。也因此，该地区青少年国家认同的培育，需要将民族团结进步教育置身于我国新时代的社会场域之中，通过设计课堂教学、实践教育与活动教育等不同类型的民族团结进步教育活动形成合力，才可能实现。具体而言，通过课堂教学，为西北地区的青少年传授不同民族的文化知识，让其获悉自己所属民族的文化知识，并在与他民族文化的比较、分析、鉴别中获得客观的、公正的民族观，进而培养其民族意识以重构其爱国主义价值观；与此同时，通过教学，为其传播中华民族多元一体的中华民族传统文化、社会主义先进文化、国家政治文化，以便能对中小学生的社会化过程加以引导，形成并强化其公民意识，提升其祖国意识、国家认同。另外，有目的、有计划地组织民族团结进步教育实践活动，让青少年以公民身份参与到国家公共生活实践中来，通过亲身参与文化活动的体验，感受到不同民族相扶相携的奋斗史、中国共产党剖头颅洒热血的战斗史，思考自己作为祖国的一员，应该具有怎样的目标理想，进而激发其作为公民的责任感，即感受到自己与祖国的密切关系。这无疑对青少年的社会化过程有着很大的帮助，也无疑有利于其国家认同的培育。

从以上所阐述的西北地区经由民族团结进步教育培育青少年国家认同的实施过程来看，由于该地区复杂的社会环境，加之国家认同形成过程的复杂性，故未来民族人国家认同的培育，要以学校为培育的主阵地，同时紧密结合社会教育实践活动。也因此，这一过程既涉及学校教育政策制度，也涉及相关的行政部门、社会机构等诸多方面，需要经费方面的支持，也需要政策和法规方面的制度化保障。因为制度是影响人类行为的一系列规则或者规范，是一个社会的游戏规则，决定着人们的相互关系的系列约束，[①] 也是规范一定的行为、计划和决策能够顺利进行的最有力的保证。事实上，当下的公民社会，是制度化的社会，整个社会受到制度环境的包围，其中的任何一个环节的发展或者变化，都会直接或间接地影响整个社会利益链的正常运行。从我国西北地区青少年

---

① [美] 道格拉斯·C·诺斯：《经济史中的结构与变迁》，陈郁等译，上海三联书店、上海人民出版社1994年版，第3页。

国家认同培育来看，培育环境是一个全球化、信息化、社会转型期等因素交织的复杂的社会环境，且地处西北边疆（具有特殊的地理位置、人文特点以及社会历史条件等），自古以来便成为多民族共居、多宗教汇聚之地。该地区青少年的国家认同培育任务艰巨又紧迫。因此，在如此复杂的环境中经由民族团结进步教育培育未来民族人的国家认同，所制定的培育措施需要符合当下社会发展价值的规范与目标的引导，也需要建立和完善系统的制度化保障机制。由于西北地区青少年国家认同培育与置身于该地区的国家认同主体的受教育环境密切相关，它涉及诸多因素，故而，其需要一个完整的、系统的制度化体系予以保障，包括实施制度、保障制度以及考核制度。

第三节 国家认同培育的制度化体系

制度化体系，是指具有普遍性、稳定性、强制性等特点的一系列规则体系，他们是相互联系、相互影响、具有逻辑上的内在一致性的。同时，它也一定具有制度的普遍性、相对稳定性以及强制性等特点。制度的普遍性，是指特定社会某种制度能体现特定群体大多数成员的共同利益，对特定群体中的所有成员的行为都具有引导作用，而且大多数成员都自愿遵守这种制度规则；相对稳定性是指特定的规则制度在一定时期内具有稳定的时效性，而非朝令夕改，随时变化，然而又因制度本质上是对现实社会某种程度上的反映，其时效性并非是永久不变的，会因不同的现实情况的变化而做出相应的调整和改变；强制性则指特定社会的所有成员必须遵守制度中的行为规则，才可享受制度保障体系规则的保护，换而言之，若有成员不遵守，会受到制度保障体系规则的惩罚或共同体成员的谴责、排挤。[①] 对于西北地区经由民族团结进步教育对青少年国家认同培育这一过程，须在一个相应的制度化体系的保障下，也就是说制度化体系中的每一个构成要素都要充分发挥作用，即通过实施制度、保障制度及考核制度等，规范培育过程中的每一步都能够有效进

---

① 孙友林：《校本化课程实施制度研究》，硕士学位论文，西南大学，2010年，第14页。

行，才可以保证预期的效果。

一 民族团结进步教育培育青少年国家认同的实施制度体系

（一）民族团结进步教育培育青少年国家认同的实施制度的价值理念

制度的价值理念之于制度，意味着其指导思想，决定着其方向与效果，决定着其价值判断、价值选择以及所产生的行为效果。从制度价值理念的本质来看，它不是独立存在的，而是存在于特定社会的有组织的、系统的规范与规则之中。这些规范、规则是相互关联、相互影响的有机综合体，在特定社会结构运行中共同起着作用。故而，同样的道理，教育制度的价值理念之于教育的实施，是其灵魂与核心，决定着教育制度的特征、性质、类型，以及教育实施的方向，也在教育实施过程中决定着教育的实施效果。从制度构成的基本要素来看，由三个部分组成，其一，社会认可的非正式制度；其二，国家规定的正式制度；其三，制度实施机制。[1]事实上，由于特定的制度是由相互关联、相互影响的一系列规则、规范组成的有机综合体，故而在特定社会的任何组成（如经济、政治、文化、教育等方面）部分运行过程中，制度构成的三部分要素是共同起作用的。换而言之，在组成社会大系统的子系统运行过程中，社会认可的非正式制度、国家规定的正式制度以及制度实施机制三方面同时起作用，才可以在青少年国家认同培育过程中实现判断价值、选择价值以及保证效果的目标。

对于西北地区青少年的国家认同培育而言，价值理念决定着青少年国家认同培育制度的价值取向。首先，西北地区青少年国家认同培育的终极目标是求同存异、共融共生。也就是说，最终目标是让来自西北地区不同民族身份、不同文化背景的青少年具备独立、坚强、圆融的性格，和睦相处。故而可以说，国家认同教育实施制度的价值理念体现了育人的价值。其次，西北地区青少年国家认同培育旨归为体现人文关怀，即通过民族团结进步教育，促进青少年作为"全人"的发展。也

---

[1] 卢现祥：《新制度经济学》，武汉大学出版社2004年版，第114—115页。

就是说，国家认同教育实施制度的价值理念在教育实施领域体现为以人的发展为旨归，而非只是经济或者政治制度的实施或体现。最后，西北地区青少年国家认同培育制度价值理念主导着培育制度的确立、实施及所产生的效果。具体而言，西北地区青少年国家认同培育实施制度，产生于国家认同实施制度理念。因为对置身于多民族共居、多宗教汇聚的西北边疆地区，且处于是全球化时期、信息化时代、社会转型期等交织的社会环境中的青少年来说，其国家认同培育的实施过程中，需要考虑诸多的因素，地理环境、人文环境、民族背景、宗教环境等异常复杂，需要国家认同培育的实施制度与周遭环境的适应与协调。另外，国家认同培育实施制度中的每一个环节、安排也由培育制度的价值理念所支配，也就是说，要与西北地区青少年国家认同培育实施制度的路径以及青少年国家认同培育的价值取向相适应，那便是，不仅要掌握相关知识，而且最终是体现在国家认同主体的内在体验层面的，要与其实际利益和内心体验相关联，青少年国家认同培育目标方可实现。这需要在充分考虑我国作为一个统一的多民族国家的社会发展需求、西北地区复杂的社会环境的基础上，结合青少年国家认同培育需求的特点，确定培育的实施制度建立理念指向，进而建构适切的实施制度路径予以保障。

（二）民族团结进步教育培育青少年国家认同的实施制度的路径建构

特定国家、特定社会制度的产生、运行过程亦遵循既定的规律，即称之为"路径依赖"的规律。根据新制度经济学的观点，所谓制度的路径依赖，指的是一个特定国家的民族，或者一个共同体的风俗民情、传统习惯、价值观念、文化范式对发展模式的影响，而这种影响决定着特定国家的民族或者共同体的制度究竟能够采用怎样的发展模式。[①] 也就是说，一种制度从产生、运行、发展、变迁的过程，是与其所处时代的社会背景、时代特点相适应的，换而言之，一种新的制度路径的建构，是在原有制度的基础上，摈弃不合时宜的、不利于社会发展的价值观念内容，吸纳时代因子，建构符合新时代的制度。从制度路径的形成

---

① 朱琴芬：《新制度经济学》，华东师范大学出版社2006年版，第45—46页。

过程来看，主要分为两种，一种是国家政府主导的"自上而下"的外生路径；另一种是"自下而上"的内生路径。① 前者所产生的制度主要是指通过国家政府，从中央到地方，制定的法律法规形成的各级各类制度体系，具有较强的权威性与强制性，有利于统一思想，上下联动；而后者则主要是经由基层成员自发、自觉而形成的行为规范和规则，具有社会化、生活化的特点，有利于充分调动社会的力量，发扬草根民主、调动民众积极性。

对于西北地区通过民族团结进步教育对青少年国家认同的培育而言，不仅需要具有权威性和强制性的"自上而下"的实施制度的保障，也需要具有社会化、生活化特点的"自下而上"的实施制度予以规范和保障的。由前文可知，对于身处多民族共居、多宗教汇聚的西北边疆地区的中小学生来说，其国家认同的培育与提升不仅需要获悉有关祖国意识、民族文化、政治文化方面的知识，须通过参与复杂的、多元的国家公共社会实践活动，即凭借国家认同主体亲身参与体验，并经由了解、认识、理解、辨别、鉴别的过程方可实现。主要原因在于，国家认同问题，主要体现于国家主体的内在体验层面，国家认同教育绝不能仅是停留在口号宣讲上、理论知识的传授中，它必须要与国家认同主体的实际利益及内心体验相结合。② 一方面，西北地区经由民族团结进步教育对青少年国家认同的培育，需要通过学校课堂教育这一传统的教育载体来实现。学校课堂教育是我们国家民族理论和民族政策教育的主阵地、主渠道，需要"自上而下"的各级各类教育制度的引导与实施。另一方面，由于国家认同的形成是一种与国家认同主体内在体验相连的、自觉且持久的感情，故在通过教育传递国家主流价值观与塑造文化范式，让国家认同主体获悉共有的价值观、公民权利、公民义务的责任意识与行为规范的基础上，主要也唯有依靠国家认同主体的自主自觉意识，并凭借参与国家公共生活的实践发展而来。也就是说，仅通过学校课堂教育是不能达到国家认同培育目的的，还需要凭借国家认同主体自

---

① 孙友林：《校本化课程实施制度研究》，硕士学位论文，西南大学，2010年，第14页。
② 吴玉军、吴玉玲：《新加坡青少年国家认同教育及其启示》，《外国中小学教育》2008年第8期。

主自觉地参与社会实践活动而获得，故而需要"自下而上"的具有社会化、生活化的实施制度予以保障。

首先，顶层设计经由民族团结进步教育培育青少年国家认同的实施制度，充分发挥学校课堂教育主阵地的作用。西北地区经由民族团结进步教育培育青少年国家认同，既需要考虑到该地区国家认同主体所置身的多民族共居、多宗教汇聚的西北边疆地区的特殊性，也需要关注其处于全球化时期、信息化时代、多元文化环境、社会转型期等交织的社会环境中的复杂性。因此，通过学校课堂教育对青少年国家认同的培育需要教育部、国家民委、民族教育司等宏观统筹，且充分发挥当地教育行政部门的作用，结合西北地区的社会环境、文化环境、民族构成、教情学情、精准扶贫等，制定"自上而下"的实施制度。所制定的实施制度需要以和谐共融为目标，即经由学校课堂教育，引导、教化青少年汲取融凝了中华民族博大精深的传统文化与处世智慧，让他们具备客观、公正、独立、坚强、圆融的性格，即能与他民族不同成员融洽相处、与其他世界的不同人们和谐共处的性格与品格特征。学校课堂教育实施也要以人文关怀为旨归，即在实施过程中，要关注到每个国家认同主体的完整性，将其看作一个身体、情感及精神和谐发展的整体予以培育。同时，西北地区的每个国家认同主体都是中华民族大家庭的一员，其社会化过程必定是在中华民族这个大的语境下与不同民族成员、社会、自然的交融、交往互动中行进的，故其国家认同培育的实施需要体现各民族青少年作为"整体的人"的发展理念。学校课堂教育实施也需要以文化引领为渠道，即在处于中华传统文化、民族文化、异域文化等多元文化交织环境中的西北地区，经由民族团结进步教育对青少年国家认同的培育目标，便是通过传播该地区多元文化，以及国家政治文化，建立国家认同机制，从而实现国家认同主体社会化的过程。还有，学校课堂教育实施也需要以公民身份为承载，即将相关的学校课堂教育，比如民族团结进步教育、思想道德教育等上升到公民教育的高度，使得未来民族人在获得作为中华人民共和国公民身份的过程中，能够明确辨析"我国"和"他国"的差异，形成国境之内的共同感和"我们感"，从而实现我国民族团结、社会凝聚、国家统一的教育宗旨，让学生树立爱国意识、加强其国家意识，进而培育并提升其国家认同。

其次，加强与各类社会机构（如博物馆、纪念馆等）的合作，形成长期促进与各类社会机构联动的民族团结进步教育活动开展的可持续机制。因为青少年的国家认同是通过认同主体自主自觉地参与社会实践活动而获得的，需要具有社会化的实施制度予以保障。换而言之，国家认同的形成是一种自觉且持久的感情，因此其形成一方面需要通过教育传递国家主流价值观与文化范式塑造，让国家认同主体获悉共有的价值观、公民权利、公民义务的责任意识与行为规范。与此同时，它也需要通过国家认同主体的自主自觉意识，并能够参与国家公共生活的实践发展而来。故而，国家认同培育实施需要具有社会化实施制度予以保障。在培育的过程中，以实践教育为纽带，比如各级各类学校与相关社会部门（比如纪念馆）联合定期举办参观、访问活动，为民族团结进步教育活动搭建平台，让作为国家认同主体的未来民族人通过走入社会、观察社会、感知社会、体验社会、领悟社会，提高其对社会实践的感悟；与此同时，通过参与节庆活动、文艺活动、庆典活动、民间活动、民族节庆等，在社会实践活动的参与中，提升其对社会实践的认识。同时，通过发现、宣传西北地区不同民族、不同地区、不同文化背景的伟大人物榜样，发挥榜样的示范作用，引导青少年以榜样为示范、对照榜样、学习榜样，从而让国家认同主体在对祖国伟大人物的崇拜、敬慕中激发其爱国情怀，增强其国家意识。

最后，制定相应的方案与计划，在教师的指导下，鼓励学生自行组织各类有关民族团结进步教育的社团活动，主题自拟、形式自定，可以是校内的，也可以是校际的，或者是与社会合作的，抑或是与家庭合作的。原因是，青少年国家认同的形成要引导青少年在积极参与公民生活中体验归属感和爱国的情怀，需要具有"自下而上"的生活化的实施制度予以保障。从本研究的调研数据结果可知，西北地区青少年国家认同在国家意识、政治认同、文化认同三个维度上情况的总均值为4.24，高于平均值3，三个维度的平均值分别为4.65、3.43、4.64，均值处于3.43—4.65，政治认同这一维度的均值相对偏低。同时，访谈结果也回应了这一趋势。

第十四章　西北地区青少年国家认同培育的制度化体系研究

如果有人做出对中国不利的言语或者行为，我会极力反对，我会痛斥这样的人，因为我们都是中国人。在我国我崇拜的中国领导人有周恩来、毛泽东、习近平。我认为我们中国人同心同德、勤劳善良，因为中国对每个国家都很友好，总是第一时间出面帮助世界各地解决难题。至于我国大力提倡的社会主义核心价值观、中国梦等，说真的，具体指什么不清楚，也不知道该做什么，尽管很熟悉名字，但其实不明白具体是什么含义。（新疆维吾尔自治区某高中学生 M 访谈）

我们分析认为，由于一直以来有关国家认同的教育中，往往仅是涉及相关的概念知识，如热爱祖国、热爱中国共产党、培育和践行社会主义核心价值观等。然而只是简单地、纯粹灌输主流价值观的概念本身，并未能将此类概念内涵与价值观融入中小学生正常的生活叙事与知识叙事之中，让国家认同主体在其社会化过程当中、在作为中华人民共和国之公民身份的获得中，从国家公民实践生活中感知、感悟、体验归属感和爱国情怀，从而形成并提升其国家认同。

因此可以说，西北地区经由民族团结进步教育培育青少年国家认同，需要将培育融入生活，将培育活动与国家公共生活、工作生活、家庭生活以及网络生活相联系，让其成为青少年国家认同培育的载体。如此，中小学生国家认同的培育，将会以青少年喜闻乐见的形式，与青少年学生的实际生活相对接，他们在共同的、公共的生活世界里，使用共同的语言和生活规范，将主流价值观等抽象的理论以大众化的方式体现出来，从而感知、体验归属感和爱国情怀，感悟到作为一国之公民的责任感，进而形成其国家认同。另外，值得我们注意的是，当下信息时代，新媒体及其传播，是青少年学生国家认同培育的重要载体与培育渠道，也是青少年这一"数字土著"的生活世界，故需要将培育活动融入网络，搭建数字化培育平台，利用新媒体传播的优势，即其便利、快捷、即时、精准、泛在并以受众为中心等特点，提升青少年国家认同培育的整体水平。

二 民族团结进步教育培育青少年国家认同的保障制度体系

西北地区青少年国家认同培育实施制度的路径是以国家认同培育价值理念为依据的，而相应的保障体系制度则是未来民族人国家认同培育实施制度得以顺利进行的保证。保障制度可确保青少年国家认同培育实施过程中的人力、物力、财力等方面得到满足，指向经费投入保障、政策保障以及法制保障，为培育实施提供条件性支持与保障。西北地区青少年国家认同培育实施的保障制度的建构需要结合该地区多民族共居、多宗教汇聚、跨界民族众多、多文化并存等社会环境特点以及地处边疆等地理环境的特点展开。

（一）民族团结进步教育培育青少年国家认同的经费保障体系

由于西北地区多民族共居、多宗教汇聚、多文化并存的社会环境，以及地处诸多世居民族共生的边疆地区，故而经费保障制度的建构，需要根据当地社会经济发展的实际水平、多民族文化共生的现状特点，合理地分配教育经费，在政府、社会、个体等经费投资者之间保持平衡的状态，责权分明，既要关注西北地区青少年作为中华人民共和国之公民的整体发展和传承与创新主流文化所需的经费，也要注重西北地区中小学生作为自己所属民族个体提升和促进民族文化发展所需要的经费。

1. 明确政府部门责权对等，加强西北地区教育经费投入保障

形成合理的分事权，明确教育行政部门的责任和范围，明晰国家政府部门和西北地区教育行政部门的经费分担责任，确保该地区中小学生国家认同培育过程中所需要的经费即时到位。《中国教育现代化2035》明确指出，健全保证财政教育投入，必须要保证国家财政性教育经费支出占国内生产总值的比例不低于4%，与此同时明确指出，要依法落实各级政府教育支出的责任，责权分明。西北地区属于中国的地区，也是我国西北地区的地区，故而对于该地区教育经费的投入，既是国家政府的责任，也是西北少数西北地区各级政府部门的职责之所在。从我国西北地区的经济发展水平来看，远远低于我国其他地区的经济发展水平，对教育的投入也较低。故而，从国家层面来讲，需要在一定程度上承担西北地区教育经费的投入，且能保证该地区在教育经费分配上能够优先

保证未来民族人国家认同培育经费,从而为置身于极其复杂的教育环境中的未来民族人其国家认同培育提供有力的经费支持与保障。同时,《中国教育现代化2035》也明确要求,在依法落实各级政府教育支出责任的同时,也需要完善多渠道教育经费筹措体制。对于西北地区经由民族团结进步教育培育青少年国家认同教育的经费而言,也需要完善国家、社会和个人合理分担的经费机制,鼓励社会力量包括民间组织、企业等,在未来民族人国家认同培育过程中的经费投入,以形成合力,更有效地促进该地区中小学生国家认同的培育。

2. 优化教育经费使用结构,建立西北地区立体化的教育经费投入渠道

自2002年,国务院颁发的《关于深化改革加快发展民族教育的决定》明确提出"民族教育跨越式发展"目标、"中央财政向西北地区倾斜""加大对西北地区的教育投入""加强对西北地区的对口支援"[1]等重要举措以来,一系列关于西北地区教育经费保障的重要政策陆续出台,西北地区教育经费投入达到了快速增长阶段,其效果也异常明显。比如,云南、贵州、青海三省和内蒙古、新疆、西藏、广西、宁夏五个自治区于2007年便实现了1993年《中国教育改革和发展纲要》中首次提出的计划于2000年实现国家财政性教育经费占GDP4%的目标、《国家教育中长期改革和发展规划纲要(2010—2020年)》再次重申了的2012年实现国家财政性教育经费占GDP4%的目标。[2] 这在一定程度上显示了近年来中央财政向西北地区倾斜所取得的显著效果。这在很大程度上说明了我国西北地区国家财政性教育经费投入力度很大,而非财政性的社会投入力度偏小,换而言之,我国西北地区教育经费投入渠道单一、狭窄,构成结构不甚合理。《国家教育事业发展"十二五"规划纲要》也明确指出,要完善教育经费保障机制,一方面政府增加教育投入,另一方面要拓宽经费的来源渠道,鼓励并引导社会多渠道资金

---

[1] 《国务院关于深化改革加快发展民族教育的决定》,2002年7月,http://www.moe.edu.cn/jybxxgk/gkgbgg/moe0/moe8/moe27/tnull433.html。

[2] 赵希、张学敏:《我国民族八省区教育经费投入回顾与前瞻——基于2005—2014年的数据分析》,《教育发展研究》2016年第17期。

的投入，形成多元化的教育投入体制。① 我国西北地区教育资金来源主要是地方政府财政性支出和国家专项投入，教育经费投入渠道非常单一，以义务教育为例，国家财政教育投入的比例仅仅占到约 1.5%，省级财政教育投入一般也不高于 20%。②

由于该地区特殊的培育环境，加之国家认同形成过程的复杂性，仅靠学校课堂教育是远远不够的，需要国家认同主体融入社会、融入生活，参与实践活动逐渐形成。这不仅关乎各级各类教育体制，也涉及各级各类相关的政府部门、社会机构、企业等。也因此，这一目标的实现，需要与西北地区经济发展、产业结构相结合，广泛鼓动社会力量的参与，形成政府主导、社会（企业）参与、个人自愿等立体化的教育经费投资渠道，优化教育经费结构，保障西北地区青少年国家认同培育的顺利进行。

3. 推进西北地区教育供给侧改革，完善西北地区教育经费投入的保障机制

从西北地区的地理环境、文化环境、民族环境、宗教环境等的综合情况来看，与其他非西北地区相比，具有明显的区域差异。也因此，相应地，该地区教育需求也呈现出明显的差异性。故而，需要根据西北地区所体现的这种区域差异与特点做出适切的调整，进一步加强并推进该地区教育供给侧改革，当然，教育经费的投入力度与投入方向起着至关重要的作用。③ 也就是说，需要推进西北地区教育供给侧改革，继续加大对西北地区教育经费投入、完善教育经费保障机制。其一，根据西北地区教育供给侧的需求，合理规划西北地区教育经费投入的比例。具体体现在：一方面，提高中央财政预算内教育经费所占教育经费的比例；另一方面，提高中央与各级政府财政性教育支出在西北地区教育投入中

---

① 《国家教育事业发展"十二五"规划纲要》，2012 年 6 月，http://www.moe.edu.cn/publicfiles/business/htmlfiles/moe/moe630/201207/139702.html。

② 金东海、王爱兰：《少数民族地区教育经费投入不足问题及对策研究》，《西北师范大学学报》2002 年第 6 期。

③ 赵希、张学敏：《我国民族八省区教育经费投入回顾与前瞻——基于 2005—2014 年的数据分析》，《教育发展研究》2016 年第 17 期。

的比例①，并要合理分配西北地区学前教育、义务教育、普通高中教育以及职业教育（包括中等职业教育和高等职业教育）和高等教育经费投入比例。如前文所述，从全国范围来看，西北地区的甘肃省、新疆维吾尔自治区、宁夏回族自治区、青海省四个地区国内生产总值明显低于全国其他省份，也因此，需要国家中央财政继续加大在该地区的教育经费投入，提高国家与各级政府财政教育支出在该地区教育投入中的比例，合理划分不同教育阶段教育经费投入的比例。其二，完善教育经费投入的监督机制体系。科学、合理的监督机制可以保障各级政府能够按照既定计划、照章办事，保障教育经费投入到位、有效。换而言之，凭借制度来规约、加强我国各级政府教育投入行为，促使并保障教育经费能够合理、有效地运用于所需之处，能切实为西北地区青少年国家认同培育提供有力的物力保障。

（二）完善民族团结进步教育培育青少年国家认同的政策保障体系

某一领域的教育政策是由特定的政策体系所组成的，横向来看，包括教育目标政策、教育途径政策以及教育条件政策三个方面；纵向观之，包括宏观政策和微观政策两个层面。②此处本研究仅根据横向维度的政策体系，对我国西北地区经由民族团结进步教育培育青少年国家认同的政策保障予以阐述。我们深知，由于我国西北地区地处多民族共居、多宗教汇聚、多文化并存的边疆地区，其历史条件、地理环境、社会环境、文化环境、宗教环境异常复杂，故该地区青少年国家认同的培育，首先需要国家层面出台相应的教育政策予以支持。这里的教育政策，与我国民族教育政策在价值取向上是同向的，即包括"民族教育质量政策、民族教育管理体制政策、民族教育课程政策、民族教育经费政策、民族教育教师政策和民族教育学生政策"③等方面的相关内容。在这些政策制定过程中的政策导向上，需要根据西北地区的实际情况，即结合西北地区的经济发展情况以及国家认同主体所置身的文化环境、民

---

① 赵希、张学敏：《我国民族八省区教育经费投入回顾与前瞻——基于2005—2014年的数据分析》，《教育发展研究》2016年第17期。

② 孙绵涛：《教育政策论：具有中国特色的社会主义教育政策研究》，《华中师范大学出版社》，2002年版第80页。

③ 王鉴：《我国民族教育政策体系探讨》，《民族研究》2003年第6期。

族特点等,确保制定出为我国西北地区青少年国家认同培育提供保障的适切政策。结合我国民族教育政策的内容,本研究将我国西北地区经由民族团结进步教育培育青少年国家认同的政策保障体系体现为:以和谐共融为目标的国家政策导向,制定体现国家核心价值的培育政策,建构学校、社会、家庭形成合力的一体化培育政策。

1. 以和谐共融为目标导向,制定体现国家核心价值的培育政策

从国家层面形成有关西北地区学生国家认同培育的公共政策,以增加权威性、合法性和有效性等。因为公共政策是一种正式的制度安排,它属于国家政治系统的输出物,也因此,它能够及时、有效地解决社会公共问题,同时也可以有效、及时地配置稀缺的社会资源。① 故而,对于西北地区经由民族团结进步教育培育青少年国家认同的政策导向上,要强调多民族、多文化共生的教育理念,确立民族团结、和谐共融的培育目标。这也是我国未来民族人国家认同形成的理念基础。故而,要进行顶层设计,制定出"自上而下"的国家认同培育计划部署,体现国家核心价值的培育政策。如此,从国家政策的层面,为实现这一目标提供根本保证。这是很有必要的。因为置身于全球化时期、信息化时代、社会转型期等交织的社会环境中,且为多民族共居、多宗教汇聚的西北地区青少年国家认同培育,需要应对极其复杂的境内外诸多因素,因此确立目标的政策导向上要以青少年国家认同培育的和谐共融目标为导向,将国家认同培育上升到公民教育的高度、提升到国家核心价值层面,并从国家层面制定相应的政策予以保障。如此,一方面将国家认同提升到国家核心价值层面,体现了国家层面对一个国家的国家认同之于民族国家的重要性的认识,也才能构建具有统摄性的国家认同培育战略;再者,国家层面的公共政策也更能保障西北地区青少年国家认同培育目标的有效实施。

2. 建构学校课堂教育、家庭与社会实践活动齐头并进的一体化培育政策

如前文所述,国家认同作为一种自觉而持久的感情的形成,对于身处多民族共居、多宗教汇聚的西北地区的青少年而言,其国家认同的培

---

① 董跃:《公共政策与社会公平探析》,《云南行政学院学报》2010年第5期。

育与提升不仅需要获悉有关祖国意识、民族文化、政治文化方面的知识,且须通过自觉意识,以公民身份参与复杂的、多元的国家公共生活实践活动中,凭借对自己所属国家历史文化传统、道德价值观、理想信念、国家主权等的认同,也指向通过比较,在明确与他国特征界限的基础上,将自我视为本国公民并形成的对于本国的归属感,秉持一种有关本国与世界关系的理性态度,[①] 通过体验,经由了解、认识、理解、辨别、鉴别等一系列国家认同主体自觉行为的过程方可形成。因为我们深知,国家认同问题最终是要体现于国家主体的内在体验层面的,也因而国家认同的教育仅是停留在口头宣讲、理论知识传授上是没有实质效果的,必须要与国家认同主体的实际利益及内心体验相结合。[②] 即是说,西北地区青少年国家认同培育政策的制定中,既要考虑学校课堂教育,也需注重社会实践活动的参与。这涉及学校、社会、家庭等多方因素,故而需要以学校课堂教育为主阵地的各级各类教育政策,即结合国家认同主体的年龄特点、心理特点、认知风格、知识储备,及其民族特点、文化背景、宗教信仰等,通过民族团结进步教育,设置有关我国国家历史文化传统、道德价值观、理想信念、国家主权等方面的知识内容,引导学生掌握相应的知识。尤为需要注意的是,处于低学段的学生,在参与民族团结进步教育社会实践活动时,更需要家长的参与和陪伴。同时,在学校教育中,也要有计划、有层次地将对青少年国家认同的培育渗透于其他课程之中,达到学校教育教学中国家认同培育的系统化。与此同时,与相应的政府部门、社会机构建立联动机制,制定与学校教育制度政策相配套的社会实践活动政策,确定有关民族团结进步教育的社会实践活动的目标、选择与组织社会实践活动的内容、选取社会实践活动的形式与措施、采用社会实践活动评价方式等,构建激发青少年的自觉意识,以公民身份参与国家公共生活实践活动的国家认同培育政策。通过制定有计划、

---

① 饶舒琪:《全球化背景下的国家认同教育:合法性与应有内涵》,《教育学报》2018年第6期。

② 吴玉军、吴玉玲:《新加坡青少年国家认同教育及其启示》,《外国中小学教育》2008年第8期。

有目的的各类实践活动，比如实地参观、采访活动、庆典活动，主题报告会等，学生在一系列实践活动的参与中形成对自己作为中华人民共和国之公民身份的认识，在了解、认识、理解、辨别、鉴别中，明晰自身与他人、与社会、与国家的关系以及自身作为其中的一员应享有的权利、应尽的责任与义务；同时，通过对国家公共生活实践的参与，在亲身体验中感悟到自己所属国家历史文化传统、民族精神、爱国情怀，进而通过比较，在明确与他国特征界限的基础上，将自我视为本国公民并形成的对于本国的归属感，秉持一种有关本国与世界关系的理性态度，进而形成国家认同。这需要学校、社会、家庭的共同努力，形成合力，方可达成。

（三）构建民族团结进步教育培育青少年国家认同的法治保障体系

依法治国，是我国十八届四中全会明确提出的治国策略方向。也就是说，有效力的法律法规是保证制度建设的前提保障。对于西北地区青少年国家认同培育，除了经费和政策方面的保障之外，法制的保障是必不可少的。因为依法治教是"一个国家对教育实施较为成熟管理的标志"。[1] 原因是，国家认同主体置身于多民族共居、多宗教汇聚、多文化并存的边疆地区，其历史条件、地理环境、社会环境、文化环境、宗教环境异常复杂，故其国家认同培育的实施必须有较为成熟的法制制度来管理与保障。这里的法治，即为依法治国，是指特定社会一切调整手段所必须遵循的原则；而对于依法治国而言，其首要问题则是依宪治国，原因是宪法是我国党的主张与人民根本利益的集中体现。从国家建构来看，多元异质社会中，宪法往往表达的是一种形式上的共识，对于置身其中的公民们来说，他们愿意用这样的一系列原则来指导、规范他们的共同生活，因为这些原则符合每个公民的平等利益，也因此可以获得所有人经过讨论、论证后得以认可与同意；另外，还有个极其重要的原因是，法治与宪政也是一个政治上分裂的民族得以整合的力量。[2] 很显然，这也是多民族共居、多文化并存的边疆地区的安定团结所需要

---

[1] 高如峰：《国外教育法制发展与我国教育法制建设》，《教育研究》1998年第7期。
[2] 杨鹍飞、田振江：《国家认同、法治与爱国主义：和谐民族关系的实现路径》，《宁夏大学学报》（人文社会科学版）2012年第9期。

的，也是该地区未来民族人国家认同培育顺利进行的必须保障。具体来说，西北地区青少年国家认同培育的法治保障制度体系，需要以实现和谐共融、社会凝聚、民族团结、国家统一为目的，紧密结合我国西北地区多民族共居、多宗教汇聚、多文化并存的边疆地区的环境现状以及置身于该历史条件、地理环境、社会环境、文化环境、宗教环境异常复杂的场域中的国家认同主体的实际情况，从完善法制体系、增强执法力度、加强司法教育等方面进行，为我国西北地区青少年国家认同的培育提供法治保障。

1. 建立专门的法制秩序，完善西北地区国家认同培育实施的法制体系

一方面，建立符合西北地区国家认同主体特点及其国家认同培育特征的法制法规。因为"法治保障的内容和价值取向决定于被保障对象的特质和属性"，[①] 对于西北地区青少年国家认同培育而言，被保障对象必然是指西北地区未来民族人的国家认同培育。由于该地区异常复杂的历史条件、地理环境、社会环境、文化环境、宗教环境，故而需要建立符合置身于多民族共居、多宗教汇聚、多文化并存环境中的未来民族人其国家认同培育的法规，以保障国家认同培育能够顺利进行。从多元文化、多民族身份、多宗教等特点考虑，构建符合"重叠共识"国家认同培育法规秩序。换而言之，我们从时代大背景来看，"多元"为最明显的特征，需要理性的价值分析。就当下时代而言，价值是多元的，但多元的价值是理性价值多元，每一个价值都有其合理性，虽然不时冲突，但却指向宽容、理性，是全球多元社会发展的必然结果，但从民族团结、国家凝聚、社会整合的视角而言，多元价值需要求同存异，寻找最大公约数，西北地区青少年国家认同的培育，需要建构与多元文化、多民族身份的未来民族人特点相符合的法律法规。换而言之，要建构一个认同西北地区的多元，承认不同民族、不同个体的差异，也要关注国家认同主体作为现代社会人之全人发展的培育法规制度；与此同时，它也须是一个具备规范性、公平性与强制性的培育法规。因为从法律法规

---

① 柳翔浩：《和合视域下跨境民族地区中学生国家认同教育研究——以德宏州为例》，博士学位论文，西南大学，2013年，第160页。

的现代化进程来看，需要以现代化为基本价值取向，以坚持自决原则为前提条件，并通过对少数民族自身习惯法进行认真识别的基础上，根据不同情况，对它分别进行保存，倡扬或调和。①

另一方面，建构体现西北地区不同级别、不同类型的青少年国家认同培育的法规。从我国现行的民族教育法律、法规来看，少有专门针对民族教育制定的行政规章或者法律法规，居于《宪法》与《教育法》统领之下的相关民族教育法律、法规、规章的民族教育基本法就更为少见，当然，一个不争的事实是，民族教育法规体系远不够完善。②而对于西北地区经由民族团结进步教育培育青少年国家认同而言，不论是人文环境，还是地理环境，抑或是社会环境，均异常复杂，这需要一套完备的、系统的具有不同级别、不同类型的民族教育法规来保障，方可以完成。故而，从国家《宪法》，到国家《教育法》，再到《民族区域自治法》等不同层级的法律法规中，均需要增列体现西北地区青少年国家认同培育的内容，以通过法制的规范性、公平性与强制性来保障"国家认同"——这一"既是民族国家的心理基础，也是国家统一和稳定的重要条件"③的民族国家建设之重任其目标的实现。

2. 提高教育法律意识，健全西北地区国家认同培育实施的执法制度

如前文所述，从现行的民族教育法律、法规来看，少有专门针对民族教育的行政规章及法律文件，故而对于西北地区经由民族团结进步教育培育青少年的国家认同而言，我们需要从提高教育法律意识着手，通过加强教育执法的力度，健全执法制度，进而达到未来民族人国家认同培育法制化的效果。因为对于任何目标、任何制度而言，最终的效果需要凭借具体的执行，才可能实现或者达成。故而，就西北地区而言，较之我国其他地区，从整体上来看其经济、文化、教育等不同领域处于较为滞后的地位，相应地，该地区的法律意识也相对较为淡薄，加之其异

---

① 宁林：《论"和合"思想指导下少数民族法律文化现代化的路径选择》，《思想战线》2009年第1期。
② 柳翔浩：《和合视域下跨境民族地区中学生国家认同教育研究——以德宏州为例》，博士学位论文，西南大学，2013年，第162页。
③ 周平：《论中国的国家认同建设》，《学术探索》2009年第12期。

常复杂的历史条件、地理环境、社会环境、文化环境、宗教环境等，法治保障是必需的、根本的前提条件。一方面，提高该地区中小学生国家认同培育的法律意识。这需要通过法制教育，让学校、社会、家庭等方面均要认识到未来民族人国家认同培育的重要性、紧迫性，从而提高各方对此举的重视。另一方面，健全西北地区国家认同培育实施的执法制度。执法制度的建立健全，是保障国家认同培育法制化的有力支持与保障。执法制度的健全，最主要的是需要建立一支训练有素的执法、司法等的法制人员队伍、打造良好的执法环境、建立科学有效的执法机制。最主要的实施场域在教育教学领域。故而，各级各类教育行政主管部门需要根据西北地区社会、经济、民族、文化、宗教等环境，综合考量，创造一个良好的教育法制环境，打造一支有法治意识、有执法能力的高素质执法队伍，建构一个科学的、有效的管理机制，明确不同级别执法部门的职责与权限。如此，方可保证西北地区青少年国家认同培育的有效实施。

3. 加强教育司法建设，保障西北地区国家认同培育实施的顺利推进

任何国家、任何社会，无一例外都会存在诸多极其有争议的教育问题，毋庸置疑，司法审查则是有效解决有争议教育问题的重要机制之一。[①] 加强教育司法建设，通过行政诉讼手段来制裁培育实施过程中的违法行为，不仅是对异常复杂的环境下教育效果与受教育者、教育利益相关者权益的保障。与此同时，也是通过教育司法推动我国依法行政以及加强干部廉政的重要举措。再者，教育司法也为依靠司法手段制裁一切行政违法行为提供了重要的司法途径，这里制裁的对象是指包括教育行政违法在内的一切违法行为。[②] 健全教育司法制度，是西北地区青少年国家认同培育能够顺利推进中不可或缺的环节。

三 民族团结进步教育培育青少年国家认同的考核制度

考核在教育教学过程中起着确定教育目标的达成度、修正教育、预

[①] 程晋宽：《美国教育司法制度论析》，《外国教育研究》2002 年第 1 期。
[②] 高如峰：《国外教育法制发展与我国教育法制建设》，《教育研究》1998 年第 7 期。

测教育需求等作用，是为教育设计和教育实施的归宿，亦为整个教育教学规划设计的新起点。考核制度，则是对教育、教学质量进行检测的重要依据与制度保障。如前文所述，国家认同作为一种自觉而持久的感情，不是仅仅学习有关国家认同的知识可形成的，而是国家认同主体在了解并掌握相关知识的基础上，通过自觉意识，并以公民身份参与国家公共生活实践活动，凭借对自己所属国家的道德价值观、社会核心价值观、历史文化传统、理想信念、社会制度、社会道路、国家主权等的认可与遵从，从而形成的。国家认同也是通过比较，在明确与他国特征界限的基础上，将自我视为本国公民并形成的对于本国的归属感，它是人们秉持一种有关本国与世界关系的理性态度。[①] 也因此，对西北地区青少年国家认同培育的考核既需要对通过学校课堂教育教学效果的考核，也要注重对社会实践活动的考核，具体如下。

一方面，通过对学校课堂教育教学效果的考核与评价，检测是否将学生国家认同的培育贯穿于学校民族团结课堂教学的每个环节，是否在课堂教学设计过程中，体现了以学生为本的教育理念，注重培育西北地区中小学生理性思维能力和批判性思维能力，是否采用了以问题为导向的启发式课堂教学活动，是否依托信息技术平台，利用慕课、翻转课堂教学模式，让学生通过思考、参与讨论、共享分享中获得有关国家认同的知识与能力，包括中小学生对我国国情历史、文化传统的了解，对民族团结、社会稳定和国家统一的维护以及对祖国的热爱程度、国民身份的认同程度；对祖国的归属感，维护祖国、捍卫国家尊严和利益的自觉性；对中国共产党、社会主义核心价值观、中国特色社会主义共同理想、中国梦等的情感、理解、信念与努力；对中华文明、中华优秀传统文化、社会主义先进文化等的了解程度及态度。这需要完善学校教育教学考核评价体系、健全多元的考核制度。

另一方面，对社会实践活动的考核与评价，则需要考量我国西北地区异常复杂的历史条件、地理环境、社会环境、文化环境、宗教环境等因素，有关民族团结进步教育的社会实践活动目标确立、社会实践活动

[①] 饶舒琪：《全球化背景下的国家认同教育：合法性与应有内涵》，《教育学报》2018年第6期。

内容选择、社会实践活动形式组织等因素。也因此，需要完善我国西北地区青少年国家认同培育中的社会实践活动的考核与评价体系，建立起规范、科学的社会实践考核制度，以保证我国西北地区经由民族团结进步教育对青少年国家认同培育目标的达成度，并能够即时修正培育过程中的偏误，且可以根据国际国内的形式并结合未来民族人的时代特点预测国家认同主体未来的培育需求，为我国统一的多民族国家未来民族人的国家认同教育规划提供有力的依据，亦为我国统一的多民族国家建设过程中整个国家认同建设战略的新起点。

第四节　小结

信息化、全球化让世界不同民族国家的格局发生了剧变，打破了不同国家疆域的限制，处于世界不同地区的国家往来互动日益频繁，从而催生了不同民族文化间的冲突与碰撞、交流与融合。这也使得不同民族国家国民身份认同以及国家认同等问题日益凸显。在此背景下，世界统一的多民族国家几乎无一例外，都体现出"国家一体、民族多元"的特点，这决定了国家认同问题是民族国家的核心问题。这一核心问题也成为全球化对民族国家的内部主要的挑战，具体体现为：国家的政治支配形式受到削弱，国家不再是认同的最终落脚点；全球化对民族国家根深蒂固的传统、文化、价值理念等产生了强烈的冲击，也影响国民的身份与利益。对于特定民族国家而言，国家认同问题，既是其心理基础，亦为国家统一、国家稳定的重要条件，[①] 它是统一的多民族国家建设的核心内容，毋庸置疑是首先需要解决的。近年来，我国一些群体性事件频发，在很大程度上反映了我国在社会转型过程中存在着民族团结意识薄弱、国家认同意识模糊等现实问题，这将成为"实现中国梦"的思想屏障。而中小学生作为未来社会的建设者，其民族团结、国家认同意识如何将直接影响着我国的各项建设事业和"美丽中国"建设目标的实现，故其国家认同培育更是刻不容缓。与此同时，我们必须深刻地认

---

① 周平：《论中国的国家认同建设》，《学术探索》2009 年第 12 期。

识到，全球化时期的国家认同，不仅仅指向一个国家的全体公民对自己国族身份的确认，对自己存在其中的国家之道德价值观、社会核心价值观、历史文化传统、理想信念、社会制度、社会道路、国家主权等的认可与服从，也指向通过比较、辨别，在明确与他国特征界限的基础上，秉持一种有关本国与世界关系的理性态度，自觉地将自我个体视为所属国家的公民，并形成对自己所属国家的归属感。这在全球多元化背景下、新媒体传播时代的当下社会，其实现对于任何一个统一的多民族国家而言，是一个极大的挑战，对于作为"数字一代""数字土著"的青少年学生而言，其国家认同的培育，同样是一个巨大的挑战。

这种挑战的难度对于我国西北地区而言尤甚。我国西北地区青少年国家认同形成于多元文化交织、多重身份认同冲突、多样宗教渗透的复杂环境中，也因此需要秉持和谐共融的国家发展目标，以文化共生为视域，求同存异，实现"各美其美，美人之美，美美与共，天下大同"的大团结，这也是新时代我国倡导的人类命运共同体实现之理想。事实上，人类生活的本质之一，即是：所有人类集团均是建立于一种人类共同命运意识基础之上的，而且，面对这种因时代、因民族、因文化、因宗教等等催生的不同民族之间的冲突与碰撞、纷争与分离，"人所能做到的，只有理解族性和族裔认同，从中找到协调族际利益分歧、避免冲突与战争的思路与方法，并且通过合作的方式扩大生存机会，实现各民族和谐共存与发展"①。

就西北地区经由民族团结进步教育培育青少年国家认同的问题，本研究基于课题的整体研究思路，构建了经由民族团结进步教育培育国家认同的策略路径，进而运用问卷调查、观察法、访谈法等研究方法，以西北地区的甘肃省、宁夏回族自治区、新疆维吾尔自治区、青海省为调研地，以该地区青少年国家认同为调查内容进行了调查研究。研究发现：西北地区青少年的国家认同发展水平整体良好（得分为 4.24，超过均值 3），但不均衡。具体来看，国家意识、文化认同、政治认同三个维度平均得分均超过均值 3，其中政治认同相对偏低。与此同时，本

---

① 王建娥：《民族分离主义的解读与治理——统一的多民族国家化解民族矛盾、解决分离困窘的一个思路》，《民族研究》，2010 年第 2 期。

第十四章　西北地区青少年国家认同培育的制度化体系研究　279

研究对西北地区作为国家认同主体的青少年，其国家认同表水平在性别、所在学段、民族身份、生源地、就读学校类型等的差异进行了独立样本 T 检验分析，结果显示：在性别方面存在极其显著的差异，在国家意识和文化认同方面，男生和女生均存在极为显著的差异，但政治认同方面差异不明显；在学段方面存在着显著的差异，且体现为中小学生的国家意识随着年级段的升高而增加，但随着年级的升高，政治认同表现水平呈下降趋势；在民族身份方面存在着非常显著的差异，在国家意识、文化认同、政治认同三个维度，汉族学生和少数民族学生均存在极为显著的差异；在家庭所在地方面差异极其显著，而且，值得注意的是，城市学生在国家意识、政治认同、文化认同三个维度的得分均明显高于乡村学生的平均得分。

通过成因分析，本研究认为由于经由民族团结进步教育培育中小学生国家认同的过程中，培育目标的制定、培育内容的选择、培育方式的采用等方面与学生的实际生活相脱离，加之与国家认同形成的实质不是十分契合，使得培育过程中存在一定的不理想之处。与认同的形成（即出于自我，是一种国家认同主体的自我意识，也是其内在体验）相一致，国家认同的形成是国家认同主体在了解并掌握相关知识的基础上，须得通过自觉意识与以公民身份参与国家公共生活的实践参与中，凭借对自己存在其中的国家之道德价值观、社会核心价值观、历史文化传统、理想信念、社会制度、社会道路、国家主权等的认可与服从，也需在国家公共社会实践活动的参与中通过比较、辨析、鉴别，在明确与他国特征界限的基础上，将自我视为本国公民并形成的对于本国的归属感，秉持一种有关本国与世界关系的理性态度，[1] 形成中国境内的共同感与"我们感"，即是说，需要在对青少年社会化过程加以引导以促其国家认同形成。然而，调研结果显示，从我国西北地区青少年国家认同培育的实践来看，因缺乏全面的认识，导致在对未来民族人国家认同培育中通过自觉意识与以公民身份对国家公共生活的实践参与这一重要内容缺失，导致了效果不太理想。除此之外，较之而言，也由于我国西北

---

[1] 饶舒琪：《全球化背景下的国家认同教育：合法性与应有内涵》，《教育学报》2018 年第 6 期。

地区社会、经济、文化、教育等整体上滞后于我国其他地区，该地区乡村的整体教育水平也相应地处于后发地位，使得城区和乡村的中小学生在国家认同的某些方面出现了明显的差异。

本书基于相关文献分析，以罗尔斯的"重叠共识"理论和哈贝马斯的"交往理性"为理论基础，在整体研究思路的基础上，设计了经由民族团结进步教育培育国家认同的策略路径，进而形成理论分析框架；继而，对经由民族团结进步教育培育青少年的国家认同的现状进行了剖析，并从宏观、中观、微观三个层面对我国西北地区青少年国家认同培育进行了实证分析；接着，从文化共生、新媒体传播之于西北地区民族团结进步教育和国家认同培育两个方面进行了特因探件；最后，从西北地区民族团结进步教育与国家认同培育的策略体系和制度化体系（即实施制度、保障制度、考核制度）两个方面，做了较为深入的探讨与分析。

我国西北地区青少年国家认同培育问题是一个异常复杂且又极其重要的问题，复杂之处体现在：任何个体其国家认同的形成，是一种自觉而持久的感情的形成，不能仅仅依靠掌握知识、技能、理论而成，亦非强迫所能为，它不仅涉及认同主体主观感受及内在体验，需要通过对符合其年龄、心里、认知等的社会化过程的引导，而且关乎国家认同主体所置身的多元文化环境、多民族共居、多宗教汇聚的边疆之地，也面临着境内外反动势力伺机试图利用宗教向该地区学校教育渗透，意欲达到控制青少年学生、争夺意识形态领域，降低未来民族人的国家认同感的企图。这一系列因素使得西北地区青少年国家认同培育的任务艰巨而紧迫。本书尝试经由民族团结进步教育对西北地区青少年国家认同进行培育，涉及学校教育、社会实践活动的方方面面，需要学校、社会、家庭三位一体形成合力、通力合作才可能实现。

客观而言，本书以民族团结进步教育为例，通过对我国西北地区民族团结进步教育与国家认同培育现状的调研与分析，获得了新的数据，对该地区青少年国家认同问题也有了一定的认识。然而，由于本研究中研究者个人的时间、精力、能力等方面限制，研究存在着明显的不足之处。

第十四章 西北地区青少年国家认同培育的制度化体系研究　　281

首先，理论建构方面不足。西北地区青少年国家认同培育，涉及的不止教育学，还有政治学、民族学、人类学、文化学等领域，也因此经由民族团结进步教育对中小学生国家认同培育策略体系的构建、培育制度化体系的构建，需要更深层次的理论探讨。

其次，本书所构建的西北地区民族团结进步教育培育青少年国家认同的培育策略体系，以及实施制度、保障制度、考核制度等制度化体系等，需经由实践的检验，即深入不同学段的民族团结进步教育教学中、民族团结进步教育培育国家认同的社会实践活动中进行分析、加以判断，以测其效果；同时，也需要再深入民族团结进步教育的实践中，以便能够进一步阐释、检验调研结果所反映的问题。

再次，本书所提出的有关民族团结进步教育的社会实践活动策略，需要结合西北地区四省区各自的社会发展情况、经济发展情况、教育发展水平等紧密结合，制定更为周密的策略计划；另外，所提出的相关策略的操作性也不太强，有待进一步细化、具体化和改进。

最后，研究工具设计中未能考虑到"语言"（这里主要指西北地区中小学生的母语）这一因素，使得本研究未能探明西北地区操持不同民族语言的青少年其国家认同的差异性，也因此未能考量国家认同主体所操持的不同民族语言（作为其母语）对他们国家认同形成的影响。以上种种问题，需要未来的相关研究做进一步的探究。

参考文献

（一）经典文献

中共中央马克思恩格斯列宁斯大林著作编译局：《列宁全集》（第37卷），人民出版社1986年版，第66页。

中共中央马克思恩格斯列宁斯大林著作编译局：《马克思恩格斯全集》（第三卷），人民出版社2009年版，第111页。

习近平：《决胜全面建成小康社会 夺取新时代中国特色社会主义伟大胜利——在中国共产党第十九次全国代表大会上的讲话》（单行本），人民出版社2017年版。

胡锦涛：《坚定不移沿着中国特色社会主义道路前进 为全面建成小康社会而奋斗——在中国共产党第十八次全国代表大会上的讲话》（单行本），人民出版社2012年版。

胡锦涛：《中央民族工作会议暨国务院第四次全国民族团结进步表彰大会上的重要讲话》（单行本），人民出版社2005年版。

《江泽民文选》（第1卷），人民出版社2006年版。

《马克思恩格斯全集》（第1卷），人民教育出版社1979年版，第501页。

（二）著作类

白润生：《中国少数民族新闻传播史》，民族出版社2008年版。

本书编写组编：《中央民族工作会议精神学习辅导读本》，民族出版社2005年版。

陈国验：《简明文化人类学词典》，浙江人民出版社1990年版。

陈连开：《中华民族研究初探》，知识出版社 1994 年版。

陈向明：《质的研究方法与社会科学研究》，教育科学出版社 2000 年版。

陈新仁：《全球化语境下的外语教育与民族认同》，高等教育出版社 2008 年版。

费孝通：《论人类学与文化自觉》，华夏出版社 2004 年版。

费孝通：《文化与文化自觉》，群言出版社 2010 年版。

费孝通：《中华民族多元一体格局（修订本）》，中央民族大学出版社 2003 年版。

高永久：《民族学概论》，南开大学出版社 2009 年版页。

宫承波：《新媒体概论》，中国广播电视出版社 2011 年版。

国家教育发展研究中心：《2001 中国教育绿皮书》，教育科学出版社 2001 年版。

哈经雄、滕星：《民族教育学通论》，教育科学出版社 2001 年版。

韩红：《交往的合理化与现代性的重建》，人民出版社 2005 年版。

纪河：《学校教育社会学》，河海大学出版社 2003 年版。

兰久富：《全球化过程中的价值多样化》，北京师范大学出版社 2010 年版。

李宝元：《人力资本与经济发展》，北京师范大学出版社 2000 年版。

李佃来：《公共领域与生活世界——哈贝马斯市民社会理论研究》，人民出版社 2006 年版。

李悦：《产业经济学》，中国人民大学出版社 1997 年版。

联合国教科文组织：《教育——财富蕴藏其中》，教育科学出版社 1996 年版。

梁钊韬：《中国民族学概论》，云南人民出版社 1985 年版页。

刘祖云：《发展社会学》，高等教育出版社 2006 年版。

卢现祥：《新制度经济学》，武汉大学出版社 2004 年版。

裴娣娜：《教育研究方法导论》，安徽教育出版社 2000 年版。

钱民辉：《多元文化与现代性教育之关系研究——教育人类学的视野与田野工作》，民族出版社 2008 年版。

邵晓霞：《民族团结进步教育课程的理论与实践研究》，中国社会科学出版社 2015 年版。

孙绵涛：《教育政策论：具有中国特色的社会主义教育政策研究》，华中师范大学出版社 2002 年版。

孙若穷：《中国少数民族教育学概论》，中国劳动出版社 1990 年版。

孙中山：《三民主义》，岳麓书社 2000 年版。

《现代汉语词典》（2002 年增补版），商务印书馆 2003 年版。

谢维和：《教育活动的社会学分析：一种教育社会学的研究》，教育科学出版社 2000 年版。

徐杰舜：《族群与族群文化》，黑龙江人民出版社 2006 年版。

徐玉圻：《马克思主义民族理论和党的民族政策》，上海人民出版社 1989 年版。

许宪隆：《民族文化发展与保护研究》，民族出版社 2007 年版。

益西拉姆：《中国西北地区少数民族大众传播与民族文化》，兰州大学出版社 2002 年版。

袁纯清：《共生理论——兼论小型经济》，经济科学出版社 1998 年版。

袁方等：《社会学家的眼光：中国社会结构转型》，中国社会出版社 1998 年版。

赵明仁：《教学反思与教师专业发展》，北京师范大学出版社 2009 年版。

《中国大百科全书·教育卷》，中国大百科全书出版社 1985 年版。

《中国大百科全书·教育卷》，中国大百科全书出版社 1988 年版。

中国社会科学语言研究所词典编辑室：《现代汉语词典（2002 年增补本）》，商务印书馆 2003 年版。

中华人民共和国国家统计局编：《中国统计年鉴（2009）》，中国统计出版社 2009 年版。

钟启泉：《现代课程论》，教育出版社 2000 年版。

周德仓：《中国藏文报刊发展史》，中国社会科学出版社 2010 年版。

周光大：《民族问题基本知识》，广西民族出版社 1984 年版。

周星：《民族学新论》，陕西人民出版社 1992 年版。

朱桂莲：《爱国主义教育研究》，中国社会科学出版社2008年版。

朱琴芬：《新制度经济学》，华东师范大学出版社2006年版。

［澳］马尔科姆·沃特斯：《现代社会学理论》，杨善华译，华夏出版社2000年版。

［德］哈贝马斯：《后形而上学思想》，曹卫东译，译林出版社2001年版。

［德］哈贝马斯：《交往行动理论（第二卷）》，洪佩瑜、蔺青译，重庆出版社1994年版。

［德］哈贝马斯：《交往行为理论》，曹卫东译，上海人民出版社2005年版，第8—85页。

［德］哈贝马斯：《交往与社会进化》，张博树译，重庆出版社1989年版。

［德］哈贝马斯：《在事实与规范之间——关于法律和民主法治国的商谈理论》，童世骏译，生活·读书·新知三联书店2003年版。

［德］马丁·布伯：《我与你》，陈维纲译，生活·读书·新知三联书店1986年版。

［德］马克思：《摩尔根〈古代社会〉一书摘要》，人民出版社1965年版。

［德］马克斯·韦伯：《经济与社会》，林荣远译，商务印书馆1998年版。

［法］埃米尔·涂尔干：《社会分工论》，渠东译，生活·读书·新知三联书店2008年版。

［法］埃米尔·涂尔干：《社会分工论》，渠东译，生活·读书·新知三联书店2013年版。

［法］埃米尔·涂尔干：《社会学方法的规则》，胡伟译，华夏出版社1999年版。

［加］威尔·金里卡：《多元文化公民权》，杨立峰译，上海译文出版社2009年版。

［美］本迪尼克特·安德森：《想象的共同体：民族主义的起源与散布》（增订版），吴叡人译，上海人民出版社2011年版。

［美］本尼迪克特·安德森：《想象的共同体：民族主义的起源与散布》，吴叡人译，上海人民出版社 2005 年版。

［美］道格拉斯·C·诺斯：《经济史中的结构与变迁》，上海人民出版社 1994 年版。

［美］菲利克斯·格罗斯：《公民与国家——民族、部族和族属身份》，王建娥、魏强译，新华出版社 2003 年版。

［美］亨廷顿：《我们是谁？——美国国家特性面临的挑战》，程克雄译，新华出版社 2005 年版。

［美］露丝·本尼迪克特：《文化模式》，王炜等译，社会科学文献出版社 2009 年版。

［美］马丁·N·麦格：《族群社会学：美国及全球视角下的种族和族群关系》，祖力亚提·司马义译，华夏出版社 2007 年版。

［美］马尔库塞：《单向度的人：发达工业社会意识形态研究》，张峰等译，重庆出版社 1993 年版。

［美］乔纳森·弗里德曼：《文化认同与全球性过程》，郭健如译，商务印书馆 2003 年版。

［美］涛慕思·博格：《罗尔斯：生平与正义理论》，顾肃等译，中国人民大学出版社 2010 年版。

［美］希伦·A·洛厄里、梅尔文·L·德弗勒：《大众传播效果研究的里程碑》，刘海龙译，中国人民大学出版社 2004 年版。

［西］曼纽尔·卡斯特尔：《认同的力量》，社会科学文献出版社 2006 年版。

［英］埃里克·霍布斯鲍姆：《民族与民族主义》，李金梅译，上海人民出版社 2006 年版，第 10 页。

［英］安东尼·D·史密斯：《民族主义——理论，意识形态，历史》，叶江译，上海人民出版社 2006 年版。

［英］安东尼·D·史密斯：《全球化时代的民族与民族主义》，中央编译出版社 2002 年版。

［英］安东尼·吉登斯：《失控的世界》，周红云译，江西人民出版社 2001 年版。

［英］戴维·莫利、凯文·罗宾斯：《认同的空间：全球媒介、电子世界景观与文化边界》，司艳译，南京大学出版社 2001 年版。

［英］德里克·希特：《公民身份：世界史、政治学与教育学中的公民理想》，郭台辉，余慧元译，吉林出版集团有限责任公司 2010 年版。

［英］厄内斯特·盖尔纳：《民族与民族主义》，中央编译局 2002 年版。

［英］马林诺夫斯基：《文化论》，费孝通译，中国民间文学出版社 1987 年版。

［英］帕特丽夏·怀特：《公民品德与公共教育》，朱红文译，教育科学出版社 1998 年版。

［英］汤林森：《文化帝国主义》，冯建三译，上海人民出版社 1999 年版。

（三）论文类

J. 佩里、韩震：《人格认同和人格概念》，《世界哲学》2004 年第 6 期。

毕跃光：《民族认同、族际认同与国家认同的共生关系研究》，博士学位论文，中央民族大学，2011 年。

常永才、John W. Berry：《从文化认同与涵化视角看民族团结教育研究的深化——基于文化互动心理研究的初步分析》，《民族教育研究》2010 年第 6 期。

陈冬红、许芬、李霞：《西北民族地区产业结构优化实证分析》，陕西省社会科学界联合会会议论文集，2009 年，第 699—706 页。

陈蕾：《民汉小学民族团结教育课程开发跨文化比较研究》，硕士学位论文，内蒙古师范大学，2011 年。

陈连开：《中国民族文化的特点》，《云南社会科学》1994 年第 2 期。

陈连开：《中华文化的基本特点及其在现代化进程中的弘扬》，《广西民族研究》2001 年第 2 期。

陈茂荣：《"民族国家"与"国家民族"——"民族认同"与"国家认同"的紧张关系何以消解》，《青海民族研究》2011 年第 4 期。

成竹：《基于共生理论的滇越国际旅游合作研究》，博士学位论文，云南大学，2015年。

程晋宽：《美国教育司法制度论析》，《外国教育研究》2002年第1期。

邓凌月、杜良芝：《新媒体时代强化网络舆情引导研究》，《理论学刊》2012年第8期。

董跃：《公共政策与社会公平探析》，《云南行政学院学报》2010年第5期。

杜璨：《边疆治理转型背景下国家认同与民族认同的关系探析》，《现代商贸工业》2019年第11期。

杜兰晓、房维维：《大学生国家认同的实证研究：基于全国31个省区市普通高校的调查分析》，《中国高教研究》2013年第11期。

范文森：《当代大学生民族团结教育的现状和对策》，硕士学位论文，华南理工大学，2011年。

范兆飞、张俊英：《当代苗族大学生对国家认同的现状以及影响因素分析——基于对六盘水师范学院的调查》，《六盘水师范学院学报》2018年第4期。

方立江：《国家认同相关几个概念涵义及其关系的辨析》，《青海师范大学学报》（哲学社会科学版）2016年第5期。

费孝通：《中华民族的多元一体格局》，《北京大学学报》1989年第4期。

费孝通：《重建社会学与人类学的回顾和体会》，《中国社会科学》2000年第1期。

冯建军：《教育转型·人的转型·公民教育》，《高等教育研究》2012年第4期。

甘瑶：《武陵山片区全国民族团结进步教育基地运行状况研究》，硕士学位论文，中南民族大学，2018年。

高曼曼：《民族地区中小学综合艺术课程研究》，博士学位论文，中央民族大学，2009年。

高如峰：《国外教育法制发展与我国教育法制建设》，《教育研究》1998年第7期。

高晓兰：《农村与城市初中生数学焦虑现状对比研究》，硕士学位论文，湖南师范大学，2016 年，第 I 页。

高永久、朱军：《论多民族国家中的民族认同与国家认同》，《民族研究》2010 年第 2 期。

葛政委：《多维视野下的容美土司国家认同内涵研究》，《中南民族大学学报》（人文社会科学版）2017 年第 5 期。

耿金声：《论民族教育的概念和民族教育的特点》，《民族教育研究》1991 年第 2 期。

贡贵训：《城乡中小学生语言生活差异调查研究——以湖南永州为例》，《辽东学院学报》2015 年第 4 期。

管彦波：《当代中国民族问题的基本走向》，《西南民族大学学报》2016 年第 9 期。

郭明飞、杨磊：《新媒体传播对我国意识形态安全的挑战及对策》，《湖北行政学院学报》2016 年第 3 期。

郭小涛：《宁夏回族自治区成立纪实》，《百年潮》2018 年第 11 期。

郭艳：《全球化时代的后发展国家：国家认同遭遇"去中心化"》，《世界经济与政治》2004 年第 9 期。

郭忠华：《吉登斯对于民族国家的新思考》，《开放时代》2007 年第 6 期。

韩红：《论交往行动合理化的实现途径——哈贝马斯的交往行动理论的核心问题》，《学术研究》2001 年第 2 期。

韩婷、喻国明：《传播媒介对受众长时记忆的影响研究——基于认知神经传播学的研究范式》，《新闻大学》2019 年第 1 期。

韩震：《教育如何促进国家认同？》，《人民教育》2015 年第 20 期。

韩震：《论国家认同、民族认同及文化认同：一种基于历史哲学的分析与思考》，《北京师范大学学报》（社会科学版）2010 年第 1 期。

韩震：《全球化时代的公民教育与国家认同及文化认同》，《社会科学战线》2010 年第 5 期。

韩震：《现时代的教育变革与国家认同》，《中国高校社会科学》2014 年第 2 期。

郝时远：《中文"民族"一词源流考辨》，《民族研究》2004 年第 6 期。

郝时远：《重读斯大林民族（俄语）定义——读书笔记之一：斯大林民族定义及其理论来源》，《世界民族》2003 年第 4 期。

何丽苹、徐惠聪：《新形势下内地高校港澳台大学生国家认同的现状、影响因素及对策——基于厦门大学的调查分析》，《高教论坛》2018 年第 7 期。

何志魁：《西部大开发中贡山县独龙族怒族传统文化保存的教育策略初探》，硕士学位论文，西南师范大学，2001 年。

核心素养研究课题组：《中国学生发展核心素养》，《中国教育学刊》2016 年第 10 期。

贺金瑞、燕继荣：《论从民族认同到国家认同》，《中央民族大学学报》（哲学社会科学版）2008 年第 3 期。

洪黎民：《共生的概念发展的历史、现状及展望》，《中国微生态学杂志》1996 年第 4 期。

胡守钧：《社会共生论》，《社会科学论坛》2001 年第 1 期。

胡守钧：《提倡共生促进和谐》，《探索与争鸣》2005 年第 3 期。

胡兆义：《包容与开放：民族团结的内在逻辑及实现路径》，《广西民族研究》2013 年第 2 期。

黄艾：《我国中小学民族团结教育现状及问题研究——基于北京、沈阳、内蒙三地部分中小学的调分析》，硕士学位论文，中央民族大学，2010 年。

黄行：《论国家语言认同与民族语言认同》，《云南师范大学学报》（哲学社会科学版）2012 年第 3 期。

黄正泉，王健：《人文关怀：思想政治教育之魂》，《现代大学教育》2007 年第 3 期。

贾青波：《在民族团结进步的指导思想下前进——庆祝建校三十五周年》，《中南民族学院学报》（社会科学版）1987 年第 1 期。

贾彦东、张红星：《区域性教育与经济协调发展关系的实证研究》，《财经科学》2006 年第 3 期。

贾志斌：《如何加强少数民族大学生的国家认同教育》，《西北民族大学学报》（哲学社会科学版）2011 年第 1 期。

姜玉琴：《民汉合校中影响学生族群交往意愿的因素分析》，《新疆大学学报》（哲学·人文社会科学版）2013 年第 2 期。

焦娇娇：《城市与农村高中生英语阅读策略使用现状的对比研究》，硕士学位论文，延安大学，2017 年。

金炳镐：《邓小平关于民族平等和民族团结的理论与政策——纪念邓小平诞辰 100 周年系列论文之三》，《黑龙江民族丛刊》2004 年第 4 期。

金炳镐：《发展和完善社会主义民族关系与民族地区和谐社会的构建》，《黑龙江民族丛刊》2005 年第 4 期。

金炳镐、柳春旭：《中国共产党第三代领导集体关于民族平等的理论与政策——中国共产党第三代领导集体民族理论研究之三》，《黑龙江民族丛刊》2003 年第 1 期。

金炳镐：《民族团结是新中国 60 年民族政策的主线》，《西南民族大学学报》2009 年第 12 期。

金东海、王爱兰：《少数民族地区教育经费投入不足问题及对策研究》，《西北师范大学学报》2002 年第 6 期。

金家新：《全球化时代民族国家的认同危机及其消解——基于政治合法性的视角》，《新疆大学学报》（哲学·人文社会科学版）2018 年第 5 期。

金炜玲：《亚洲青年国家认同的影响因素分析——基于 2013 年亚洲大学生价值观调查数据》，《中国青年研究》2018 年第 3 期。

靳玉军：《论社会主义核心价值观教育的实践要求》，《教育研究》2014 年第 11 期。

李崇林：《边疆治理视野中的民族认同与国家认同研究探析》，《新疆社会科学》（汉文版）2010 年第 4 期。

李春玲、刘森林：《国家认同的影响因素及其代际特征差异——基于 2013 年中国社会状况调查数据》，《中国社会科学》2018 年第 4 期。

李丹：《社会主义核心价值观视野下的西藏高校民族团结教育实践研究》，硕士学位论文，西藏大学，2015 年。

李佃来：《哈贝马斯与交往理性》，《湖北行政学院学报》2002 年第 5 期。

李国亮：《对新媒体视野下马克思主义意识形态教育的思考》，《山西师大学报（社会科学版）研究生论文专刊》2013 年第 11 期。

李红杰：《民族教育学研究对象和体系浅见》，《北方民族》1992 年第 1 期。

李瑾瑜、奂平清：《对民族团结进步教育的四种误解及其分析》，《民族教育研究》1999 年第 4 期。

李娟：《新媒体传播对我国西北民族地区国家认同的影响研究——以甘肃省为例》，《西北师大学报》（社会科学版）2017 年第 2 期。

李萍、钟明华：《公民教育——传统德育的历史性转型》，《教育研究》2002 年第 9 期。

李瑞君、代晓光：《从民族认同到公民认同：新疆政治文化转型刍议》，《新疆社会科学》2012 年第 1 期。

李尚凯：《对大学生深化民族团结教育》，《新疆师范大学学报》（哲学·人文社会科学版）1990 年第 3 期。

李世勇：《工业化对少数民族国家认同的影响及建构策略》，《甘肃社会科学》2014 年第 3 期。

李晓霞：《新疆民汉合校的演变及其发展前景》，《新疆大学学报》（哲学·人文社会科学版）2001 年第 5 期。

李孝川：《云南边境地区民族教育的发展困境与出路——非传统安全的视角》，博士学位论文，华东师范大学，2014 年。

李永娜，左鹏：《新时代边疆治理现代化视域下国家认同与民族认同的融合》，《云南社会科学》2018 年第 3 期。

李宗桂：《试论中国优秀传统文化的内涵》，《学术研究》2013 年第 11 期。

林尚立：《现代国家认同建构的政治逻辑》，《中国社会科学》2013 年第 8 期。

林震：《论台湾民主化进程中的国家认同问题》，《台湾研究集刊》2001 年第 2 期。

刘大宁：《社会主义核心价值体系大众化的策略研究》，《人民论坛》2013年第8期。

刘刚：《新疆民族团结教育历史进程、基本经验与实践策略研究》，博士学位论文，山东大学，2018年。

刘贵华，岳伟：《论教育在生态文明建设中的基础作用》，《教育研究》2013年第12期。

刘社欣，王仕民：《文化认同视域下的国家认同》，《学术研究》2015年第2期。

刘勋昌：《我国民族地区民族团结教育内容探析》，《前沿》2010年第6期。

刘永刚：《"国家认同问题"与"民族问题"辨析》，《中央民族大学学报》（哲学社会科学版）2017年第5期。

刘永刚：《全球化时代的国家认同问题与边疆治理析论》，《云南行政学院学报》2016年第1期。

刘志军：《高中生的自我概念与其学校适应》，《心理科学》2004年第1期。

刘子云：《民族团结教育实践模式研究》，博士学位论文，中央民族大学，2015年，第9页，第89页。

柳翔浩：《和合视域下跨境民族地区中学生国家认同教育研究——以德宏州为例》，博士学位论文，西南大学，2013年，第160页，第162页。

卢贵子：《中小学德育课程开展民族团结教育的意义》，《黑龙江民族丛刊》2007年第4期。

卢守亭：《大学生国家认同：现状、结构与族群差异——基于9省（市、自治区）12所高校的调查》，《中国青年研究》2014年第11期。

吕洋、金浩：《民族团结教育是我国学校教育的重要内容》，《黑龙江民族丛刊》2014年第2期。

马得勇：《国家认同、爱国主义与民族主义——国外近期实证研究综述》，《世界民族》2012年第3期。

马得勇、陆屹洲:《国家认同及其变迁:宏观与微观的跨国比较分析》,《世界政治研究》2018 年第 2 期。

马俊毅:《论现代多民族国家建构中民族身份的形成》,《民族研究》2014 年第 4 期。

马强强:《西北民族地区区域经济差异实证分析及其对策研究》,硕士学位论文,西北民族大学,2007 年。

马庆钰:《中国传统政治文化的发展逻辑》,《政治学研究》1982 年第 2 期。

马戎:《理解民族关系的新思路——少数族群问题的"去政治化"》,《北京大学学报》(哲学社会科学版) 2004 年第 6 期。

马晓军:《五个认同:新疆高校民族团结教育内容之维》,《高教学刊》2017 年第 4 期。

马燕萍:《民族地区小学民族团结教育优化研究——以甘南州合作市 X 小学为个案》,硕士学位论文,西南大学,2014 年。

蒙良秋:《民族团结教育理论创新路径分析》,《民族论坛》2016 年第 5 期。

蒙运芳:《论高校大学生民族团结教育思维创新》,《广西民族研究》2010 年第 4 期。

孟凡丽:《我国民族教育课程研究:回顾与前瞻》,《贵州民族研究》2002 年第 4 期。

米庆成:《进城农民工的城市归属感问题探析》,《青年研究》2004 年第 3 期。

南长森:《西北少数民族地区新闻传播与国家认同研究》,博士学位论文,武汉大学,2012 年。

聂磊:《新媒体环境下大数据驱动的受众分析与传播策略》,《新闻大学》2014 年第 2 期。

宁林:《论"和合"思想指导下少数民族法律文化现代化的路径选择》,《思想战线》2009 年第 1 期。

欧阳常青:《论民族团结教育的价值、属性及其实践路径》,《民族教育研究》2019 年第 3 期。

欧阳常青，苏德：《学校教育视阈中的国家认同教育》，《民族教育研究》2012 年第 5 期。

彭兰：《"新媒体"概念界定的三条线索》，《新闻与传播研究》2016 年第 3 期。

戚甫娟：《加强学生民族团结和"四个认同"教育研究》，《青年研究》2007 年第 2 期。

齐军：《城乡学生家庭社会资本差异及对学业成就获得的影响——基于社会网络分析法的调查分析》，《上海教育科研》2018 年第 5 期。

祁帆、徐柏才：《新时代民族团结教育的认知与创新——学习习近平总书记关于民族团结教育的重要论述》，《西南民族大学学报》（人文社会科学版）2018 年第 5 期。

钱力：《西北民族地区产业结构优化的实证分析》，硕士学位论文，西北民族大学，2006 年，第 77 页。

钱雪梅：《从认同的基本特性看族群认同与国家认同的关系》，《民族研究》2006 年第 6 期。

青觉：《论社会主义时期各民族的共同因素》，《西南民族大学学报》2007 年第 3 期。

青觉、闵浩、黄东辉：《中国共产党民族平等和民族团结政策的形成和发展——中国共产党民族纲领政策形成和发展研究之九》，《黑龙江民族丛刊》2002 年第 1 期。

青觉：《中国共产党第三代领导集体关于民族团结的理论和政策——中国共产党第三代领导集体民族理论研究之六》，《黑龙江民族丛刊》2003 年第 3 期。

邱仁富：《文化共生与和谐文化探幽》，《学术探索》，2007 年第 11 期。

曲洪志：《经济全球化与中国文化建设》，《北京科技大学学报》（社会科学版）2002 年第 3 期。

饶舒琪：《全球化背景下的国家认同教育：合法性与应有内涵》，《教育学报》2018 年第 6 期。

任一峰、倪培霖：《关于少数民族地区高校开展民族团结教育的几点思考》，《内蒙古师范大学学报》（哲学社会科学版）1997 年第 2 期。

沙飞：《经济全球化与中国的文化安全》，《特区经济》2007 年第 11 期。

邵娜：《北京高校民族团结教育现状与问题研究》，硕士学位论文，中央民族大学，2018 年。

邵晓霞：《从民族团结教育课程看我国民族团结进步教育》，《云南民族大学学报》2011 年第 4 期。

邵晓霞：《交往理性视域下民族团结的实现源起、理据及路径》，《中央民族大学学报》（哲学社会科学版）2017 第 5 期。

邵晓霞：《论文化身份认同类型学理论及其对民族团结教育课程的启示》，《贵州民族研究》2011 年第 1 期。

邵晓霞：《民族地区英语课程与教学多元化：理论诉求与实践重构》，《青海师范大学学报》2019 年第 3 期。

邵晓霞：《文化视角下的民族团结教育实现问题》，《甘肃社会科学》2012 年第 2 期。

沈桂萍：《民族问题的核心是国家认同问题》，《中央社会主义学院学报》2010 年第 2 期。

石中英：《论国家文化安全》，《北京师范大学学报》2004 年第 3 期。

宋新伟：《西北边疆民族地区抵御宗教向学校渗透的相关思考》，《新疆师范大学学报》（哲学社会科学版）2009 年第 12 期。

苏慧：《社交媒体对西北少数民族文化传播的影响》，硕士学位论文，北京邮电大学，2015 年。

隋青、李钟协、孙沐沂、李世强、陈丹洪：《我国民族团结进步创建的实践》，《民族教育》2018 年第 6 期。

孙杰远：《文化共生视域下民族教育发展走向》，《教育研究》2011 年第 12 期。

孙景峰：《经济全球化对全球文化的影响——兼论中国文化发展战略》，《思想战线》2002 年第 3 期。

孙友林：《校本化课程实施制度研究》，硕士学位论文，西南大学，2010 年。

谭玉林：《我国民族团结教育理论与实践研究》，博士学位论文，中央民族大学，2011 年。

檀传宝：《教育是人类价值生命的中介——论价值与教育中的价值问题》，《教育研究》2000 年第 3 期。

唐绪军、黄楚新、刘瑞生：《微传播：正在兴起的主流传播——微传播的现状、特征及意义》，《新闻与写作》2014 年第 9 期。

滕星、关凯：《教育领域中的国家整合与地方性知识》，《中南民族大学学报》（人文社会科学版）2007 年第 5 期。

滕星、张俊豪：《试论民族学校的民族认同与国家认同》，《中南民族学院学报》（哲学社会科学版）1997 年第 4 期。

童世骏：《关于"重叠共识"的"重叠共识"》，《中国社会科学》2008 年第 6 期。

土登、邓晓琳、张震：《少数民族预科学生民族团结教育的创新研究》，《西南民族大学学报》（人文社会科学版）2011 年第 11 期。

万明钢：《交往交流交融是民族团结的前提和基础》，《中国民族教育》2015 年第 12 期。

万明钢：《论公民教育》，《教育研究》2003 年第 9 期。

万明钢、王婕：《铸牢中华民族共同体意识与学校民族团结进步教育课程建设》，《西北师大学报》（社会科学版）2021 年第 3 期。

王村：《民族院校民族团结教育的针对性和有效性研究——以北方民族大学为例》，硕士学位论文，中央民族大学，2016 年。

王改芹：《少数民族地区青少年的民族团结教育研究》，硕士学位论文，内蒙古科技大学，2011 年。

王沪宁：《转变中的中国政治文化结构》，《复旦学报》（社会科学版）1988 年第 3 期。

王继辉：《全球化背景下大学生国家认同感的培养》，硕士学位论文，哈尔滨工程大学，2009 年。

王建娥：《民族分离主义的解读与治理——多民族国家化解民族矛盾、解决分离困窘的一个思路》，《民族研究》，2010 年第 2 期。

王鉴、安富海：《当前我国民族教育研究前沿与热点问题综述》，《学术探索》2011 年第 2 期。

王鉴:《从传统到现代:中国少数民族教育发展的历程》,《广西民族研究》2003年第3期。

王鉴:《当前民族文化与教育发展所面临的主要问题及对策》,《民族教育研究》2010年第2期。

王鉴:《简论民族教育的概念及其本质》,《西北师大学报》(社会科学版)1994年第2期。

王鉴:《论中华民族民族团结进步教育》,《青海民族研究》2002年第2期。

王鉴、秦积翠等:《解读中国民族团结进步教育》,《贵州民族研究》2007年第1期。

王鉴:《我国民族教育政策体系探讨》,《民族研究》2003年第6期。

王鉴:《西北民族地区多元文化与教育问题研究》,《当代教育与文化》2009年第1期。

王鉴:《西方少数民族教育研究评述》,《世界民族》2002年第4期。

王菁:《呈现与建构:大学生微博政治参与和国家认同——基于全国部分高校和大学生微博的分析》,《中国青年研究》2019年第7期。

王静芳:《民族院校大学生民族团结教育问题及对策研究》,硕士学位论文,中央民族大学,2011年,第1页。

王淑婕、顾锡军:《安多地区宗教信仰认同与多元文化共生模式溯析》,《西藏研究》2012年第3期。

王希恩:《民族认同与民族意识》,《民族研究》1995年第6期。

王卓君、何华玲:《全球化时代的国家认同:危机与重构》,《中国社会科学》2013年第9期。

韦克平、谢俏静:《民族团结教育场域下青少年民族文化认同实证研究》,《民族教育研究》2019年第3期。

韦兰明:《民族团结教育逻辑论纲》,《民族教育研究》2019年第3期。

韦英思:《李大钊民族思想战略》,《西北民族研究》1989年第2期。

吴飞驰:《关于共生理念的思考》,《哲学动态》2000年第6期。

吴鲁平、刘涵慧、王静:《公民国家认同的特点及其与对外接纳度的关系研究——来自ISSP(2003)的证据》,《国际社会科学杂志》2010年第1期。

吴玉军：《论国家认同的基本内涵》，《中国特色社会主义研究》2015年第1期。

吴玉军、吴玉玲：《新加坡青少年国家认同教育及其启示》，《外国中小学教育》2008年第8期。

伍淑花：《我国民族高等教育应加强民族团结教育的探讨》，《民族教育研究》2010年第5期。

西林：《论政治社会化过程中的民族团结教育》，《新疆社会科学》2009年第2期。

肖滨：《两种公民身份与国家认同的双元结构》，《武汉大学学报》（哲学社会科学版）2010年第1期。

徐柏才：《论民族团结进步教育的实施路径》，《中南民族大学学报》（人文社会科学版）2013年第1期。

徐杰舜：《草原文化与农业文化结合亲和力作用论——中国民族团结原因分析之四》，《西南民族大学学报》（人文社科版）2004年第4期。

徐杰舜：《各民族共同缔造祖国凝聚力作用论——中国民族团结原因分析之一》，《西南民族大学学报》（人文社科版）2004年第1期。

徐杰舜：《经典作家视野中民族团结概念》，《中国民族》2004年第4期。

徐杰舜：《文化基因：五论中华民族从多元走向一体》，《湖北民族学院学报》（哲学社会科学版）2008年第3期。

徐杰舜：《中国边疆对中央向心力作用论——中国民族团结原因分析之五》，《西南民族大学学报》（人文社科版）2004年第5期。

徐杰舜：《中国各民族长期互动整合力作用论——中国民族团结原因分析之二》，《西南民族大学学报》（人文社科版）2004年第2期。

徐杰舜：《中国国家行政管理双轨制稳定力作用论——中国民族团结原因分析之六》，《西南民族大学学报》（人文社科版）2004年第6期。

徐杰舜：《中华文化沉淀和升华内聚力作用论——中国民族团结原因分析之三》，《西南民族大学学报》（人文社科版）2004年第3期。

徐黎丽：《论多民族国家中民族认同与国家认同的冲突——以中国为例》，《西北师大学报》（社会科学版）2011年第1期。

徐平、张阳阳：《影响新疆对国家认同的因素探析》，《新疆师范大学学报》（哲学社会科学版）2014年第2期。

徐勇：《"回归国家"与现代国家的建构》，《东南学术》2006年第4期。

徐振祥：《新媒体的价值影响与大学生思想政治教育》，《中国校外教育》2008年第8期。

许瑶：《新媒体传播与社会主义核心价值观建设》，《武汉理工大学学报》（社会科学版）2017年第4期。

薛一飞、李春成：《民族认同与国家认同之辩——二者关系类型及其困境化解之对策选择》，《广西民族研究》2018年第1期。

闫丽娟、孔庆龙、李智勇：《村民城镇化意愿对人口较少民族新型城镇化进程影响的实证研究——以保安族G村为例》，《贵州民族研究》2017年第4期。

严庆：《对民族团结进步中'进步"的认知与现实价值审视》，《中南民族大学学报》（人文社会科学版）2016年第5期。

严庆、刘雪杉：《民族交往：提升民族团结教育实效性的关键——以内地西藏班（校）为例》，《西藏民族学院学报》（哲学社会科学版）2011年第4期。

严庆、青觉：《我国中小学民族团结教育工作回顾及展望》，《民族教育研究》2007年第1期。

严庆、谭野：《在融媒体时代深化民族团结进步教育》，《贵州民族研究》2019年第3期。

严庆：《中国民族团结的意涵演化及特色》，《民族研究》2019年第1期。

严政华：《新时期新疆南疆地区民族团结问题研究——以洛浦县为例》，硕士学位论文，西南大学，2017年。

杨海萍：《新疆大学生国家认同教育的现状调查与路径选择》，《新疆师范大学学报》（哲学社会科学版）2010年第4期。

杨堃：《回忆周总理关于民族学的一次谈话》，转引自严庆：《对民族团结进步中"进步"的认知与现实价值审视》，《中南民族大学学报》

（人文社会科学版）2016 年第 5 期。

杨鹍飞、田振江：《国家认同、法治与爱国主义：和谐民族关系的实现路径》，《宁夏大学学报》（人文社会科学版）2012 年第 9 期。

杨丽：《从城市学生与农村学生的比例看我国的高等教育公平问题》，《出国与就业》2012 年第 3 期。

杨娜：《新疆思想品德课中民族团结教育研究》，硕士学位论文，新疆师范大学，2017 年。

杨威涛：《文化自信与大学生国家认同的培育路径》，《闽江学院学报》2019 年第 1 期。

叶缤：《爱国主义是民族团结教育的核心内容》，《新疆社会科学》（汉文版）2007 年第 4 期。

叶苑：《贵州省农村、城市中学生心理健康状况的比较研究》，《贵州师范大学学报》（自然科学版）2001 年第 1 期。

尹博：《基于文化共生理论的渝东南学校民族文化教育发展研究》，博士学位论文，西南民族大学，2015 年，第 35 页。

尹可丽、尹绍清：《民族团结心理的研究内容与方法建构》，《云南民族大学学报》（哲学社会科学版）2008 年第 3 期。

俞可平：《论全球化与国家主权》，《马克思主义与现实》2004 年第 1 期。

袁晓文、李锦：《经济现代化与民族教育的核心价值取向》，《中央民族大学学报》（哲学社会科学版），2004 年第 3 期。

张家军：《小学生公民素养的调查研究》，《华东师范大学学报》（教育科学版）2017 年第 6 期。

张俊豪：《功能主义理论及其对教育的适用》，《湖北民族学院学报》（哲学社会科学版）2004 年第 6 期。

张汝伦：《经济全球化和文化认同》，《哲学研究》2001 年第 2 期。

张诗亚：《多元文化与民族教育价值取向问题》，《西北师大学报》（社会科学版）2005 年第 6 期。

张澍军：《论思想政治教育的历史定位与运行特征》，《教育研究》2015 年第 4 期。

张澂:《民族政治传播研究》,博士学位论文,中央民族大学,2011年。

张雪雁:《主体性视域下少数民族的国家认同建构逻辑》,《民族研究》2014年第6期。

张跃平、徐光木:《当前西北边疆地区民族问题的特征、原因及对策》,《重庆社会主义学院学报》2015年第2期。

章秀英、戴春林:《公民国家认同感发展现状及影响因素——基于10省市问卷跟踪调查》(2011—2014),《马克思主义与现实》2017年第4期。

赵靖茹:《我国藏族的民族教育政策研究——基于"内地西藏班"的实例分析》,博士学位论文,复旦大学,2012年。

赵锐、胡炳仙:《少数民族大学生国家认同现状及影响因素——基于Z民族院校的调查》,《中南民族大学学报》(人文社会科学版)2014年第4期。

赵希、张学敏:《我国民族八省区教育经费投入回顾与前瞻——基于2005—2014年的数据分析》,《教育发展研究》2016年第17期。

郑继汤:《以法治文化建设提升公民国家认同》,《贵州大学学报》(社会科学版),2017年第5期。

郑敬斌、任虹宇:《在陆台生国家认同现状及提升路径探析》,《中国青年社会科学》2019年第3期。

郑萌萌:《新媒体传播社会主义核心价值观研究》,《传媒》2014年第8期。

郑晓军:《民营企业共生机理及模式研究》,博士学位论文,武汉理工大学,2007年。

郑晓云:《当代边疆地区的民族认同与国家认同:从云南谈起》,《中南民族大学学报》(人文社会科学版)2011年第4期。

郑志森:《高中生民族团结教育方法研究——以南宁市Y中学为例》,硕士学位论文,广西民族大学,2018年。

周炳群:《文化共生与民族地区文化发展》,《广西民族大学学报》(哲学社会科学版)2008年第6期。

周海谦:《来自城市与农村大学生精神卫生状况差异的调查研究》,《青年探索》2004 年第 5 期。

周平:《多民族国家的国家认同问题分析》,《政治学研究》2013 年第 1 期。

周平:《论中国的国家认同建设》,《学术探索》2009 年第 6 期。

周平:《论中华民族建设》,《思想战线》2011 年第 5 期。

周平:《民族国家时代的民族与国家》,《云南民族大学学报》(哲学社会科学版) 2013 年第 5 期。

周庆生:《语言与认同国内研究综述》,《语言战略研究》2016 年第 1 期。

周婷:《小学民族团结教育现状调查及存在问题分析——以信阳市三所小学为例》,硕士学位论文,中南民族大学,2018 年。

周艳、巨生良:《和谐社会:三种机制协调运作的系统社会》,《重庆邮电大学学报》(社会科学版) 2009 年第 1 期。

朱德全:《城乡中小学生行为习惯的比较研究》,《青年研究》1996 年第 5 期。

朱启松、黄致真:《经济全球化与中国文化产业的发展》,《西南师范大学学报》(人文社会科学版) 2004 年第 4 期。

朱小曼、冯秀军:《中国公民教育观发展脉络探析》,《教育研究》2006 年第 12 期。

朱永兵:《大学生民族团结教育有效性研究》,硕士学位论文,中南民族大学,2013 年。

庄玉霞:《增强民族院校大学生民族团结意识的途径》,《贵州民族研究》2011 年第 1 期。

佐斌:《论儿童国家认同感的形成》,《教育研究与实验》2000 年第 2 期。

[德] 哈贝马斯:《生产力与交往》,《哲学译丛》1992 年第 6 期。

[加] 查尔斯·泰勒:《承认的政治》,《天涯》2013 年第 8 期。

[英] 鲁道夫·施塔文哈根:《族群冲突及其对国际社会的影响》,《国际社会科学中文版》1999 年第 3 期。

（四）报纸类

《共圆童心梦"足球小巴郎"进津交流》，《新疆日报》2019年5月30日 A01 版。

黄相怀：《以文化认同促进民族团结》，《学习时报》2012年2月6日第3版。

王嘉毅：《西部教育何时不再"老大难"》，《人民日报》2016年12月1日第018版。

徐茂华：《论坚定"文化自信"的三维向度》，《吉林党校报》2017年9月15日第3版。

徐茂华：《从把握"三性"入手增强社会主义先进文化自信》，《人民日报》2017年4月28日第07版。

严庆：《赋予民族团结教育润物细无声的品性》，《中国民族报》2010年5月14日第5版。

张诗鳁、王红曼：《论民族团结教育对建设中华民族共同体的意义》，《中国民族报》2019年1月22日第11版。

陈丽明：《增强中华文化认同的几个关键点》，《中国民族报》2017年8月25日第7版。

（五）电子类

《国家教育事业发展"十二五"规划纲要》，2012年6月，（http：//www.moe.edu.cn/publicfiles/business/htmlfiles/moe/moe630/201207/139702.html.）。

《国家中长期教育改革和发展规划纲要（2010—2020年）》，2010年7月，（http：//www.gov.cn/jrzg/2010-07/29/content1667143.htm）。

《国务院关于深化改革加快发展民族教育的决定》2002年7月，（http：//www.moe.edu.cn/jybxxgk/gkgbgg/moe0/moe8/moe27/tnull433.html.）。

《学校民族团结教育指导纲要（试行）政策解读》，2008年11月，（http：//www.moe.edu.cn/edoas/website18/level3.jsp? tablename=1811 & infoid=1243734300650469）。

国家统计局：《服务业在改革开放中快速发展 擎起国民经济半壁江山——改革开放 40 年经济社会发展成就系列报告之十》，2018 年 9 月，（http://www.stats.gov.cn/ztjc/ztfx/ggkf40n/201809/t20180910_1621829.html）。

国家统计局：《新中国 60 周年系列报告之十：城市社会经济发展日新月异》，2009 年 9 月，（http://www.stats.gov.cn/ztjc/ztfx/qzxzgcl60zn/200909/t20090917_68642.html）。

（六）外文类

AACTE Commission on Multicultural Education., No One Model American. Journal of Teacher Education. 24, No. 4. Winter. P. 264. Adopted from Webster, Y. O. (1997). *Against the Multicultural Agenda: A Critical Thinking Alternative*. Westport, CT: Praeger Publishers, 1973, p. 19.

Abraham Rosman, *The Tapestry of Culture: An Introduction to Culture Anthropology*, New York: Mcgraw Hill, 2004, p. 419.

Anthony D. Smith, *National Identity*, New York: Penguin Books USA Inc, 1991, p. 11.

Anthony D. Smith, "National Identity and the Idea of European Unity". *International Affairs*, No. 68, 1992, pp. 55-76.

Bennett, C. I., *Comprehensive Multicultural Education-Theory and Practice*. Boston: Allyn & Bacon. 1986, p. 218.

Brawarsky, S., Toward a Common Destiny. In Fred Schultz. *Multicultural Education*. 96/97. (Third Edition). Guilford, CT: Dushkin Publishing Group/Brown & Benchmark Publishers Sluice Dock, 1995, pp. 9-11.

Bullivant, B. M., Culture: Its Nature and Meaning for Educators. In Banks, J. A, and Banks, C. A. M. (eds). (1989). *Multicultural Education: Issues and Perspectives*. (Second Edition). Boston, MA: Allyn & Bacon, 1993, p. 29.

Charles Taylor, *Sources of the Self: The Making of the Modern Identity*. Journal of Modern History, New York: Harvard University Press, 1989.

Derek Heather, *What Is Citizenship*, Conelon: Polity Press, 1999, p. 53.

Dominique Schnapper, "Citizenship and National Identity in Europe". *Nations and Nationalism*, 2002, 8, pp. 1-14.

Donna M. Gollnick and Philip C. Chinn, *Multicultural Education in a Pluralistic Society*, New York: The C. V. Mosby Company, 1983, pp. 34-105.

Dushkin/McGraw Hill Sluice Dock, 1997, p. 136., adopted from Webster, Y. O., *Against the Multicultural Agenda: A Critical Thinking Alternative*. Westport, CT: Praeger Publishers. 1997, p. 18.

Finger J. Milton, *Intersecting Strands in Authorization of Race and Ethnic Relations*, 1986.

Frank Jones and Philip Smith, "Diversity and Commonality in National Identities: An Exploratory Analysis of Cross-national Patterns". *Journal of Sociology*, Vol. 37, No. 1, 2001, pp. 45-63

Gollnick, D. M. and Chinn, P. C., *Multicultural Education in a Pluralistic Society*. (Second Edition). NewYork: Merrill. pp. 255 - 256. Adopted from Webster, Y. O. (1997), *Against the Multicultural Agenda: A Critical Thinking Alternative*. Westport, CT: Praeger Publishers., 1990, pp. 13-14.

Goodwim, A. L., Making the Transition from Self to Other: What do Preservice Teachers Really Think About Multicultural Education? *Journal of Teacher Education*. 1996, 45 (2). pp. 119-131., adopted from Sleeter, C. E. Multicultural Education as Social Activism. Albany: State University of New York Press, 1994, p. 221.

Grant, C. A., Challenging the Myths About Multicultural Education. In Fred Schultz. *Education*. 97/98. (Twenty - Fourth Edition). Guilford, CT: Dushkin/McGraw Hill Sluice Dock, 1994, pp. 185-189.

Hagopian, E. C., Cultural Pluralism, Multicultural Education, and Then What? In Fred Schultz. *Multicultural Education*. 96/97. (Third Edition). Guilford, CT: Dushkin Publishing Group/Brown & Benchmark Publishers Sluice Dock, 1994, pp. 83-89.

Hernāndez, H., *Multicultural Education A Teacher's Guide to Content and Process*. Columbus, Ohio: Merrill Publishing Company, 1989, pp. 4-5.

Jack Citrin and John Sides, "More than Nationals: How Identity Choice Matters in the New Europe", in Richard K. Herrmann, Thomas Risse and Marilynn Brewer (eds.). *Transnational Identities: Becoming European in the EU*, Lanham Md: Rowman and Littlefield, 2004, pp. 169-170.

Jahoda, *Development of Scottish Children's Ideas About Country and Nationality, Part I: The Conceptual Framework*, British Journal of Educational Psychology, 1963, p. 33, pp. 47-60, pp143-153.

Jahoda, *Children's Concepts of Nationality: A Critical Study of Piaget's Stages*. Child Development, No. 35, 1964.

James A. Banks, *Multiethnic Education: Theory and Practice*. Boston: Allyn & Bacon, 1981, p. 32.

James A. Banks, Cherry A. and McGee Banks, *Multicultural Education: Issues and Perspectives*, (Second Edition), Boston: Allyn and Bacon, 1993, pp. 3-5.

James A. Banks, *Multicultural Education, Transformative Knowledge and Action: Historical and Contemporary Perspectives*. New York: Teachers College Press, 1996, pp. 35-36.

James A. Banks, *Educating Citizens in a Multicultural Society*. New York: Teacher College Press, 1997.

HagoPian, E. C., Cultural Pluralism, Multicultural Education, and Then What? In Fred Schultz. *Multicultural Education*. 96/97. (Third Edition). Guilford, CT: Dushkin Publishing Group/Brown & Benchmark Publishers Sluice Dock. 1994, pp. 83-89.

James A. Banks, *Cultural Diversity and Education-Foundation, Curriculum, and Teaching*. (Fourth Edition). Boston: Allyn & Bacon, 2001, pp. 91-95.

Jim Sidnius et al. "The Interface between Ethnic and National Attachment: Ethnic Pluralism or Ethnic Dominance?". *Public Opinion Quarterly*,

1997, No. 16, pp. 103-104.

Karina Storytelling, "The Impact of National Identity On Conflict Behavior: Comparative Analysis of Two Ethnic Minorities in Crimea". *International Journal of Comparative Sociology*, 2004, pp. 213-230.

Leonie Huddyand Nadia Khatib, "American Patriotism, National Identity, and Political Involvement". *American Journal of Political Science*, Vol. 51, No. 1, 2007, pp. 63-77.

Louis, H., *International Law: Politics and Values*, The Netherlands: Marinus Nijhoff Publishers, 1995, p. 154.

M, Lee Manning and Lerroy G, Baruth, *Multicultural Education of Children and Adolescents*. Boston: Allyn & Bacon, 2000, pp. 4-7.

Nieto, S., *Affirmative Diversity: the Socio-Policontext of Multicultural Education*. N. Y., 1984, p. 3.

Nixon, J., *A Teacher's Guide to Multicultural Education*. Oxford OX: Basil Blackwell Ltd., 1985, pp. 36-37.

Philip Gleason, "Identifying Identity: A Semantic History", *The Journal of American History*, Vol. 69, No. 4 (March 1983), pp. 910-931.

Pippa Norris, "Confidence in the United Nations: Cosmopolitan and Nationalistic Attitudes", Paper Presented at *the World Values Conference Society, Politics, and Values*: 1981-2006, 3-4 November 2006, in Istanbul.

Platt, A. M., *Beyond the Canon with Great Difficulty Social Justice*, 20 (1-2). Adopted from Sleeter C. E. (1996). Multicultural Education as Social Activism. Albany: State University of New York Press, 1993, p. 77.

Pohan, C. A., and Bailey, N. J., Opening the Closet - Multiculturalism That is Fully Inclusive, pp. 134-137. In Fred Schultz. *Multicultural Education*. 98/99. (Fifth Edition). Guilford, CT: Dushkin/McGraw Hill Sluice Dock, 1997, p. 136.

Rick Kosterman and Seymour Feshbach, "Toward a Measure of Patriotic and Nationalistic Attitudes", *Political Psychology*, Vol. 10, No. 2, 1989, pp. 257-274.

Sean Carey, "Undivided Loyalties: Is National Identity an Obstacle to EuropeanIntegration?", *European Union Politics*, 2002, No. 3, pp. 387-413.

Sleeter, C. E., and Grant, C., *Making Choices for Multicultural Education: Five Approaches to Race, Class and Gender*. New York: Merrill, 1988.

Sleeter, C. E., *Multicultural Education as Social Activism*. Albany: State University of New York Press, 1996, pp. 218-228, P. 230.

Suzuki (1984), adopted from ibid. 1996, p. 5.

Tajfel, H. etc, "The Development of Children's Preference for Their own Country: A Cross-national Study", *International Journal of Psychology*, No. 5, 1970.

Tajfel, H. etc, "The Devaluation by Children of Their own National and Ethnic Group: Two Case Studies", *British Journal of Social and Clinical Psychology*, No. 11, 1972.

Thomas Blank, "Determinants of NationalIdentity in East and West Germany: An Empirical Comparison of Theories on the Significance of Authoritarianism, Anomie, and General Self-Esteem", *Political Psychology*, Vol. 24, 2003, pp. 259-288.

Tiedt, P. L. and Tiedt, I. M., *Multicultural Teaching: A Handbook of Activities, Information, and Resources*. Boston: Allyn & Bacon, 1990, p. 22, p. 34.

Tiedt, P. L. and Tiedt, I. M., *Multicultural Teaching: A Handbook of Activities, Information, and Resources*. Boston: Allyn & Baeon, 1990. pp. 14-34., adopted from Webster, Y. O, Against the Multicultural Agenda: A Critical Thinking Alternative WestPort, CT: Praeger Publishers, 1997, p. 18.

Tiedt, P. L. and Tiedt, I. M., *Multicultural Teaching: A Handbook of Activities, Information, and Resources*. (Sixth Edition). Boston: Allyn & Bacon, 2002, pp. 14-17.

Tim Reeskens, Globalization and National Identity: A Multilevel Analysis on the 2003 ISSP Data, Paper Prepared for Presentation at the Dutch/ Belgian Politicologenetmaal Workshop. *The Hague, The Netherlands*, 2006, p. 7, pp. 18-19.

Tom W. Smith and Seokho Kim, "National Pride in Comparative Perspective: 1995/96 and 2003/04". *International Journal of Public Opinion Research*, Vol. 18, 2006, pp. 127-136.

后　　记

岁月流转，历时数年，最终为书稿的成果划上最后一个句号。犹记得在博士学位论文的致谢中曾感慨过，彼时彼刻似乎明白了为何学位论文的"后记"总是完成于午夜时分，那是因为每位莘莘学子在历经数年唯有自己知晓的那份苦痛与艰辛后终有所获时，需要一份绝对的宁静与静谧，以安放自己五味杂陈的心绪。然而，时过境迁，我心已迥然不已，在自己预期的书稿完成之即，完成了数校其稿的计划之时，以平静的心绪写下这份后记。

蓦然回望该研究的行进之旅，顿然感觉选题立意时刻即在转瞬间。读博之初，在导师的点拨下，我的研究方向转至民族团结进步教育这一领域，使得此后的研究从英语教育与民族团结进步教育的交叉领域，涉猎了诸多跨学科的知识，尽管因能力所限收获甚微，但于我，已然在那束希望之光的指引下，明白了来自何方，晓喻了将去往何处。经过数年间几多努力、些许挣扎、几经坎坷、数易其稿，反复定夺，本书稿的大致体系几近成形，虽不满之处多见，但雏形既成，是为该研究探索的最终研究成果，亦为未来进一步深入探索之起点。

书稿筹划之处，信心满满。然则，随着研究的展开，各种困惑、疑虑、不解接踵而至、纷至沓来。有理论探究中的不能，有现象解释中的不力，有成因剖析中的不至，亦有新解尝试中的未果。当然，在这段艰辛与希望相伴、苦困与收获并随的非常之旅中，自己未曾孤单，一路走来都有良师、益友、至亲的陪伴、鼓励与相助。这份至真至深的谢意，唯有借助笔头略加表达。

这份谢意必须送给研究开启后临危受命加入的康诚博士。康博士是心理学博士，他专业造诣深厚，工作认真、负责、严谨、敬业，在百忙中承担了本研究中所有的数据资料的分析与处理工作。非常感谢康博士。

还要感谢调研期间给予我帮助与支持的主要单位及个人。新疆维吾尔自治区、青海省教育厅高教处、宁夏回族自治区教育厅民教处、甘肃省教育厅民教处、甘南自治州教育局等在访谈、问卷调查中给予了莫大的理解与支持，深表感谢。也非常感谢访谈学校校长、老师们、学生们的理解、支持与极力配合。

我也感谢这一路走来，给予我非常帮助的人。感谢兰州大学我的博士后合作导师赵利生教授，还有杨建新教授、闫丽娟教授，在研究工具的修订、研究资料的收集与处理方面提出了很多宝贵的意见，而且诸项提出了建设性的建议，深表谢意。

这份谢意也应该送给我的好友曲琨博士。她又一次主动请缨帮我校对书稿，文字功底深厚的她，不辞辛苦，几番校对，提出了很多建设性意见，令我感动万分。这份深深的谢意也必须送给我的师妹谭月娥博士，宁夏地区大部分问卷的发放与回收，都有她的辛苦与付出。还要感谢我的同事魏婷和马永峰老师，他们在新疆维吾尔自治区带学生实习期间，发放问卷、协助做各类访谈，异常辛苦，诚恳谢过。

曾从一部著作的后记中读到一句话：罗马诗人贺瑞斯（Horace）说，一部作品"不经过九年是无法问世的"。本书稿从策划到目前完成，历时数年，虽不至九年，且占有资料的广度和研究的深度也与既定理想之间差距甚远，然而，前方的科研之路漫长而悠远，这一虽不完美但却凝聚了研究者全部心力的"雏稿"，一定为未来更深入的研究开启了一扇希望之窗。

作者

于 2021 年 2 月 3 日